Sören Bendler / Sören Heise

Gewaltfreie Kommunikation in der Sozialen Arbeit

mit einem Vorwort von Silvia Staub-Bernasconi

Mit 7 Abbildungen

Vandenhoeck & Ruprecht

Für Maya, Edda und Jelka

Bibliografische Information der Deutschen Nationalbibliothek:
Die Deutsche Nationalbibliothek verzeichnet diese Publikation in der
Deutschen Nationalbibliografie; detaillierte bibliografische Daten sind
im Internet über http://dnb.de abrufbar.

© 2018, Vandenhoeck & Ruprecht GmbH & Co. KG,
Theaterstraße 13, D-37073 Göttingen
Alle Rechte vorbehalten. Das Werk und seine Teile sind urheberrechtlich
geschützt. Jede Verwertung in anderen als den gesetzlich zugelassenen Fällen
bedarf der vorherigen schriftlichen Einwilligung des Verlages.

Umschlagabbildung: © gepard – Adobe Stock

Satz: SchwabScantechnik, Göttingen
Druck und Bindung: ⊕ Hubert & Co. BuchPartner, Göttingen

Vandenhoeck & Ruprecht Verlage | www.vandenhoeck-ruprecht-verlage.com

ISBN 978-3-525-71150-7

Inhalt

Vorwort (Silvia Staub-Bernasconi) 9

Zum Gebrauch 11

Einleitung 15

Einführung in die Gewaltfreie Kommunikation 19
Bedeutung von Bedürfnissen 20
Bedürfnisse wahrnehmen 24
Mit den vier Schritten der Gewaltfreien Kommunikation
zur Bedürfniserfüllung 25
  Erster Schritt: Beobachten 29
  Zweiter Schritt: Gefühle 34
  Dritter Schritt: Bedürfnisse 42
  Vierter Schritt: Bitten 46

Die Essenz der Gewaltfreien Kommunikation 53

Qualitäten für unterstützende Beziehungen 55
Präsenz 58
Akzeptanz 63
  Akzeptanz nach innen 65
  Akzeptanz nach außen 66
Empathie 67
  Mitleid 68
  Mitgefühl 70
  Vom Mitleid zum Mitgefühl 71
Authentizität 74

Eine wertschätzende Haltung einnehmen 77
Sich auf die Schatzsuche begeben 81
Was sich der Schatzsuche in den Weg stellen kann 85

Danken und Feiern 91
Die Bedeutung des Dankens und Feierns im Arbeitskontext 91
Lob versus Wertschätzung 94

Motivation des Helfens 101
Mitleid als Motivation des Helfens 102
Die Arroganz des Besserwissens 106
Dem eigenen Leben einen Sinn geben, als Motivation
des Helfens 111

Professionalität 115
Nähe und Distanz 120
Professionalität und Ansprüche 124
Stigmatisierungen vermeiden und einen Umgang mit
eigenen Urteilen finden 131

Selbstverantwortung in sozialen Berufen 137
Was Selbstverantwortung verhindert 137
Verantwortung für die eigenen Gefühle 139
Selbstverantwortung in den Institutionen sozialer Berufe 142
Verantwortlich *vor* dem Gegenüber oder
für das Gegenüber? 144

Gewaltfreier Umgang mit Regeln und Grenzen 149
Grenzen und Regeln 149
Absage an das Konzept des Strafens 151
Wie es zum Impuls des Strafens kommt 153
Grenzsetzung auf Augenhöhe 156
Leitungsverständnis mit Augenhöhe 161
Vorsicht mit Konsequenzen 168

Umgang mit Wut und Ärger 171
Recht auf Wut 172
Die Gefühle hinter der Wut 175
Wut wird durch Ärgergedanken größer 178
Umgang mit der eigenen Wut 179
Wenn sich Aggressionen gegen uns richten 184
Wenn zwei sich streiten 187

Impulse für die soziale Arbeit 191
Fokus auf Gestalten 191
Konsequente Selbstfürsorge als Basis 195

Material 199
1. Deutschsprachige Definition sozialer Arbeit 199
2. Aus der Präambel des ICN-Ethikkodex für Pflegende 199
3. Das Menschenbild der Gewaltfreien Kommunikation 200
4. Gefühlsliste 201
5. Bedürfnisliste....................................... 202
6. Die vier Schritte..................................... 204
7. Hilfe zum Begleiten mit den vier Schritten 205
8. Hilfen für das präsente Zuhören 205

Literatur 207

Vorwort

Im Unterschied zur amerikanischen Fachliteratur haben es bedürfnistheoretische Begründungen Sozialer Arbeit im deutschsprachigen Kontext schwer. Im erstgenannten Kontext findet man den Begriff »Bedürfnis« in fast jedem theoretischen Beitrag. Er ist so selbstverständlich, dass man ihn meistens nicht einmal weiter definiert oder dann auf Maslows Beitrag, insbesondere seine »Bedürfnispyramide« verweist. Mit dieser Pyramide sind allerdings zwei Probleme verbunden: Erstens fehlt das Bedürfnis nach sozialer Gerechtigkeit, ohne die eine Theorie und Methode Sozialer Arbeit kaum denkbar ist; zweitens geht der Hierarchiebegriff davon aus, dass die Befriedigung von Bedürfnissen gewissermassen ein zeitliches »Nacheinander« einer menschlichen Entwicklung darstellt, sodass – wie die derzeitige Asylpolitik in den Aufnahmezentren zeigt – man sich auf die Befriedigung der Überlebensbedürfnisse von Flüchtlingen beschränken kann, was teilweise zu einer Entmenschlichung, ja zur Verletzung nahezu aller Menschenrechte führt.

Der Text von Sören Bendler und Sören Heise geht im Unterschied dazu von einer grossen Vielfalt menschlicher Bedürfnisse aus, die man aus einer Schatztruhe hervorholen muss, um sie für eine menschlich befriedigende Problembewältigung wirksam werden zu lassen. Dabei darf nicht übersehen werden, dass dieser differenzierte Zugang zu menschlichen Problemen in den Institutionen des Sozialwesens von anderer, praktischer Seite, das heisst durch die seit dem Fall der Mauer weltweit verbreitete Kultur des Neoliberalismus massiv bedroht ist. Aus dieser Optik ist Soziale Arbeit eine Dienstleistung, die man, wie in der Welt der Warenproduktion in Form von Stückzahlen, Fallpauschalen mit Zeitvorgaben – je nachdem mit vorformulierten, standardisierten Problemdefinitionen effizient managen kann – nicht zuletzt um Spareffekte zu erzielen.

»Da es nicht für alle reicht, springen die Armen ein!« (Ernst Bloch)

Auch hier steht der Text bzw. die Arbeitsweise der »gewaltfreien Kommunikation« in grösster Distanz zu diesen fast zur Selbstverständlichkeit gewordenen flächendeckenden Vorgaben. Denn die

Verbalisierung von Bedürfnissen braucht Zeit, wie die vielen Praxisbeispiele zeigen. Das meist dem Bewusstsein nicht ohne Weiteres zugängliche Bedürfnis muss zuerst in einen Wunsch, ein bewusstes Motiv zur Veränderung »transformiert« werden. Das heisst, dass man aufgrund eines Aha-Erlebnisses befähigt wird, partizipativ zu einer Problemlösung beizutragen, bei welcher die KlientInnen und nicht die SozialarbeiterInnen den Takt vorgeben.

Menschen, die zu KlientInnen der Sozialen Arbeit werden, haben zumeist so viele Entwürdigungserfahrungen in ihrem sozialen Umfeld – nicht zuletzt auch auf Sozial- und Jugendämtern, in Jobzentren – hinter sich, dass sie nur schwer an die Verbesserung ihrer Situation glauben können. Sie haben vor allem Gehorchen gelernt, um Schwierigkeiten mit den Ämtern zu vermeiden. Die vielen Praxisbeispiele zeigen allerdings, was alles möglich ist, wenn man mit einer wertschätzenden Grundhaltung »gewaltfrei kommuniziert«. Dass der Text 30 SozialarbeiterInnen vorgelegt und von Ihnen als hilfreich beurteilt wurde, lässt immerhin die begründete Hoffnung zu, dass diese Arbeitsweise trotz der genannten Hindernisse, also in schwierigen Zeiten, möglich ist.

Zur Weiterentwicklung dieser Arbeitsweise und zu ihrer breiteren Verankerung in den Fachdiskurs der Sozialen Arbeit wäre Folgendes wünschenswert: die Verbreiterung der theoretisch-wissenschaftlichen Begründungsbasis von Bedürfnissen sowie die Ergänzung des auf Individuen ausgerichteten Modells des Menschen durch eine Gesellschaftstheorie, die in hohem Maße nach dem Prinzip »gewalttätiger Kommunikation« funktioniert. Die methodische Frage wäre dann, inwiefern sich die Arbeitsweise auch im Umgang mit Machthabern bewährt, die illegitim Macht ausüben, und inwiefern sie entsprechend weiterentwickelt werden könnte, um eine Machtproblematik dank gewaltfreier Kommunikation zu lösen. Es wäre deshalb sehr zu wünschen, dass das Buch breit rezipiert wird, damit die Erfahrungen mit der beschriebenen Arbeitsweise zur Weiterentwicklung des methodischen Ansatzes – bezogen auf gesellschaftliche Machtverhältnisse in Familien, Schulen, Gemeinwesen, am Arbeitsplatz usw. – führen können.

Prof. Dr. habil. Silvia Staub-Bernasconi, Zürich und Berlin
2. Juli 2018

Zum Gebrauch

Wir sind in einer Kultur groß geworden, in der unsere Fähigkeit »Gefühle wahrzunehmen« als Schwäche gesehen wird, die möglichst kaschiert werden sollte. Aus dieser Perspektive stören Gefühle und verhindern professionelles Handeln.

Mit diesem Buch stellen wir diese Überzeugung in Frage und ermutigen dazu, die Tatsache anzuerkennen, dass wir fühlende Wesen sind. In dem Moment, wo es uns gelingt, unsere Gefühle wieder zu fühlen und als Teil unserer Wirklichkeit in unser Selbstbild zu integrieren, erwächst aus ihnen unsere wahre Stärke. Denn sie geben Orientierung, indem sie uns vermitteln, was uns guttut und was uns schadet. Gefühle sagen uns, was wir brauchen, um ein gutes Leben zu führen. Sie ermöglichen es auszudrücken, was uns in unserem Inneren bewegt und befähigen uns, mit anderen Menschen darüber im Austausch zu sein. Somit sind sie das verbindende Element im Miteinander. Sie sind Teil unseres menschlichen Potenzials, das es zu nutzen gilt.

Gefühle sind keine Behinderungen oder Schwächen, die unser Leben belasten. Das, was den Eindruck vermittelt, mit angezogener Handbremse zu leben, ist der Mechanismus, Gefühle zu vermeiden. Gefühle sind vielmehr der Turbo in ein kraftvolles, integres und lebendiges Leben.

Die Mechanismen, die wir entwickelt haben, um unseren Gefühlen auszuweichen, haben allerdings ebenfalls ihre Berechtigung. Dies gilt es anzuerkennen. Sie haben uns in emotional überfordernden Situationen geschützt und ermöglicht, sie zu bewältigen. Es ist wichtig, die eigene Unfähigkeit zu fühlen, nicht zu verurteilen und sie nicht zu bekämpfen, sondern ihr liebevoll und in Demut zu begegnen. Auch sie will uns dienen.

Dieses Buch ist eine Ermutigung mit all dem, was wir an uns ablehnen, in eine freundschaftliche Beziehung zu kommen: unseren

Gefühlen und unseren Schwächen, unseren Abwehrmechanismen und unseren Ängsten. Und es ist eine Einladung, uns zu erlauben, wieder ganz wir selbst zu sein und darauf zu vertrauen, dass dies genug ist, um das Leben zu genießen und seine Herausforderungen zu bewältigen.

Beim Lesen wird Ihnen auffallen, dass dieses Buch, obwohl wir zwei Autoren sind, in der Ich-Form geschrieben ist. Um es verständlicher und lesbarer zu machen, haben wir uns dafür entschieden. Die Herausforderung bestand darin, die Texte so zu formulieren, dass wir uns beide mit ihnen identifizieren können. So haben wir nicht nur ein Buch über Kommunikation geschrieben, sondern sind beim Schreiben durch intensive Prozesse gegangen. Das heißt, wir durften all das, was wir hier zum Besten geben, selbst anwenden und durchleben, um dieses Gemeinschaftswerk fertigzustellen.

Zu Beginn stellen wir Ihnen unser Verständnis der Gewaltfreien Kommunikation (GfK) vor. Es ist geprägt durch unsere langjährige Berufserfahrung im Feld Sozialer Arbeit. Hier konnten wir unsere Thesen und Ideen ausprobieren und auf Alltagstauglichkeit und Sinnhaftigkeit überprüfen. Vieles von dem, was sich bewährt hat, stellen wir in einer Reihe von Praxisbeispielen zur Veranschaulichung vor.

Auch Erfahrungen aus anderen Strömungen, die uns unterstützen, die Haltung der Gewaltfreien Kommunikation immer mehr im Alltag zu leben, fließen in unsere Arbeit ein. Dazu gehören der klientenzentrierte Beratungs- und Therapieansatz nach Carl R. Rogers, körperorientierte Therapien, Meditation und Achtsamkeitspraxis, das Council (The OJAi Foundation) und die Arbeit mit der Natur als Spiegel der Seele. Daraus hat sich ein sehr gegenwärtiger und körperlicher Zugang zur Gewaltfreien Kommunikation entwickelt.

Daran anknüpfend stellen wir die Qualitäten vor, die notwendig für eine gelingende Beziehung sind. Unserer Meinung nach sind sie gleichzeitig Grundlage und Bedingung, um die GfK als Haltung zu begreifen und zu leben.

Die anschließenden Kapitel beschäftigen sich eingehend mit den Chancen, die die GfK für die sozialen Berufe bereithält. Jedes Kapitel behandelt einen Aspekt der Arbeit, innerhalb dessen die GfK eine hilfreiche Unterstützung bietet. Dies wird anhand lebendiger Praxisbeispiele erläutert. Zudem gibt es in jedem Kapitel Fragen, die zur Selbstklärung anregen, sowie Vorschläge für Übungen.

Es kann sein, dass Ihnen vieles von dem hier Geschriebenen vertraut vorkommt oder Sie einige Dinge so oder so ähnlich auch schon an anderer Stelle gelesen haben. Da dieses Buch nicht den Anspruch erhebt, eine rein wissenschaftliche Arbeit zu sein, haben wir darauf verzichtet, bei sämtlichen Aussagen zu prüfen, ob sie in dieser oder ähnlicher Weise schon einmal getroffen wurden. In den zwanzig Jahren, in denen wir uns mit dem Thema auseinandersetzten, sind wir durch eine Vielzahl von Menschen, Texten und Erlebnissen in Seminaren sowie in therapeutischen Prozessen inspiriert worden. Bei vielen Ideen, die wir in diesem Buch wiedergeben, können wir nicht genau sagen, welche Quellen ihnen konkret zugrunde liegen. Die Behauptungen, die wir in diesem Buch treffen, sind durch persönliche Erfahrungen, durch die Bewältigung eigener Krisen sowie durch die Begleitung von Menschen bestätigt worden. Dies hat uns ermutigt, Aussagen als unsere Sicht zu präsentieren.

Aussagen, die eindeutig anderen zugeschrieben werden können, sind durch Zitate und wissenschaftliche Untersuchungen gestützt und durch Quellenangaben belegt.

Wir sind beide ausgebildete Sozialpädagogen und schreiben aus dieser Identität heraus dieses Buch. Als Trainer für Gewaltfreie Kommunikation haben wir in den letzten Jahren in verschiedenen Praxisfeldern sozialer Berufe Fortbildungen für Praktiker*innen angeboten. Deshalb haben wir uns entschieden, mit diesem Buch den gesamten sozialen Bereich anzusprechen, da wir davon ausgehen, dass es auch für Fachkräfte, z. B. in der Krankenpflege, Altenhilfe, in Schulen, in Kitas und im Behindertenbereich Antworten bereithält. Aus diesem Grund sprechen wir mit der Formulierung »soziale Arbeit« den gesamten sozialen Bereich an und meinen damit alle Professionen, die darin tätig sind. An den Stellen, an denen wir explizit die Profession »Soziale Arbeit« ansprechen, schreiben wir das »Sozial« groß.

Wir danken allen Menschen, die uns bei seiner Entstehung geholfen und uns mit ihren Anregungen und kritischen Nachfragen inspiriert haben.

Danke an Ann Cathrin Walther und Katja Scheel für die intensive inhaltliche Auseinandersetzung und Gestaltung des Textes, Jael Lohri vom Schreibuniversum für ihr Feedback zur Textgestaltung sowie

Margit Lücke, Dorothea Gerste, Uta Eggerstedt, Ingelor Schwarz, Kirsten Grover, Wiebke Caroline Kahlenbach, David Weidling, Beate Milde, Adela Belitz, Kristina Werth und Karin Feißel für ihr Feedback als Probeleserinnen.

Und nun wünschen wir Ihnen viel Freude mit diesem Buch!

Sören Bendler & Sören Heise
Berlin, im Juli 2018

Einleitung

Schon während meines Studiums der Sozialarbeit begegneten mir immer wieder die Begriffe Empathie, Authentizität, Akzeptanz und Wertschätzung. In Vorlesungen und Seminaren wurde und wird betont, wie wichtig diese Qualitäten für jegliche soziale Arbeit sind. Trotz dieser Betonung wurden im Studium diese Qualitäten für mich nicht erfahrbar. Sie blieben theoretische Begriffe, welche sich mir erst durch das Kennenlernen der Gewaltfreien Kommunikation (GfK) in ihrer ganzen Tiefe erschlossen.

In den Selbstdarstellungen vieler Einrichtungen werden diese Qualitäten benannt, und auch die ethischen Standards, auf welche sich die Soziale Arbeit und die pflegerischen Berufe (s. Material, S. 199) als Richtlinien moralischen Handelns geeinigt haben, betonen ihre Bedeutung.

Die Gewaltfreie Kommunikation zeigt auf, wie diese Qualitäten und die entsprechende innere Haltung gelebt und in Beziehungen mit anderen zum Ausdruck gebracht werden können, damit sie nicht nur purer Idealismus bleiben, sondern im professionellen Alltag Früchte tragen.

In diesem Buch stelle ich die GfK als ein Werkzeug vor, um eine solche persönliche Haltung im beruflichen Handeln einnehmen und weiterentwickeln zu können. Sie bietet, im Sinne der Reflexion unserer Handlungen, eine umfassende Sicht sowohl auf unser persönliches Erleben als auch ein mitfühlendes Hineinversetzen in das Erleben der anderen. Die GfK bietet einen Zugang zu gelebtem Mitgefühl, welches uns allen in die Wiege gelegt ist. Damit es zum Tragen kommt, gilt es, dieses wie einen Muskel zu trainieren. Mitgefühl bringt Vertrauen, Lebensfreude, Intensität und Lebendigkeit in das persönliche Erleben und in die Beziehungen zu den Menschen, mit denen wir arbeiten. Gerade auch in konflikthaften Situationen hilft Mitgefühl uns, ihren Kern zu erkennen. So wird eine völlig neue Bewertung der Situation möglich und durch einen anderen Umgang mit dem Konflikt eine Grundlage für konstruktive Lösungen geschaffen. Das Trainieren der GfK zahlt sich im beruflichen Alltag durch mehr Klarheit, Verständnis und Leichtigkeit aus. Dabei stehen vor allem das Wohl und die Selbstfürsorge der Professionellen im Mittelpunkt. Denn nur auf dieser Basis kann für das Wohl anderer Menschen eingestanden werden; die Liebe und Achtung für sich selbst ist die Voraussetzung allen ethischen Handelns für andere. Das eigene innere Erleben wahrzunehmen, sich selbst ernst zu nehmen und für die eigenen Bedürfnisse zu sorgen, ist ein zentraler Aspekt der Selbstreflexion im Sinne der GfK. So wird sie zu einem Kompass für unsere ethische Haltung uns selbst und anderen gegenüber, der in den Spannungsfeldern des beruflichen Alltags für Ausrichtung und Orientierung sorgt. Aus dieser Selbstfürsorge wächst die Integrität, ethischen Werten entsprechend zu handeln und Grenzen und Möglichkeiten dieser Handlungen realistisch einzuschätzen.

Die GfK hat eine gesellschaftspolitische Dimension. Sie unterstützt Menschen darin, mit ihrem eigenen Potenzial in Kontakt zu kommen und sich selbst sowie den eigenen Impulsen und Fähigkeiten zu vertrauen. Zudem zeigt sie Wege auf, wie wir für uns selbst eintreten können, statt gegen andere zu kämpfen. Sie stärkt unsere innere Ausgeglichenheit. Dies wird auch im direkten Umfeld erfahrbar und trägt auch dort zu mehr Frieden bei. Zudem setzt diese Haltung Kraft und Kreativität frei. Überall auf der Welt finden wir Beispiele für Projekte, welche diese menschlichen Aspekte ins Zentrum setzen und neue Wege des Miteinanders aufzeigen. Ihre Initiator*innen sind augenscheinlich von diesen Qualitäten beseelt.

So hat sich beispielsweise Jos de Blok mit seinem Pflegeunternehmen *Buurtzorg* dem Stechuhrsystem entzogen und das Wohlbefinden der Angestellten sowie der von ihnen Gepflegten in den Mittelpunkt gestellt. Nicht Profit und Pflegemodule stehen hier im Zentrum, sondern die Bedürfnisse der zu Pflegenden und die der Mitarbeiter*innen – dazu gehört insbesondere die selbstbestimmte Arbeitsorganisation in kleinen Teams. Der Erfolg schlägt sich nicht nur im enormen Anstieg der Mitarbeiter*innen nieder (von neun auf ca. 9000 innerhalb von zehn Jahren), sondern vor allem in der Zufriedenheit der dort arbeitenden Menschen (Laloux, 2015).

Da soziale Arbeit gegenwärtig im Rahmen einer kapitalistisch-neoliberalen Wirtschaftsordnung stattfindet, die alle Bereiche gesellschaftlichen Lebens ihren Prinzipien von Marktlogik und Profitmaximierung unterwerfen will, erscheint es mir umso notwendiger, einen ethischen Anspruch einzufordern. Die kapitalistische Verwertungslogik steht der Einhaltung von Menschenrechten oft entgegen. Rüstungsexporte, Arbeitsbedingungen geringfügig Beschäftigter, Hartz IV-Sanktionen und Lobbyismus für Wirtschaftsinteressen seien als beispielhafte Stichworte genannt.

Unter dem Paradigma des Neoliberalismus stellt der Sozialsektor einen Belastungsfaktor der öffentlichen Ausgaben dar, wo Kosten gerechtfertigt und Gewinne erwirtschaftet werden müssen. Diesem Druck ausgesetzt, findet soziale Arbeit unter prekären Bedingungen statt: hohe Arbeitsbelastung, Zeitmangel und Stress, geringe Betreuungsschlüssel, begrenzte Projektmittel und schlechte Bezahlung sind die Konsequenzen, die alle Beteiligten zu spüren bekommen.

Die persönlichen Werte und die Berufsethik der Menschen in sozialen Berufen auf der einen Seite und der gesellschaftliche Rahmen und die konkreten Arbeitsbedingungen auf der anderen Seite stehen also in einem Spannungsverhältnis, in welchem die Einzelnen gefragt sind, sich zu positionieren (DBSH, 2014).

In den folgenden Kapiteln soll dargelegt werden, wie die Gewaltfreie Kommunikation (GfK) in sozialen Berufen Klärungshilfe leistet und Orientierung bietet. Marshall B. Rosenberg bezeichnete die »GfK als einen Prozess der Kommunikation« (2016, S. 19), der die Wahrscheinlichkeit erhöht, dass wir bekommen, was wir brauchen. Die GfK hat mit ihren Qualitäten – wie Wertschätzung, Mitgefühl, Achtung vor der Souveränität des anderen, Übernahme der Verantwortung für die eigenen Gefühle, Gedanken und Handlungen – Parallelen und Anknüpfungspunkte zur Berufsethik im Sozialen. Dadurch kann sie unter dem gegebenen Zeit- und Ökonomisierungsdruck des gesellschaftlichen Rahmens uns Professionellen helfen, das Menschliche im Blick zu behalten, den eigenen Werten treu zu bleiben, wirkungsvoll zu agieren und dabei auf die eigenen Bedürfnisse zu achten (Selbstfürsorge). Diesen Schatz für die Spannungsfelder sozialer Berufe zu heben, haben wir uns mit diesem Buch zur Aufgabe gemacht.

Wollen Menschen in sozialen Berufen ihren Werten und ethischen Grundsätzen treu bleiben, braucht es die Bereitschaft, sich politisch für die Menschen, die auf Angebote sozialer Arbeit angewiesen sind, zu positionieren. Innerhalb des gegebenen gesellschaftlichen Rahmens bedeutet dies, konkrete Menschenrechte zu vertreten (Staub-Bernasconi, 2006).

Auch dabei unterstützt uns die innere Haltung, die den ethischen Prinzipien der sozialen Professionen ebenso wie der Gewaltfreien Kommunikation zugrunde liegt. Sie ist geprägt von einer Offenheit und Wertschätzung gegenüber der Persönlichkeit des Gegenübers und von einer Neugier auf das, was sich in diesem Moment in diesem Menschen ausdrückt, und einer Demut (»Nicht-Wissen«) gegenüber der Lebenswirklichkeit dieses Menschen. Jenseits von Rollen, Zuschreibungen und Kategorisierungen stellt diese Haltung das unmittelbar Menschliche in den Fokus, betrachtet die gesamte Persönlichkeit und schließt das innere Erleben des Gegenübers mit ein. Im Hinblick auf Kommunikationsprozesse und Konflikte geht diese Haltung von der Entwicklungs- und Veränderungsbereitschaft von Menschen zugunsten eines konstruktiven Miteinanders aus. Dabei ist es gleichgültig, ob es sich beim Gegenüber um Kolleg*innen, Verhandlungspartner*innen oder die angesprochenen Menschen handelt.

Einführung in die Gewaltfreie Kommunikation

Marshall B. Rosenberg, der Begründer der Gewaltfreien Kommunikation, ist in seiner Kindheit und Jugend mit verbaler und körperlicher Gewalt konfrontiert worden (Rosenberg, 2016). Ihn interessierte die Frage nach den Ursachen der Gewalt und warum es Menschen gibt, die auch unter widrigsten Bedingungen ihre Menschlichkeit bewahren können.

Im Allgemeinen wird Gewalt vor allem mit körperlicher, verbaler oder struktureller Gewalt in Form von Ausgrenzung, Benachteiligung und der Missachtung von Menschenrechten assoziiert.

In seiner Arbeit beschäftigte sich Marshall B. Rosenberg mit unserer Empathiefähigkeit, also der Fähigkeit, mit uns selbst und anderen in authentischer und lebendiger Verbindung zu sein. Er untersuchte die zwischenmenschliche Kommunikation auf Anteile, die zu Verständnis und Miteinander führen, und Anteile, die eher zur Trennung beitragen. Rosenberg erkannte, dass all die Gewalt, die wir in der Welt erleben, schon in unserer alltäglichen Sprache ihren Ursprung hat. Dass diese trennenden Anteile, in Form von Stigmatisierungen durch Bewertungen und Vorurteile, sowie das Abgeben von Verantwortung, durch Anklagen und Beschuldigungen, das Miteinander vergiften. Gewaltfreie Kommunikation legt den Fokus auf die verbindenden Sprachanteile.

Die GfK hilft dabei, aus festgeschriebenen Rollenmustern, Zuschreibungen und Identifikationen auszusteigen und damit die Enge unserer Urteile und Bewertungen zu verlassen. Wir können uns selbst und andere dann besser als Menschen mit Potenzialen und Schwächen wahrnehmen und annehmen, die in der Lage sind, sich zu verändern und zu entwickeln.

Rosenberg erkannte die zentrale Bedeutung der Bedürfnisse als Grundlage für vertrauensvolle Beziehungen. Indem die GfK die

Bedürfnisse aller Beteiligten in der konkreten Situation berücksichtigt, liegt ihr Fokus in der Kommunikation auf Verständigung und Verbindung. Bedürfnisse sind die intrinsische Motivation, die alle Menschen veranlasst, auf die ihnen bestmögliche Weise zu handeln. Für die GfK ist der einfühlsame Zugang zu dieser intrinsischen Motivation die Voraussetzung, konstruktiv für uns selbst und im sozialen Miteinander zu agieren. Mit den vier Schritten des Einfühlungsprozesses entwickelte Rosenberg eine Orientierungshilfe für das Erkennen der eigenen Bedürfnisse.

Die GfK ist jedoch keine Kommunikationsmethode, um vorherbestimmte Ziele oder Veränderungen zu erreichen. Das vorrangige Ziel der GfK ist Verbindung. Nicht nur im Außen, zu anderen Menschen, sondern auch nach innen, zu dem was wir erleben, fühlen und brauchen. Ein Miteinander aus dieser Verbundenheit lässt Handlungen, Bitten oder Beziehungen von einer neuen, ganz anderen Qualität entstehen, die ohne diese Verbundenheit gar nicht vorstellbar sind.

Die GfK gibt Orientierung und Unterstützung in der Vorbereitung auf herausfordernde Gespräche oder in der Reflexion von unbefriedigend verlaufenen Situationen. Sie ist eine Hilfe zur Selbstklärung und Psychohygiene, wenn uns herausfordernde Arbeitsthemen sogar in der Freizeit nicht loslassen. Sie schafft Klarheit in Beratungsgesprächen, in der Prävention oder Entschärfung von Konflikten, in der Begleitung von Menschen in emotional herausfordernden Situationen, und zeigt einen Weg auf, der es Menschen ermöglicht, ihre Unterschiedlichkeit im Miteinander konstruktiv zu leben.

Bedeutung von Bedürfnissen

Wie soll es bei all der Unterschiedlichkeit der Menschen und bei ihren verschiedenen Interessen und Werten möglich sein, dass Menschen sich und andere so annehmen, wie sie sind, ohne sich selbst dabei zu übergehen?

Diese Frage will die GfK beantworten. Marshall B. Rosenberg stellt die Bedeutung der Bedürfnisse in der zwischenmenschlichen Interaktion heraus. Er erkannte, dass es immer Bedürfnisse sind, die unseren Handlungen zugrunde liegen und die uns motivieren, zu handeln, etwas zu tun oder zu lassen und uns zu entwickeln.

Seine zentrale Unterscheidung ist die zwischen der Handlung und der ihr zugrunde liegenden Motivation. Die Ebene der Handlung beschreibt, was wir tun. Rosenberg nennt sie die Ebene der Strategien. Die Motivation beschreibt die Ebene der Bedürfnisse, die wir uns durch unsere Strategien erfüllen wollen.

Um die Differenzierung zwischen Bedürfnissen und Strategien ganz zu verstehen, ist es wichtig, mehr über Bedürfnisse zu erfahren. All unser Handeln, was auch immer wir tun, unterliegt unseren Bedürfnissen. Dass wir morgens aus dem Bett kommen, dass wir einer Arbeit nachgehen, dass wir mit Menschen kommunizieren, dass wir spielen und einander helfen, hat seinen Ursprung in unseren Bedürfnissen.

Das Besondere und Wertvolle an dieser Differenzierung ist die Erkenntnis, dass Bedürfnisse universell sind.

> In ihren Bedürfnissen sind alle Menschen gleich. Sie beschreiben also eine Ebene, auf der gegenseitiges Verständnis, unabhängig von kulturellen Hintergründen, Alter oder Geschlecht möglich ist.

Zudem konnte Rosenberg aufzeigen, dass es keine destruktiven Bedürfnisse gibt. Bedürfnisse dienen immer dem Leben.

Doch warum gibt es dann so viel Gewalt unter den Menschen? Nach Rosenberg ist Gewalt ein tragischer Ausdruck unerfüllter Bedürfnisse. Das war seine Antwort auf seine ursprüngliche Frage nach den Ursachen der Gewalt.

Durch Erfahrung und Sozialisation haben wir gelernt, unsere Sensoren nach außen sehr sensibel einzustellen. Wir erkennen schnell, was von uns erwartet wird und worauf wir achten müssen, um nicht ausgegrenzt oder bestraft zu werden. Dies versuchen wir in unseren Handlungen umzusetzen. Der Zugang zu unseren Bedürfnissen und zu unserer eigenen Wahrheit ist verkümmert. Es fällt uns schwer, unsere eigenen Bedürfnisse wahrzunehmen und ihnen zu vertrauen. Dadurch fehlt uns auch der Zugang zu den Möglichkeiten und Strategien, wie wir selbst für unsere Bedürfnisse sorgen können oder wie wir andere um etwas bitten können. Wir wissen oft nicht, welches Bedürfnis gerade erfüllt werden will, was wir eigentlich brauchen – und wählen dann Strategien, die nicht unbedingt zur Erfüllung des Bedürfnisses beitragen.

Karl kam zu mir ins Coaching wegen Problemen mit einem neuen Kollegen in seinem Team. Er fand den neuen Kollegen total arrogant und überheblich. Was er konkret brauchte, war gar nicht klar. In seinem Erleben hatte dieser Mensch eine unangenehme Art, mit der Karl einfach nicht zurechtkam. Da er auf die Entscheidung, wer mit im Team arbeitete, keinen Einfluss hatte, sah er sich dieser Situation hilflos ausgeliefert. Nun ging es ihm schlecht. Er war Opfer der Umstände und musste sich schützen. Dies bedeutete, dem neuen Kollegen, soweit es ging, aus dem Weg zu gehen. Damit ging es ihm selbst nicht wirklich gut, da er Offenheit und Leichtigkeit im Miteinander schätzte. Für »den Neuen« war es wahrscheinlich auch unangenehm, in ein Team zu kommen, indem jemand so dicht machte und im schlimmsten Fall noch gegen ihn Front machte. Das Risiko eines sich entwickelnden Teamkonflikts stieg.

Wenn wir nicht in der Lage sind, gut für uns selbst zu sorgen, machen wir schnell andere für unsere Situation verantwortlich. Wir sind in diesen Momenten überzeugt davon, dass es uns wegen des anderen schlecht geht. Auf Vorwürfe und Beschuldigungen folgen als Antwort meist Rechtfertigungen oder Gegenvorwürfe. Wir sind im Konflikt verstrickt, und die Stimmung wird frostig.

Statt andere verantwortlich zu machen, richtet die GfK den Fokus auf die eigenen Bedürfnisse und darauf, was dazu beiträgt diese zu erfüllen.

Im Coaching beleuchteten wir Karls Situation genauer und fragten, worum es eigentlich ging. Wenn Karl das Verhalten des Neuen als arrogant interpretierte, hieß das wohl, dass er den Eindruck hatte, der andere denke, er wäre etwas Besseres und würde sich über andere stellen. Demnach waren die Bedürfnisse nach Augenhöhe und Begegnung in Gleichwertigkeit nicht erfüllt. Zudem erinnerte sich Karl, dass er sich in Situationen, in denen er von anderen als arrogant bezeichnet wurde, zumeist unsicher gefühlt hatte und innerlich ganz angespannt war. So kam er zu der These, dass beim Gegenüber wahrscheinlich das Bedürfnis nach Sicherheit in der neuen Situation nicht ausreichend erfüllt war und dies durch sein abweisendes Auftreten wahrscheinlich noch verstärkt wurde. Diese Erkenntnisse motivierten Karl, das Gespräch mit dem neuen Kollegen zu suchen. Er nahm eine konkrete Situation, um deutlich zu machen, worum es ihm ging, und sprach seinen Kollegen Robert an. Das Gespräch verlief ungefähr so:

KARL: »Gestern war ich nach der Fallbesprechung unzufrieden. So wie du deine Idee für einen Umgang mit der Situation in den Raum gestellt hast, habe ich keinen Raum für die Diskussion weiterer Perspektiven gesehen.«

ROBERT: »Hä, wie meinst du das? Das war doch bloß ein Vorschlag.«

KARL: »Bei mir sind vor allem Worte gelandet wie ›Ich weiß nicht, warum ihr daraus ein Problem macht … Wir haben das immer so gemacht, und dann war das ganz schnell geklärt.‹ Dadurch und durch die Art, wie du gesprochen hast, hatte ich nicht den Eindruck, dass du an anderen Perspektiven und Ideen wirklich interessiert bist. Und dann kamen auch keine anderen Beiträge mehr zu dem Thema. Das fand ich voll schade, weil mir Offenheit für alle Perspektiven und ein Austausch auf Augenhöhe wichtig ist. Kannst du damit etwas anfangen?«

ROBERT: »Mmh, ja ich denke, ich weiß was du meinst, doch ist mir wichtig, dass du weißt, dass ich dir nicht auf die Füße treten wollte. Ich wollte in erster Linie helfen und habe in meinem letzten Job mit der Herangehensweise gute Erfahrungen gemacht.«

KARL: »Die Idee klingt ja sinnvoll, es geht mir um die Art, wie du sie eingebracht hast. Wäre es für dich ok, wenn ich in der nächsten Situation, wo ich mich unwohl fühle mit unserer Gesprächsführung, das direkt anspreche und dir dazu eine Rückmeldung gebe?«

ROBERT: »Unbedingt, ja, das wäre super, ich will hier wie gesagt keinem zu nahetreten, und auch mir ist Augenhöhe und das Finden von gemeinsamen Lösungen wichtig.«

KARL: »Danke, dann lass uns da dranbleiben. Auch dich bitte ich direkt anzusprechen, wenn dich etwas stört.«

Wir alle haben Bedürfnisse. Sie begleiten uns das ganze Leben, und es ist unsere Aufgabe, uns um sie zu kümmern – wie um Gäste, die wir bewirten. Bedürfnisse sind nicht gut oder schlecht, richtig oder falsch, und sie stehen nicht miteinander in Konkurrenz. Sie sind einfach da. Trotzdem nehmen wir sie meist nur wahr, wenn sie gerade nicht oder besonders stark erfüllt sind. Das dringlichste Bedürfnis ist das, welches sich am deutlichsten zeigt.

Bedürfnisse wahrnehmen

Wenn äußere Reize unser Gehirn erreichen, werden diese dort ausgewertet und interpretiert. Diese Interpretation der äußeren Welt hat direkte Auswirkungen darauf, welches Bedürfnis wir wahrnehmen.

Die Sprache der Bedürfnisse sind die Gefühle. Durch sie meldet ein Bedürfnis, dass es nicht ausreichend erfüllt oder dass es gerade gesättigt ist. Das Hungergefühl zeigt uns, dass das Bedürfnis nach Nahrung gerade nicht erfüllt ist. Das Gefühl der Einsamkeit weist darauf hin, dass das Bedürfnis nach Nähe und Kontakt zu wenig erfüllt ist. Das Gefühl der Geborgenheit dagegen weist darauf hin, dass unser Bedürfnis nach Sicherheit und Zugehörigkeit gerade erfüllt ist.

Unangenehm erlebte Gefühle motivieren uns, das Bedürfnis zu erfüllen, und angenehme Gefühle laden uns ein, den Zustand des erfüllten Bedürfnisses zu genießen.

Zwei Freunde, Max und Felix, gehen am Sonntagnachmittag in der Nähe vom Fußballstadion spazieren. Ihnen kommt eine Gruppe von Männern mit blauweißen Schals und Mützen entgegen, die ein Lied singen und aus braunen Flaschen trinken.

Beide Freunde machen die gleiche Beobachtung, doch haben sie ganz unterschiedliche Interpretationen.

Max interpretiert, dass dies ein alkoholisierter, gewaltbereiter Mob von Hooligans ist. Diese Interpretation führt dazu, dass sein Bedürfnis nach Sicherheit nicht mehr erfüllt ist, was ihm durch das Gefühl der aufsteigenden Angst deutlich wird. Sein Handlungsimpuls ist, der Gruppe – so gut es geht – aus dem Weg zu gehen.

Felix, selbst glühender Fan des Clubs mit den blauweißen Farben, hat eine andere Interpretation: »Wenn sie dieses Lied singen, hat der

Club gewonnen.« Diese Interpretation führt dazu, dass sich sein Bedürfnis nach Klarheit meldet, indem er eine starke Neugier spürt. Sein Handlungsimpuls ist, so schnell wie möglich auf die Gruppe zuzugehen und sie anzusprechen, um das Ergebnis und die Namen der Torschützen zu erfahren.

Ein und derselben Wahrnehmung folgen sehr unterschiedliche Interpretationen, und dadurch werden unterschiedliche Bedürfnisse aktiviert. Diese Bedürfnisse rufen jeweils bestimmte Gefühle hervor, denen entsprechende Handlungsimpulse folgen.

Abb. 1: Wahrnehmung – Handlungsimpulse

Unsere Interpretation der Wirklichkeit hat also direkten Einfluss auf unsere Bedürfnisse und somit auch auf unsere Gefühle.

Mit den vier Schritten der Gewaltfreien Kommunikation zur Bedürfniserfüllung

In der von Rosenberg entwickelten Kommunikationsstruktur gibt es eine klare Form, die es ermöglicht, Bedürfnisse wahrzunehmen. Bevor sich ein Bedürfnis meldet, gibt es eine auslösende Situation. Deshalb stellt sich zuerst die Frage: »Was ist passiert?« Wir fragen nach der Situation. Wie oben beschrieben, sind die Gefühle die Sprache der Bedürfnisse. Aus diesem Grund fragen wir als nächstes nach den Gefühlen. Diese geben Aufschluss über unsere Bedürfnisse und erst, wenn wir diese kennen, können wir schauen, welche Bitte (Strategie) in der Situation am besten geeignet ist, unsere Bedürfnisse zu erfüllen.

Abb. 2: Reflexionsstruktur

In meiner beruflichen Praxis als Seminarleiter ist mir aufgefallen, dass es nicht allen Menschen leichtfällt, in Kontakt mit ihren Gefühlen zu kommen. Daher habe ich auf der Ebene der Gefühle die Struktur der vier Schritte um das Denken und das Spüren der körperlichen Phänomene erweitert. Diese Erweiterung ermöglicht es, leichter mit den Gefühlen in Kontakt zu kommen. Hier ein Beispiel zur Verdeutlichung:

Draußen ist mildes Wetter, und Sie gehen ohne Jacke spazieren. Plötzlich beginnt es zu regnen. Das ist die Situation, die Sie beobachten können. Sie denken vielleicht: »Schade, dass ich meine Jacke vergessen habe.« Doch dann werden Sie spüren, dass die Kleider durchnässt sind und Sie zu frieren beginnen. Da Ihr Bedürfnis nach einer komfortablen Körpertemperatur nicht mehr erfüllt ist, werden Sie sich kümmern, dass Sie wieder in trockene Kleider kommen und gewärmt werden.

Bei diesem Regenbeispiel klingt die Struktur vielleicht selbstverständlich. Doch ist es selten ein Naturphänomen, welches in uns Unbehagen auslöst; viel öfter sind es unsere Mitmenschen. Und hier machen wir meist Folgendes: Statt wahrzunehmen, was für ein Bedürfnis gerade unerfüllt ist, machen wir uns Gedanken, was die andere Person falsch gemacht hat oder was mit ihr nicht stimmt.

Dabei verlieren wir völlig den Fokus, auf unsere Bedürfnisse zu achten, darauf, was wir eigentlich brauchen. Diese Vorgehensweise ist in der Regel reine Energieverschwendung. An der Situation ändern wir nichts, und unseren Bedürfnissen ist damit auch nicht gedient. Wir verharren im Denken über die anderen, beziehen manchmal sogar Dritte mit ein, um gemeinsam über die Fehlbarkeit unserer Mitmenschen zu diskutieren. Solche Gedanken oder Gespräche enthalten dann Urteile und Bewertungen. Wir beschuldigen andere, verantwortlich für unsere Situation zu sein. Es tauchen Sätze auf wie: »Was ist denn mit *der* nicht in Ordnung?«, »*Der* sollte mal eine Therapie machen!«, »Was für eine Unverschämtheit, so mit mir zu reden!« ... Manche Menschen reagieren mit Urteilen über sich selbst, womit den Bedürfnissen auch nicht gedient ist: »Wie konnte ich nur wieder so dumm sein?«, »Das kann auch nur mir passieren.«

Kein Mensch würde solche Kommentare über eine Regenwolke abgeben. Das wäre absurd. Wenn es regnet, gehen wir damit um. Wir kümmern uns um uns. Wir ziehen eine Regenjacke an oder benutzen einen Schirm.

Die Struktur der Gewaltfreien Kommunikation bietet uns eine Regenjacke für die Schauer der zwischenmenschlichen Konflikte. Sie erinnert uns daran, mit unserer Aufmerksamkeit bei unseren Gefühlen und Bedürfnissen zu bleiben und unsere Energie auf deren Erfüllung zu richten.

Sind wir im Beschwerdemodus und suchen nach Schuldigen? Machen wir andere für unser Leid verantwortlich? Klagen wir? Lassen wir uns verleiten, die vermeintlichen Verursacher unseres Unbehagens dahingehend zu verändern, dass sie sich uns genehm verhalten? Das können wir tun, doch sind wir damit im alten Spiel der Verstrickung gefangen und können mit Gegenwehr oder Rückzug rechnen. Friedliche und freudvolle Beziehungen schaffen wir damit nicht.

Eine Situation als gegeben anzuerkennen, heißt nicht, dass wir uns alles gefallen lassen. Jedoch kämpfen wir, wenn es regnet, auch nicht gegen die Wolke. Wir ziehen uns eine Regenjacke an. Wir kümmern uns um uns, kämpfen für uns statt gegen andere. Statt uns im Denken über andere zu verlieren und ausschließlich kognitiv zu reflektieren, beziehen wir die Ebene unserer körperlichen Phänomene, unsere Gefühle und unsere Bedürfnisse mit ein. Das nennen wir in der GfK dann *Einfühlung*.

Die Einfühlung, also das Anerkennen der Realität, lässt die Gefühle fühlen und Bedürfnisse wahrnehmen, die in der jeweiligen Situation ausgelöst werden. Sobald wir Klarheit über unsere Bedürfnisse haben, können wir geeignete Strategien entwickeln. Das kann natürlich auch bedeuten, einer Person deutlich und kraftvoll aufzuzeigen, dass sie eine Grenze überschritten hat und uns zu nahegetreten ist. Doch statt zu verurteilen und gegen den anderen zu kämpfen, zeigen wir klar, was wir brauchen. Statt: »Du bist eine Nervensäge!« – »Ich brauch jetzt Ruhe!«.

An einer Schule wurde Schulsozialarbeit neu eingerichtet. Obwohl es ausführliche Gespräche mit dem Direktor und dem Kollegium über die Ziele und Aufgaben der Schulsozialarbeit gab, wurde die dort eingesetzte Fachkraft immer wieder angefragt, für fehlende Lehrer*innen einzuspringen, sich um des Unterrichts verwiesene Schüler*innen zu kümmern oder die Pausenaufsicht zu übernehmen.

Nachdem sich trotz eines weiteren Klärungsgesprächs der Zustand nicht verbesserte, war die Schulsozialarbeiterin sehr frustriert und ratlos. Sie hatte den Eindruck, als pädagogische Hilfskraft gesehen zu werden. Als sie merkte, dass sie sich immer mehr über das Kollegium zu ärgern begann, holte sie sich Unterstützung in Form einer Einfühlung.

In dieser Einfühlung kamen zunächst ärgerliche Gedanken über »die Lehrer« auf, welche die Aufgabe der Schulsozialarbeit nicht ernst nehmen und sie selbst als reine »Bastelfee« und als »Pausenclown« sehen würden.

In der Einfühlung wurde deutlich, dass unter dem Ärger auch eigene Unsicherheiten und Ängste, dem Job nicht gerecht zu werden, lauerten. Nach einer ausführlichen Selbstklärung wurde der Sozialarbeiterin bewusst, dass sie sich vor allem Vertrauen in sich selbst wünschte und dass ihr Bedürfnis nach Sicherheit und Verbundenheit in dem neuen Arbeitsfeld noch nicht ausreichend erfüllt war. Dagegen erfüllte sich durch die Zuwendung in der Einfühlung ihr Bedürfnis nach Wertschätzung. Sie entwickelte Ideen, was sie tun konnte, um an dieser Schule ihren Platz einzunehmen. Damit verschwand das Gefühl der Ohnmacht. Sie klagte nicht mehr über die Lehrer*innen und übernahm so Verantwortung für ihr Handeln.

Einige Bitten, die sie an sich formulierte:

Gib dir und der Schule mehr Zeit zum Ankommen. Konkrete Strategie: Sie überarbeitete den eigenen Zeitplan und die gesteckten Ziele und stimmte diese mit ihrem eigenen Träger ab.

Geh' noch proaktiver auf die Kolleg*innen zu! Konkrete Strategien: Austausch mit anderen Schulsozialarbeiter*innen über Möglichkeiten. Eine Abfrage im Kollegium nach Wünschen an die Schulsozialarbeit. Für ein geplantes Projekt im Kollegium werben und Mitstreiter*innen finden.

Gib dir die Erlaubnis, Anfragen der Schule abzulehnen, wenn sie nicht dem Profil der Schulsozialarbeit entsprechen und in dir eher Unmut auslösen. Konkrete Strategie: Dies übe ich im Vorfeld mit einer Freundin, am Beispiel einer Anfrage, die ich im Nachhinein lieber abgelehnt hätte. So kann ich eine Form finden, die den Kennlernprozess und das gerade wachsende Vertrauen nicht beeinträchtigt.

Die vier Schritte der Gewaltfreien Kommunikation dienen der Selbstklärung. Diese wiederum unterstützt uns, aus dem Modus »Gegen die anderen« in den Modus »Für uns« zu kommen. Im Folgenden werden die vier Schritte detailliert erläutert.

Erster Schritt: Beobachten
Interpretationen und Bewertungen bewusst wahrnehmen

»Die Tatsachen sind weder gut noch schlecht, wir machen sie erst dazu.« Shakespeare

Das Beobachten wurde von Rosenberg als erster Schritt in der GfK dargestellt. Er sah es als wesentlich an, in der Kommunikation die Beobachtung von der Bewertung zu trennen. Wesentlich, weil nicht nur das, was wir wahrnehmen, Einfluss auf unsere Gefühle und Bedürfnisse hat, sondern vor allem unsere Interpretationen.

Im Beispiel der Freunde, die den Fußballfans begegnen, haben beide dieselbe Beobachtung gemacht und doch sehr unterschiedliche Interpretationen gehabt. Dies hat unterschiedliche Bedürfnisse und Gefühle aktiviert und zu entgegengesetzten Handlungsimpulsen geführt. Das, was wir im Außen wirklich beobachten können, ist nur das, was auch eine Kamera oder ein Tonbandgerät aufzeichnen würde. Alle anderen Aspekte unseres Erlebens formen sich in uns. Die Beobachtung in der Situation mit den Fußballfans wäre: acht Männer mit blauweißen Schals und Mützen, braune Flaschen in der Hand, drei rauchen eine Zigarette, und gemeinsam singen sie »So ein Tag, so wunderschön wie heute«.

Unser Gehirn filtert die eingehenden Reize und konstruiert das Bild, das unsere Wirklichkeit darstellt, aus vorhandenen neuronalen Informationen.

»Wir verhalten uns nicht auf der Grundlage dessen, was in der Realität vorhanden ist, sondern auf der Grundlage dessen, was wir von der Welt in uns aufgenommen, als inneres Bild gespeichert haben.« (Kolster, 2009, S. 828 f.)

Welche Filter in uns aktiv sind, hängt von der jeweiligen körperlichen Verfassung, der momentanen Gefühlslage, den Erfahrungen mit ähnlichen Situationen und von vielen anderen Faktoren ab. Wenn wir unter starkem Druck stehen, sehr gestresst sind, wütend sind oder panische Angst haben, wird unsere Wahrnehmung ganz anders sein, als wenn wir gelassen, entspannt oder frisch verliebt sind.

In unserem Beispiel hat Max bereits Erfahrungen mit gewalttätigen, alkoholisierten Männern gemacht und ihm reichen Signale wie braune Flaschen und lauter Gesang, um alarmiert zu sein. Sein Freund Felix hingegen ist durch seine eigene Fußballbegeisterung mit diesem Anblick vertraut, fühlt sich den Farben der Fankutten zugehörig und weiterhin sicher. Jeder Mensch erzeugt im Inneren ein völlig eigenes, subjektives Bild der Realität.

Anmerkung: In der folgenden Geschichte wird ein Mensch als Indianer bezeichnet. Mir ist klar, dass diese Bezeichnung für diese Menschen in Amerika einem kolonialen Denken und Sprachgebrauch entstammt und diskriminierend ist. Mit dieser Bezeichnung gehen verallgemeinernde Vorstellungen einher, z. B.: Naturverbundenheit, kennt keinen Schmerz, außergewöhnliche Sinneswahrnehmung. Da die folgende Geschichte solche Vorstellungen aufbricht, fand ich es sinnvoll, sie trotz der Verwendung des Wortes »Indianer« zu zitieren. Sie erhellt, wie unsere Wahrnehmung gelenkt wird.

> **Der Indianer und die Grille**
> Ein Indianer, der in einem Reservat weit von der nächsten Stadt entfernt wohnte, besuchte das erste Mal seinen weißen Bruder in der Großstadt.
> Er war sehr verwirrt vom vielen Lärm, von der Hektik und vom Gestank in den Straßenschluchten. Als sie nun durch die Einkaufsstraße mit den großen Schaufenstern spazierten, blieb der Indianer plötzlich stehen und horchte auf.
> »Was hast du«, fragte ihn sein Freund. »Ich höre irgendwo eine Grille zirpen«, antwortete der Indianer. »Das ist unmöglich«, lachte der Weiße. »Erstens gibt es hier in der Stadt keine Grillen, und zweitens würde ihr Geräusch in diesem Lärm untergehen.«
> Der Indianer ließ sich jedoch nicht beirren und folgte dem Zirpen. Sie kamen zu einem älteren Haus, dessen Wand ganz mit Efeu überwachsen war. Der Indianer teilte die Blätter und tatsächlich: Da saß eine große Grille.
> »Ihr Indianer habt eben einfach ein viel besseres Gehör«, sagte der Weiße im Weitergehen. »Unsinn«, erwiderte sein Freund vom Land. »Ich werde dir das Gegenteil beweisen«. Er nahm eine kleine Münze aus seiner Tasche und warf sie auf den Boden. Ein leises »Pling« ließ sich vernehmen. Selbst einige Passanten, die mehr als zehn Meter entfernt standen, drehten sich augenblicklich um und schauten in die Richtung, aus der sie das Geräusch gehört hatten.
> »Siehst du, mein Freund, es liegt nicht am Gehör. Was wir wahrnehmen können oder nicht, liegt ausschließlich an der Richtung unserer Aufmerksamkeit. Was du hörst, sagt mehr darüber aus wie du denkst, als was dich umgibt.« *Quelle unbekannt*

Wir schaffen uns unsere eigene Realität, welche von der unserer Mitmenschen abweichen kann. Demnach ist es nicht verwunderlich, wenn es unterschiedliche Perspektiven auf ein und dieselbe Situation gibt.

In Konflikten geht es häufig darum, recht zu haben. Mit dem Wissen um die subjektive Interpretation der Wirklichkeit brauchen wir in diese Auseinandersetzungen keine Energie mehr zu geben. Beide Wahrnehmungen können nebeneinanderstehen. Rosenberg zitiert aus dem Werk *Ein Kurs im Wundern* den Satz: »Willst Du recht haben oder glücklich sein, beides geht nicht!« (Rosenberg, 2012, S. 15).

Die beiden Freunde haben sich verabredet. Nun wartet Felix 25 Minuten auf Max und ist mittlerweile sehr aufgebracht. Max kommt freudestrahlend um die Ecke und ist sehr verwundert, dass sein Freund ihn nicht freudig erwartet. Schnell stellt sich heraus, dass es ein Missverständnis gab. Felix hat verstanden, dass sie sich um 18:00 Uhr treffen, Max hatte 18:30 Uhr im Kopf. Nun ist er statt fünf Minuten zu früh 25 Minuten zu spät und hat ein frustriertes Gegenüber. Beide sind jetzt unzufrieden. Beide könnten darauf beharren, dass sie recht haben, ihre Annahme die richtige ist und dass der andere etwas falsch gemacht hat. Da beide schon frustriert sind, würde der Streit die Stimmung bestimmt nicht bessern. Mit der Erinnerung, dass unsere Wahrnehmung sehr unterschiedlich ist und das, was der eine sagt, nicht das sein muss, was der andere versteht, können sie sich den Streit darüber sparen. Stattdessen können sie ihre ganze Aufmerksamkeit darauf richten, was sie jetzt brauchen, und doch noch eine gute Zeit miteinander verbringen. Zudem erhöht eine Klärung in dieser Form die Achtsamkeit, die dazu beitragen kann, dass sich so ein Missverständnis nicht wiederholt.

Wir sind auf Kommunikation angewiesen, damit wir uns trotz unserer unterschiedlichen Interpretationen der Wirklichkeit über eine Situation verständigen können. Ist die Wahrnehmung des Gegenübers abweichend von der eigenen, brauchen wir in der Rolle des Zuhörenden weder zuzustimmen noch abzulehnen, sondern erkennen die Sichtweise des anderen als die seine an.

Formulieren andere ihre Aussagen als einzig richtige Sichtweise, kann uns die Erinnerung an die Gleichzeitigkeit verschiedener Wirklichkeiten unterstützen, innerlich gelassen zu bleiben. Statt dagegen aufzubegehren oder uns daran zu reiben, können wir versuchen zu verstehen, was mit dieser Perspektive ausgedrückt werden will, und unsere Sicht als weitere Perspektive daneben stellen.

Geben wir unsere Sicht der Dinge wieder, gilt es zu beachten, dass wir unsere Interpretationen nicht als Tatsachen kommunizieren. Da bewertende Aussagen über andere Menschen bei diesen meistens Ärger und Abwehr auslösen, erleichtern wir es uns und unserem Gegenüber, wenn es uns gelingt, in der Darstellung einer Situation die eigenen Bewertungen bewusstzumachen und wenn möglich auf diese zu verzichten.

Unsere Bewertungen wahrzunehmen ist wichtig, um Gefühlen und Bedürfnissen auf die Spur zu kommen. Das Bewerten einer Situation als nützlich, belanglos oder gefährlich war für unser individuelles Überleben und die Evolution unserer Spezies extrem wertvoll.

Wir können diese bewertende Instanz beobachten. Das ermöglicht einen Abstand, eine umfassendere Sicht auf das, was gerade vor sich geht. Wir können bewusst wahrnehmen, was in uns in einer bestimmten Situation ausgelöst wird. Uns klarzumachen, dass die Wahrnehmung der Wirklichkeit subjektiv ist und durch unsere Interpretation geprägt wird, ist ein erster Schritt zur Selbstverantwortung.

Es ist nicht das Gegenüber oder eine objektive Situation, die Gefühle und Stimmungen in uns verursacht. Es sind unsere Interpretation der Außenwelt und die mit ihr einhergehenden bewertenden Gedanken, die unsere Gefühle aktivieren.

> **Übung**
>
> Halten Sie einen Moment im Alltag inne und machen Sie sich bewusst, was Sie gerade denken! Dies kann an der Supermarktkasse, im Bus sitzend oder vor dem Einschlafen sein. Was denken Sie in diesem Moment über sich oder andere? Nehmen Sie zur Kenntnis, was da ist, und akzeptieren Sie, dass dies in diesem Moment Ihre Gedanken sind! Verurteilen Sie sich nicht, wenn Bewertungen und Urteile auftauchen. Vielleicht können Sie wahrnehmen, wie sich Ihre Stimmung durch die vorhandenen Gedanken verändert. Machen Sie sich in dieser Situation bewusst, dass Sie gerade Ihre ganz persönliche Interpretation der Welt beobachten.

Zusammenfassung
- Unser Bild der Welt wird hauptsächlich in unserem Gehirn geformt, und wir haben keinen Zugang zu der objektiven Welt außerhalb unseres Gehirns.
- Es braucht das gegenseitige Zuhören, um sich die Wahrnehmung des Gegenübers zu erschließen und ein gemeinsames Verständnis zu erlangen.
- Es fördert Verbindung, wenn wir unsere Wahrnehmung als eigene Sicht kommunizieren und die Möglichkeit akzeptieren, dass unser Gegenüber eine ganz andere Sicht hat.
- Je mehr es uns gelingt, unsere Interpretationen als solche zu erkennen, schaffen wir Klarheit und vielfältige Möglichkeiten für gelingende Beziehungen.

Zweiter Schritt: Gefühle

Der zweite Schritt der GfK richtet die Aufmerksamkeit auf die Gefühle, die eine Situation in uns auslöst. In unserer Gesellschaft und in unserer Alltagskommunikation vermeiden wir eher das Wahrnehmen von Gefühlen und deren Ausdruck. Haben wir Angst vor ihrer Intensität und dem möglichen Schmerz, bleiben wir nach außen cool und gefasst. Der Preis dafür ist unsere Lebendigkeit und das Abgetrenntsein von unseren Bedürfnissen. Für einen lebendigen, authentischen Ausdruck, und um mit den Bedürfnissen in Kontakt zu sein, können wir lernen, unsere Gefühle wahrzunehmen.

Gefühle sind die Sprache der Bedürfnisse. Sie zeigen uns an, was wir brauchen: Haben wir Angst, brauchen wir Sicherheit; sind wir erschöpft, brauchen wir Erholung. Gefühle begleiten uns ständig in unserem Leben. Dass wir sie wahrnehmen und wie wir sie wahrnehmen, hat unmittelbare Folgen dafür, ob wir für unsere Bedürfnisse sorgen können und wie wir dies tun.

Gefühle sind nicht gut oder schlecht. Sie dienen uns, in dem sie auf etwas in uns hinweisen, was Aufmerksamkeit braucht. So können wir für uns sorgen. Auch in den von uns als unangenehm erlebten Gefühlen steckt Kraft und Intensität, die uns stärkt. Zum Beispiel gibt uns Wut die Kraft zum Neinsagen, um Dinge zu beenden, zu verändern und Grenzen zu setzen. Trauern hilft uns, Trennungen zu verarbeiten, Dinge zu akzeptieren und loszulassen und Anteil zu nehmen. Angst hilft uns, Gefahren zu erkennen, Katastrophen zu vermeiden und präsent zu bleiben.

Auslöser und Ursache von Gefühlen

Da die Gefühle die Sprache unserer Bedürfnisse sind, liegt die Ursache für unsere Gefühle in unseren Bedürfnissen. Unsere Umwelt und unsere Mitmenschen können emotionale Reaktionen in uns auslösen. Welches Gefühl jedoch in uns ausgelöst wird, hängt von unserer Interpretation und den damit zusammenhängenden Bedürfnissen ab. In dem Beispiel von Max und Felix, die auf ihrem Spaziergang der Gruppe Fußballfans begegnen, kommen die beiden durch ihre Erfahrungen in der Vergangenheit zu unterschiedlichen Interpretationen. Diese sind die Ursache für die jeweils verschiedenen Gefühle.

> Durch das Fühlen bekommen wir Klarheit, welches Bedürfnis erfüllt werden will. Das stellt die tief sitzende Überzeugung in Frage, dass andere dafür verantwortlich sind, wie wir uns fühlen. Die anderen können Auslöser von Gefühlen sein, die Ursache liegt jedoch in den erfüllten oder unerfüllten Bedürfnissen.

Gefühle wollen gefühlt werden

Die meisten Kinder besitzen noch die Fähigkeit, ihre Gefühle ganz zu erleben und sich ihnen hinzugeben. Sie tauchen in das Gefühl ein, durchleben es und sind offen und frei für den nächsten Moment.

Die kleine Lisa ist vertieft in ihr Spiel im Sandkasten mit ihren Förmchen, dann hört sie die Klingel vom Eiswagen und rennt voller Freude los. Sie genießt ihr Vanille-Eis, doch leider ist die Sonne schneller als sie, und ihr Eis schmilzt und fällt zu Boden. Nun beginnt sie zu weinen und geht ganz traurig wieder zum Sandkasten. Als ihre Freundin aus dem Kindergarten kommt, freuen sie sich und sind begeistert und fangen wild an zu toben. Doch nach einer halben Stunde geraten sie bitterlich in Streit, und Lisa ist wütend auf ihre Freundin …

… und so kommen und gehen die Gefühle. Kindern ist es noch manchmal gestattet, sich spontan und authentisch auszudrücken und in ihrer vollen Intensität auszuleben. Gleichzeitig führen Reaktionen der Erwachsenen auf den Gefühlsausdruck von Kindern dazu, dass diese den Kontakt zu ihren Gefühlen verlieren. Folgendes Beispiel zeigt, dass diese Reaktionen weder absichtsvoll noch bewusst sind.

Eine Frau hatte in den Schrecken des Krieges vielfältige Entbehrungen erlebt und auch den Verlust eines Geliebten erfahren. All dies waren Auslöser für starke Trauer. Doch ihre Trauer hatte keinen Raum: Sie musste die Kinder durch die Nachkriegszeit bringen und schwer arbeiten. Kommt diese Frau nun mit Trauer in Kontakt, z. B. wenn ihre Enkelin herzzerreißend über eine verlorene Puppe weint, wird sie diese Trauer empathisch aufnehmen und in sich spüren wie ihre eigene. Dies kann dazu führen, dass ihre alten Erfahrungen von Entbehrung und Verlust berührt werden. Da sie keinen Umgang mit ihrer Trauer gefunden hat, wird die Frau die Trauer ihrer Enkelin vielleicht »wegtrösten«, ohne sich dessen bewusst zu sein. Worte können sein: »Ist doch nicht so schlimm, du hast doch noch so viele andere Puppen.« »Wenn du heiratest, ist alles wieder gut.« »Komm, wir besorgen dir eine neue.« Das Kind spürt, dass etwas an dem Zustand der Trauer nicht richtig ist. Kinder sind von den Rückmeldungen der Erwachsenen abhängig, orientieren sich an ihnen und richten ihr Verhalten danach aus. So kann es sein, dass das Kind in diesem Beispiel, Zustände von Trauer zu vermeiden versucht, bis es ganz aufhört diese wahrzunehmen.

Andere Menschen erleben harte Reaktionen und Ablehnung, wenn sie wütend sind, was dazu führt, dass sie ihre Wut nicht mehr spüren. Es gibt Sätze, die die Abkehr von den eigenen Gefühlen fördern, wie: »Indianer kennen keinen Schmerz.« oder »Sei doch nicht so eine Heulsuse, das war doch gar nichts.« Und vor allem wachsen die meisten Kinder in einer Welt auf, in der Erwachsene keine Gefühle zeigen.

    Als Erwachsene haben wir gelernt, sowohl unseren Wunsch als auch unsere inneren Reaktionen – wie Scham, Enttäuschung und Unsicherheit – zu verbergen. Wir sind cool geworden und haben uns eine Fassade zugelegt, hinter der wir unsere Wünsche und Verletzungen verbergen, sodass wir unsere Gefühle gar nicht mehr wahrnehmen können.

Fühlen wir ein Gefühl in seiner ganzen Intensität, kann es passieren, dass wir die Beherrschung verlieren über die Rollen und Masken, von denen wir denken, dass sie von uns erwartet werden. Stattdessen lachen wir vielleicht oder weinen, wüten oder werden laut. Doch gilt dies in vielen Situationen als nicht angemessen, was dazu führt, dass wir gefühlsmäßig »auf Sparflamme schalten« und vieles nur noch selten wirklich fühlen.

Die Gefühle haben etwas Beängstigendes bekommen. Doch anstrengend und unangenehm ist der Zustand des Haderns, wenn wir im Widerstand gegen das Gefühl sind. Das ist der Zustand, der auch mit Leiden umschrieben werden kann. In dem wir Gefühle ablehnen und es uns nicht gelingt, sie zu durchfühlen, stecken sie in uns fest. Sie können sich dann in körperlichen Beschwerden wie Verspannungen oder Magenproblemen ausdrücken oder werden zu Emotionen, die uns über längere Zeit hinweg begleiten. Solche Stimmungen können uns durch Gedanken, die sich im Kreis drehen, gefangen halten.

Die Angst vor den eigenen Gefühlen zu verlieren und wieder vertraut mit ihnen zu werden, lässt uns lebendig sein. Im Fühlen erleben wir eine Verbundenheit mit uns selbst, eine Erfahrung von Geborgenheit und Selbstliebe.

Gefühle verbinden

Gefühle sind ansteckend. Da wir als Menschen empathische Wesen sind, erleben wir die Gefühle der anderen in uns. Es scheint ein ungeschriebenes Gesetz in unserer Kultur zu geben, das davon abrät, seinen Gefühlen in der Öffentlichkeit freien Lauf zu lassen. Vielen Menschen ist es unangenehm, vor anderen zu weinen.

Doch die GfK ermutigt dazu, uns mit unseren Gefühlen auch in schwierigen Situationen zu zeigen. Natürlich ist das ungewohnt. Wir haben Angst, uns verletzlich zu zeigen, und denken, andere könnten diese Schwäche ausnutzen. Gefühle sind aber ein Teil unseres authentischen Ausdrucks. Wir müssen uns nicht hinter einer Maske von Professionalität und Sachlichkeit verbergen. Mit unseren Gefühlen zeigen wir uns in unserer Menschlichkeit und geben dem anderen die Chance, uns besser zu verstehen. Da wir alle Gefühle haben und sie kennen, sind wir auch in der Lage, die Gefühle anderer nachzuvollziehen, ihnen Verständnis entgegenzubringen und mitzufühlen.

Zeigen wir uns mit unseren Gefühlen in einer authentischen Weise, kann das bei unserem Gegenüber Respekt erzeugen und zu mehr Verständnis beitragen. Zudem erleichtern wir so einen authentischen Dialog. Auch unser Gegenüber kann seine Maske fallen lassen und sich ganz zeigen mit dem, was gerade in ihm lebendig ist.

Gedanken und Gefühle

Häufig können wir gar nicht differenziert fühlen, wie es uns in einem bestimmten Augenblick geht.

Was wir aber gelernt haben, ist mit unserem Verstand eine Situation zu analysieren und nach Lösungen zu suchen. Jede Situation kann in uns Gefühle auslösen. Diese nehmen wir aber nicht wahr, weil sehr schnell Gedanken da sind, die sich mit der Situation beschäftigen. Um in Kontakt mit unseren Gefühlen zu kommen, kann es notwendig sein, uns dieser Gedanken bewusst zu werden. Die Gedanken haben einen großen Anteil an unserem inneren Erleben und dem Erschaffen unserer subjektiven Wirklichkeit. Darum ist es wichtig, sie zu identifizieren und wahrzunehmen, auch wenn sie einer empathischen Verbindung scheinbar im Weg sind. Zu jedem Gedanken über uns selbst oder andere können wir fragen, »Wie fühle ich mich, wenn ich das denke?«

Weil die Gefühle in der GfK eine zentrale Rolle spielen und weil es uns als rationalen Menschen schwerfällt, mit den Gefühlen in Kontakt zu kommen, ist dieser Umweg oft nötig und hilfreich. Dies ist auch ein Weg zur ehrlichen Selbstreflexion. Vielleicht stoßen wir auf Gedanken, die wir gar nicht haben wollen, weil sie Urteile oder Bewertungen enthalten, die unseren Werten widersprechen. Wir wollen z. B. nicht urteilend über andere denken und stellen dann fest, dass wir es trotzdem tun.

Sich bestimmte Gedanken zu verbieten oder sie zu verleugnen, bringt eine innere Anspannung mit sich. Die Gefühle und ein authentischer Ausdruck werden noch stärker blockiert: Es geht uns nicht gut, aber wir wissen nicht so recht, warum. In unserem Kopf findet ein ewiges Gedankenkreisen statt, das uns erschöpft, aber nicht weiterbringt.

Mit dem Beobachten der Gedanken und der Frage »Was fühle ich, wenn ich so denke?« verbinden wir uns mit unserer Wirklichkeit in diesem Moment. So fällt es leichter, aus der Identifikation mit den Gedanken herauszukommen. Durch den Kontakt mit unseren Gefühlen können wir unseren Bedürfnissen auf die Spur kommen und das Kreisen der Gedanken verlassen.

Der Körper spricht

Sowohl Gedanken als auch Gefühle lösen spürbare körperliche Phänomene in uns aus. Die Angst kann uns im Nacken sitzen, die sorgenvollen Gedanken an eine bevorstehende Prüfung machen uns ein flaues Gefühl im Magen, oder wir haben dieses Kribbeln im Bauch, wenn wir verliebt sind. Unser Körper spiegelt unsere seelische und geistige Verfassung.

Wenn wir mit unserer Aufmerksamkeit in den Körper gehen, hilft uns dies aus der Identifikation mit unseren Gedanken heraus- und mehr im gegenwärtigen Erleben anzukommen. Das Wahrnehmen der einzelnen körperlichen Phänomene öffnet eine Tür zu unseren Gefühlen. Es ist also hilfreich, den Körperempfindungen ganz Raum zu geben. Wir können Angst, Freude, Anspannung und Unbeschwertheit körperlich spüren. Gerade für Menschen, die es nicht gewohnt sind zu fühlen, ist es oft einfacher das körperliche Echo der Gefühle wahrzunehmen. Das Spüren von Enge, Schwere oder Kälte kann eine Hilfe sein, um überhaupt mit einem Gefühl in Kontakt zu kommen.

Wenn ich Menschen im Einfühlungsprozess begleite und sie einlade, mit ihrer Aufmerksamkeit in den Körper zu gehen und wahrzunehmen, was sie dort erleben, nehme ich den Druck und die Erwartung, ein Gefühl wahrnehmen zu müssen, was sehr entlastend sein kann. Hier geht es tatsächlich in erster Linie um das bloße Wahrnehmen von Körpersignalen.

Beim Begleiten lade ich die Person ein, ihre Augen zu schließen und erstmal nur den Atem und den Körper wahrzunehmen. »Was geschieht mit deinem Atem und in deinem Körper, wenn die Erinnerung an die zu bearbeitende Situation in dir lebendig ist?« Vielleicht ist hier erstmal nur ein Druck im Herzraum zu spüren und eine Enge, welche dem Atem den Platz nimmt. Dieses Phänomen kann jetzt untersucht werden. »Wie erlebst du den Druck genau?« Vielleicht ist es wie ein dicker Klumpen, der das Herz einschließt. Nun kann ich weiterforschen und fragen: »Welche Farbe hat dieser Klumpen?«, »Wie groß ist er?«, »Welche Konsistenz hat er?« Und schon durch diese Art der Zuwendung zu den sonst eher abgelehnten und vermiedenen Symptomen beginnt eine Veränderung hin zum Annehmen dessen, was ist. Dieses Akzeptieren der eigenen Realität ist ein Akt der Selbstliebe und erfüllt für sich schon viele Bedürfnisse.

Mit der Frage »Was erlebst du jetzt?« bitte ich die Person immer wieder neu, hinzuschauen. Vielleicht wird dann der Druck stärker und der Klumpen größer und breitet sich als Dunkelheit und Kälte über den ganzen Körper aus, wird dann plötzlich weich und verändert seine Farbe, löst sich auf und gibt das Herz frei. Das Gefühl von Einsamkeit und Trauer, welches im Herzen festsaß, kann sich ganz ausbreiten und durchfühlt werden.

Der Zugang über den Körper braucht eine große Achtsamkeit, da er sehr direkt und kraftvoll ist. Aus diesem Grund habe ich mir angewöhnt, immer wieder zu prüfen, ob die Person, die ich begleite, bereit ist, dem Erleben noch mehr Aufmerksamkeit zu geben. Wenn sich dies für die Person nicht stimmig anfühlt, ist das die Grenze, die ich unbedingt achte.

Mit stiller Aufmerksamkeit wahrzunehmen, was wir körperlich erleben, macht uns unsere Lebendigkeit in diesem Augenblick bewusst. Mit dieser Aufmerksamkeit ist es, als würden wir uns selbst im Arm halten, unser Dasein im gegenwärtigen Moment annehmen und akzeptieren sowie neuen Mut schöpfen für vor uns liegende Herausforderungen. Diese Verbundenheit mit uns selbst schafft neue Voraussetzungen für unsere Beziehungen zu anderen Menschen.

Durch das Spüren, wie Gefühle sich in körperlichen Phänomenen ausdrücken, können wir sie als Teil unserer Lebenswirklichkeit kennenlernen und akzeptieren. Dabei kann sich das, was wir spüren und fühlen, verändern. Wenn wir nicht mehr gegen das Gefühl ankämpfen, sondern ihm stattdessen Aufmerksamkeit geben und uns auf das Fühlen einlassen, wird es vorübergehen oder sich wandeln. Es hat seine Aufgabe erfüllt, unsere Aufmerksamkeit auf uns selbst gelenkt und uns auf ein Bedürfnis hingewiesen.

Es gibt körperlich erfahrbare Reaktionen auf Gefühle, die uns helfen, diese zu bewältigen und loszulassen. Es tut z. B. gut, wenn sich unsere Trauer im Weinen ausdrücken darf.

Die Unmittelbarkeit, mit der wir körperliche Phänomene erleben, macht sie wertvoll für den Prozess der GfK. Durch das Wahrnehmen des Körpers kommen wir direkt mit dem jeweiligen Gefühl in Kontakt und vermeiden, uns in Gedanken zu verstricken. Das Denken richtet sich auf Vergangenes oder Zukünftiges. Gefühle können nur gegenwärtig, im Jetzt, gefühlt werden. Zum einen verhindert diese Gegenwärtigkeit, dass wir über Gefühle nachdenken, anstatt sie zu fühlen. Zum anderen ermöglicht sie, aus Gedankenkreisen auszusteigen und ganz im gegenwärtigen Moment zu entspannen. Das Erleben der Gefühle schafft die Voraussetzung, uns wirkungsvoll um unsere Bedürfnisse zu kümmern.

Zusammenfassung

- Gefühle sind die Sprache der Bedürfnisse.
- Gefühle weisen auf erfüllte oder unerfüllte Bedürfnisse hin.
- Wir unterscheiden zwischen Auslöser und Ursache. Ursache unserer Gefühle sind unsere Bedürfnisse, die stark durch unsere Interpretation beeinflusst sind. Das Wahrgenommene ist der Auslöser. Dies zu erinnern unterstützt, Verantwortung für die eigenen Gefühle zu übernehmen und hilft Verstrickung zu vermeiden.
- Durch das Wahrnehmen der Gedanken und die Frage »Wie fühlst du dich, wenn du das denkst?« schaffen wir einen Zugang zu unseren Gefühlen.
- Jedes Gefühl hat seine körperliche Entsprechung. Wenn es schwerfällt, mit dem Gefühl in Kontakt zu kommen, ist das Wahrnehmen der körperlichen Phänomene eine hilfreiche Unterstützung.
- Nehmen wir die Gefühle in uns bewusst wahr, verbinden wir uns mit unserem inneren Erleben der Welt. Sie in der Kommunikation auszudrücken, ermöglicht einen authentischen Kontakt.

Wenn wir sie im Gegenüber erkennen, können sie ein Schlüssel zu dessen innerer Erlebniswelt sein.

Dritter Schritt: Bedürfnisse
Bedürfnisse im Zentrum der GfK
Da die Bedürfnisse im Zentrum der GfK stehen, ist in dieser Einführung schon von ihnen die Rede gewesen. Sie sind der wesentliche Aspekt, über den Verbindung zwischen Menschen in der Kommunikation entstehen kann. Allen Elementen in der Kommunikation, die zu Trennung, Konflikt und Missverständnis führen, ist gemein, dass sie die Bedürfnisse der Beteiligten aus dem Blick verlieren oder keine geeigneten Strategien darstellen, diese zu erfüllen.

Menschen haben Bedürfnisse des Körpers, Bedürfnisse, die ihrer individuellen Entfaltung dienen, und Bedürfnisse, die sie in ein soziales Gefüge einbinden.

Bedürfnisse des Körpers sind Luft, Nahrung und Wasser, Gesundheit, Ruhe, Bewegung, Sexualität, Wärme, Unterkunft und Kleidung.

Individuelle Bedürfnisse sind z. B. Autonomie, Sinn, Kreativität, Authentizität, Freude und Trauer.

Soziale Bedürfnisse sind z. B. Zugehörigkeit, Vertrauen, Körperkontakt, Unterstützung und Verständnis.

Wir sind zur Bedürfniserfüllung auf die Gemeinschaft mit anderen Menschen angewiesen.

Soziale Bedürfnisse können nur im gegenseitigen Einverständnis ihre Erfüllung finden. Sie bewegen sich im Spannungsfeld zweier Individuen mit ihren jeweiligen Bedürfnissen nach persönlicher Entfaltung und sozialem Miteinander. Kein Mensch ist zur Befriedigung eines sozialen Bedürfnisses eines anderen verpflichtet. Dieses Spannungsfeld kann Quelle ständiger Konflikte und Resignation sein oder Motivation für ein lebenslanges Lernen, wie gelingende Beziehungen sich gestalten.

Bedürfnisse begleiten uns ein Leben lang und motivieren uns zu handeln. Wir können auch mehrere Bedürfnisse gleichzeitig haben. Das dringendste wird sich am intensivsten zeigen. Ist es erfüllt, tritt ein anderes in den Vordergrund.

Zum Beispiel gehen wir zu einem interessanten Vortrag, um unser Bedürfnis nach Wissen und Inspiration zu erfüllen. Treffen wir dort Bekannte, tritt vielleicht das Bedürfnis nach Kontakt und Austausch in den Vordergrund. Lauschen wir dann dem Vortrag, hält unsere Konzentration wahrscheinlich so lange, bis ein anderes Bedürfnis zum Vorschein kommt, sei es Hunger, Durst oder dass wir uns nach Ruhe sehnen.

Die GfK unterscheidet zwischen Bedürfnissen und Strategien. Sie geht davon aus, dass alle Menschen in ihren Bedürfnissen gleich sind. Die Strategien, die zur Erfüllung der Bedürfnisse gewählt werden, können jedoch recht unterschiedlich sein. Um sich das Bedürfnis nach Sicherheit zu erfüllen, legt die eine sich eine Waffe unters Kopfkissen, ein anderer hat eine Kameraüberwachung am Haus und eine dritte übt Kampfsport oder Gewaltfreie Kommunikation. Bedürfnisse sind abstrakt. Wie sie erfüllt werden sollen, wird erst in den Strategien deutlich. Diese sind konkret. Für jede Bedürfniserfüllung gibt es unendlich viele Strategien. Nicht alle kommen jedoch für alle in Frage.

In unseren Strategien, das heißt in unserem Verhalten, sind wir verschieden. In unseren Bedürfnissen sind wir gleich, und somit kann auf dieser Ebene leichter eine Verständigung stattfinden. Und durch dieses Verständnis kann Verbindung entstehen.

Wie bereits dargelegt, ist die Trennung von Motivation und Handlung, von Bedürfnis und Strategie für eine verbindende Kommunikation von großer Bedeutung. Die Handlung eines Menschen können wir ablehnen, seiner Motivation, seinem Bedürfnis können wir jedoch einfühlsam begegnen. Die Suche nach der lebensdienlichen Motivation, dem Bedürfnis, das einer Handlung zugrunde liegt, wird im Kapitel zur Wertschätzung als »Schatzsuche« bezeichnet und noch näher beleuchtet.

Menschen, die nicht gelernt haben, gut für sich selbst zu sorgen und auf ihre Bedürfnisse zu achten, haben oft nur eine begrenzte Auswahl an Strategien, um diese zu erfüllen. Häufig sind das genau solche Strategien, die weder den eigenen Bedürfnissen noch den Bedürfnissen anderer gerecht werden.

Ein Beispiel wäre ein klagender Partner, der sich eigentlich Nähe wünscht und statt direkt zu fragen: »Kommst du mit mir spazieren?«, schimpft: »Nie hast du Zeit!«

Er versucht sich sein Bedürfnis nach Nähe durch einen Vorwurf zu erfüllen, durch den aber kaum deutlich wird, was er sich eigentlich wünscht. So macht er es dem Gegenüber schwer, auf seinen Wunsch einzugehen. Dem Vorwurf voraus gingen wahrscheinlich Gedanken, was ein Partner in einer Beziehung tun sollte und was der andere falsch macht. Der Vorwurf soll der Partnerin ein schlechtes Gewissen machen, sie einsichtig werden lassen und dem Bedürfnis nach Nähe zur Erfüllung verhelfen. Obwohl das offensichtlich nicht hilfreich ist, kommt es im Alltag unserer Beziehungen allzu oft vor, dass wir einem Bedürfnis durch einen Vorwurf Ausdruck verleihen.

Auch für die Erfüllung unserer Bedürfnisse gilt das Prinzip der Selbstverantwortung. Die GfK ermutigt uns dazu, in der Kommunikation mit anderen unsere Bedürfnisse auszudrücken. In dem Moment, wo wir beginnen, darüber zu sprechen, was wir brauchen, anstatt zu sagen, was mit dem anderen nicht stimmt, erhöhen wir die Wahrscheinlichkeit, dass dieser Mensch zur Erfüllung unseres Bedürfnisses beiträgt.

Statt dem anderen vorzuwerfen: »Du bist total faul!«, kann ich sagen: »Hey – ich bin gerade überfordert und brauch Unterstützung. Wärst du bereit, mir beim Aufräumen zur Hand zu gehen?« Dieser Satz wäre in der gleichen Situation eine Möglichkeit, Gefühle und Bedürfnisse zu kommunizieren.

Sind wir gut mit unseren eigenen Bedürfnissen in Kontakt und haben unterschiedliche Strategien zur Auswahl, steigt die Wahrscheinlichkeit, dass sich unsere Bedürfnisse erfüllen. Und je erfüllter wir sind, desto größer ist unsere Bereitschaft, auch die Bedürfnisse anderer wahrzunehmen und auf diese einzugehen.

Bedürfnisse wollen anerkannt werden

Können wir beim Zuhören in einem Einfühlungsprozess deutlich machen, dass die Gefühle und Bedürfnisse des Gegenübers gehört wurden, ist es manchmal gar nicht mehr nötig, sofort und mit einer konkreten Handlung auf diese Bedürfnisse einzugehen.

Allein, dass sich uns jemand mit voller Aufmerksamkeit zuwendet, dass wir uns authentisch zeigen können mit dem, was wir fühlen, und dass unser Bedürfnis wahrgenommen wird, schafft eine Erfüllung in uns, die uns zur Ruhe kommen lässt. Wir werden dann offen dafür, dass die konkrete Strategie, die eben in unserer Vorstellung noch dringlich war, jetzt nicht umzusetzen ist. Oder, dass unser Gegenüber erst zu einem späteren Zeitpunkt auf unser Bedürfnis eingehen wird. Wir akzeptieren dann auch eher, dass der andere vielleicht gar nicht in der Lage ist, so für uns da zu sein, wie wir uns das wünschen. Dann können wir für unser Bedürfnis selbst sorgen und neue Strategien zu dessen Erfüllung finden.

Wo Menschen zusammenkommen, im Beruf, in der Familie oder in der Freizeit, ist es wichtig, dass alle die Möglichkeit haben, sich mit ihren Bedürfnissen zu zeigen. Bedürfnisse stehen nie gegeneinander; wenn es so scheint, liegt ein Mangel an Strategien vor. Sie wollen vor allem wahrgenommen werden, und es ist ein kreativer Prozess im sozialen Miteinander, die Strategien zu finden, die allen gerecht werden.

Zusammenfassung

- Wir unterscheiden zwischen Bedürfnissen und Strategien.
- Strategien sind die Handlungen, um unsere Bedürfnisse zu erfüllen.
- Konflikte gibt es nur auf der Strategieebene.
- Bedürfnisse sind abstrakt, Strategien konkret.
- Bedürfnisse sind universell. Sobald nicht jeder Mensch auf der Welt dieses Bedürfnis hat, ist es eine Strategie.
- Damit geben Bedürfnisse uns die Chance, uns im anderen zu erkennen und den Menschen hinter den Handlungen und Überzeugungen, die wir vielleicht nicht teilen, zu sehen. Sie beschreiben eine Ebene, auf der gegenseitiges Verständnis, unabhängig von kulturellen Hintergründen, Alter oder Geschlecht möglich ist.
- Bedürfnisse dienen immer dem Leben. Es gibt kein destruktives Bedürfnis.
- Bedürfnisse müssen nicht immer erfüllt werden, doch sie wollen wahrgenommen und anerkannt sein.
- Je mehr Strategien ich für meine Bedürfnisse habe, umso höher ist die Chance, sie zu erfüllen.

Vierter Schritt: Bitten

Im vierten Schritt der GfK, geben wir dem, was wir brauchen, einen Ausdruck, indem wir Bitten formulieren. Das stellt uns vor eine große Herausforderung und ist für viele ungewohnt oder gar unangenehm.

Viele Menschen haben ihr Leben so eingerichtet, dass sie gut allein zurechtkommen. Glaubenssätze wie »Ich muss es allein schaffen!«, »Was ich brauche interessiert sowieso niemanden!« oder »Ich kann mich auf niemanden verlassen!«, erschweren es, um etwas zu bitten. Manchmal hoffen wir insgeheim, unsere Mitmenschen würden von selbst darauf kommen, was wir brauchen. Und manchmal wissen wir selbst gar nicht so genau, was es denn ist, womit andere zu unserem Leben beitragen können.

Hinzu kommt die Angst vor Zurückweisung und vor den dadurch ausgelösten Gefühlen. Ein »Nein« auf unsere Bitte zu bekommen, gehört zu den Risiken des Lebens.

Es braucht also etwas Mut und einige Übung, sich mit seinen Bitten zu zeigen. Dabei ist bitten etwas sehr Schönes, es kann Verbindung zwischen uns und den anderen entstehen. Wir zeigen uns mit dem, was in uns lebendig ist und was wir brauchen. So geben wir unseren Mitmenschen die Möglichkeit, zu unserem Leben beizutragen. Und wir erweisen uns selbst als menschlich in dem Sinn, auch nicht alles allein bewältigen zu können. Gerade in dieser Ehrlichkeit können wir gegenüber anderen stark und selbstbewusst erscheinen.

Die GfK geht davon aus, dass Menschen grundsätzlich Lust haben, zum Leben anderer beizutragen und auf eine Bitte einzugehen, solange sie dies freiwillig tun können. Das machen sie auch aus eigennützigen Gründen. In der Evolution war Kooperation schon immer ein sinnvolles Verhalten. Dadurch stärken wir unsere Position in der Gruppe. Und wir erhöhen die Chance, dass uns jemand hilft, wenn wir Hilfe benötigen.

Auch im Tierreich lässt sich beobachten, dass Tiere einander helfen, ohne scheinbar direkt davon zu profitieren. Der Biologe Frans de Waal (2011) beschreibt in seinem Buch *Das Prinzip Empathie* eine Reihe von Beispielen: Primaten, die sich gegenseitig unterstützen, Delphine, die in einem Gewässer voller Haie einen Schutzring um menschliche Schwimmer bilden, oder einen Hund, der schwere Verletzungen in Kauf nimmt und sich schützend zwischen ein Kind und eine Klapperschlange stellt.

Das Gehirn belohnt sozial sinnvolles Verhalten mit einer Dopamin-Ausschüttung. Erinnern wir uns, wie schön es sich angefühlt hat, als wir das letzte Mal aus freien Stücken oder vielleicht sogar unbeabsichtigt etwas zum Leben eines anderen Menschen beigetragen haben. Wenn wir bitten, geben wir anderen dadurch die Chance zu geben. Dies ist eine Ermutigung, öfter um etwas zu bitten.

Bitten – Wie geht das?
Mit einer Bitte kommen wir zurück zur Ebene der Strategie. Wir erbitten eine konkrete Handlung, von der wir annehmen, dass sie zur Erfüllung unserer Bedürfnisse beiträgt.

Eine Bitte kann auch an uns selbst gerichtet sein. Indem wir sie ausdrücken oder vielleicht aufschreiben, geben wir ihr Kraft und unserer Entschlossenheit Ausdruck, ihr nachzukommen.

Die folgenden beiden Punkte erhöhen die Chance, dass unsere Bitte erfüllt wird:
- Wenn ich sage, was ich möchte, und nicht, was ich nicht möchte. Statt »Rasenfläche nicht betreten!« – »Bitte Gehwege benutzen!« oder statt »Ich will mit dir nicht nur vor dem Fernseher sitzen.«, besser »Ich möchte einen Spaziergang mit dir machen.«
- Wenn ich um ein konkretes Verhalten bitte, anstatt abstrakt und vage zu bleiben. Statt »Ich will in Zukunft mehr Sport machen.« – »Kannst du mir Bescheid sagen, wenn du das nächste Mal joggen gehst und mich mitnehmen?« oder statt »Bitte sei etwas respektvoller.« Besser »Kannst du bitte anklopfen, wenn du in das Büro kommst?«

Versteckte Bitten
In vielem, was uns unsere Mitmenschen beiläufig oder gar missmutig mitteilen, steckt eine Bitte. Die GfK bietet sich hier als Übersetzungshilfe an. Wir können uns immer wieder fragen: Um was bittet dieser Mensch? In Momenten, in denen gut für unsere Bedürfnisse gesorgt ist und wir wach und aufmerksam sind, haben wir die Chance, solche Bitten zu erkennen. Tragen wir dann auch noch zu

ihrer Erfüllung bei, können wir Vertrauen schaffen, Freude bereiten und Hoffnung geben.

»Es zieht!«, »Wir sollten mal wieder den Müll runterbringen!«, »Immer muss ich alles allein aufräumen!«
Um Missverständnisse zu vermeiden, kann nach der von uns vermuteten Bitte gefragt werden:

»Möchtest du, dass das Fenster geschlossen wird?« oder »Willst du jetzt aufräumen und wünschst dir dabei Unterstützung?«

Diese Fragen dienen der Klärung versteckter Bitten. Wenn wir sie stellen, verpflichtet uns das nicht, sie zu erfüllen. Unsere Bedürfnisse und daraus folgenden Strategien können gerade ganz andere sein – und auch die wollen beachtet werden.

Bitte oder Forderung

Wenn wir eine Bitte im Sinne der GfK an andere richten, geht es nicht darum, ob in dem gesprochenen Satz das Wort »Bitte« enthalten ist oder wie freundlich er vorgetragen wird. Das entscheidende Kriterium ist, ob ich ein Nein zu meiner Bitte akzeptieren würde.

Die GfK unterscheidet zwischen einer Bitte und einer Forderung. Eine Bitte kann abgelehnt werden. Können wir mit einem Nein leben? Nein? Dann war es keine Bitte, sondern eine Forderung.

Ein Nein auf eine Bitte heißt, dass die andere Person ein anderes Bedürfnis hat, das für sie gerade im Vordergrund steht.

Je frustrierter unsere Bedürfnisse sind, desto eher sind wir im Modus des Forderns und umso heftiger ist die Reaktion auf das Nein. Das Motiv unserer Bitte oder der Forderung ist, dass wir mit den gegebenen Umständen nicht zufrieden sind und wir uns eine Veränderung wünschen. Darum kann ein Nein auf eine Bitte Ärger, Frust oder Trauer auslösen.

Die Frustration wird als unangenehm erlebt und verstärkt den Wunsch nach Veränderung, der sich in der Regel an das Gegenüber wendet. Um aus dieser Verstrickung wieder in die Selbstermächtigung zu kommen, brauchen wir Mitgefühl. Dadurch kommen wir wieder zu uns selbst und mit unseren Gefühlen und

Bedürfnissen in Kontakt. In dem Moment, indem wir uns dem inneren Erleben ganz öffnen können, es einfach so sein lassen können, wie es gerade ist, findet ein Loslassen statt. Dieser Schritt führt uns aus dem Fordern in den Modus des Bittens. Aus meiner persönlichen Erfahrung und bei Menschen, die ich begleitet habe, zeigt sich immer wieder, dass sich im Loslassen mitunter eine nicht vorhersehbare Veränderung einstellt.

Ein Vater stritt über lange Zeit mit der Mutter seiner Kinder darum, wie oft er sie sehen durfte. Die Mutter war der Meinung, dass die Kinder ein klares Zuhause bräuchten und es reichen würde, wenn er sie alle zwei Wochen übers Wochenende sehen dürfte. Er wiederum wünschte sich einen Mediationsprozess, um eine friedvolle Basis als Eltern zu haben, um wichtige Entscheidungen für die Kinder gemeinsam treffen zu können, und stritt für das Wechselmodell. Der Streit belastete Kinder und Eltern. In einem Einfühlungsprozess mit dem Vater, bei dem es um die Verzweiflung und die Ohnmacht ging, die ihn belastete, kam er an den Punkt, wo er bereit war, zu kapitulieren. Er erkannte, dass der Frieden und das Wohl der Kinder für ihn das Wichtigste waren. Dann sagte er: »Wenn ich mir Frieden für mich wünsche, brauche ich, dass meine Kinder in Frieden sind, und damit das geschieht, brauchen sie Eltern, die im Frieden sind, und also auch eine Mutter, die im Frieden ist. Dazu kann ich wohl beitragen, wenn ich aufhöre um einen Mediationsprozess und das Wechselmodell zu kämpfen.« Doch bedeutete das Aufhören zu kämpfen, seine Forderungen loszulassen. Also in Kauf zu nehmen, dass er seine Kinder nur noch alle zwei Wochenenden sehen kann. Dies löste starke Ängste in ihm aus, dass er den Kontakt zu ihnen verlieren würde, und tiefe Trauer, da ihm der Alltag mit den Kindern viel bedeutete. Es zeigte sich, dass auch ein Ideal ihn an der Forderung festhalten ließ. Er hatte die Idee, dass ein guter Vater für seine Kinder auch im Alltag präsent war. Als er sich fragte, was ihm wichtiger sei, seine Ideale oder das Wohl seiner Kinder, war es ihm möglich, auch dieses loszulassen. Es war ein aufwühlender und emotionaler Prozess, an dessen Ende dieser Vater mit der Bitte an sich ging, der Mutter mitzuteilen, dass er ihrem Wunsch entsprechen werde und weitere Eskalationen vermeiden wolle. Eine Woche später rief er mich an und berichtete, dass etwas Wunderbares geschehen sei. Als er die Kinder von ihrer Mutter abholen wollte, klingelte er wie immer an der Haustür. Doch statt die Kinder einfach runterzuschicken, wie es sonst passierte, wurde er hochgebeten. Die Mutter lud ihn auf einen Tee ein und berichtete, was sich bei den Kindern in der Zeit, in der sie bei ihr waren, ereignet hatte. Etwas, das sich der Vater die ganze Zeit gewünscht hatte. Dies geschah, ohne dass die Mutter etwas von dem Prozess und dem Ergebnis erfahren haben konnte. Weiter berichtete er mir, dass ohne weiteres Bitten die Mutter das Wechselmodell vorgeschlagen habe. Nach einem halben Jahr erbitterten Ringens und mit gescheiterten Unterstützungsversuchen durch das Jugendamt, löste sich die Situation friedlich auf.

Diese begleitenden Einfühlungs- und Klärungsprozesse sind in zweierlei Hinsicht für die Haltung der GfK in Bezug auf unsere Bitten wichtig. Erstens: Durch die Klarheit um welches Bedürfnis es sich konkret handelt, weiß ich genau, was ich will, und kann leichter um das bitten, was ich brauche.

Zweitens unterstützt uns der Klärungsprozess, gelassener zu werden und aus dem Modus des Forderns auszusteigen. Der Fokus liegt auf der Verbindung mit dem, was gerade ist, also Gefühle und Bedürfnisse ganz zu erleben. Durch dieses Annehmen und das Anerkennen dessen, was ist, schmelzen die Forderungen zu Bitten, welche frei sind von Müssen und Sollen. So bringt uns der Einfühlungsprozess wieder in unsere Selbstverantwortung. Die Ohnmacht, die ein Nein vielleicht auslöst, weicht der Klarheit, dass wir für uns sorgen können und wir nicht von den Handlungen anderer abhängig sind. Wie im Beispiel mit dem Vater beschrieben, führt dieses innere Weichwerden in vielen Fällen auch zu einer Veränderung auf der interpersonellen Ebene, sodass sich scheinbar aussichtslose Situationen auf wunderbare Weise auflösen, sobald sich in uns etwas löst.

Zusammenfassung
- Eine Bitte unterscheidet sich von einer Forderung darin, dass sie ein Nein vertragen kann.
- Eine Einfühlung in die eigenen Gefühle und Bedürfnisse hilft, mit dem Nein einen guten Umgang zu finden. Dabei können uns andere Menschen unterstützen.

- Forderungen können auch höflich formuliert werden. Es trägt jedoch zur Klarheit bei, wenn sie als Forderung kommuniziert werden, statt sie als Bitte zu tarnen.
- Dem Gegenüber erleichtere ich zu verstehen, worum ich bitte, wenn ich sage, was ich will, statt was ich nicht will.
- Statt vage Wünsche zu formulieren, erbitten wir konkretes Verhalten.
- Wer bittet, gibt seinen Mitmenschen eine Chance und wird damit ein*e Dopaminausschüttungsermöglicher*in – unsere Bitten sind somit Geschenke.

Die Essenz der Gewaltfreien Kommunikation

Die Gewaltfreie Kommunikation stellt mit ihrer Haltung und ihrem Menschenbild *eine* Möglichkeit dar, auf sich selbst, andere und das Leben zu schauen (vgl. *Das Menschenbild der GfK*, Material, S. 200). Als Menschen, die ihr Handeln reflektieren, haben wir die Freiheit zu entscheiden, mit welcher Haltung wir der Welt begegnen. Geben wir anderen die Schuld für unser inneres Erleben und geben damit unsere Verantwortung an andere Menschen ab? Oder erleben wir uns als innerlich frei, sehen die Ursache für unsere Gefühle in unseren Bedürfnissen und sind bereit, uns dem Leben hinzugeben? Die Haltung, die in der Gewaltfreien Kommunikation vorgestellt wird, findet sich in vielen anderen Philosophien, Religionen, Weisheitslehren und der Humanistischen Psychologie. Es gibt sehr viele Wege, welche der Haltung und dem Menschenbild der GfK entsprechen, denen der Fokus auf gelingende Beziehungen, ein konstruktives Miteinander und das Erkennen des menschlichen Potenzials zu eigen ist. Die vier Schritte der GfK sind ein Weg, diese Haltung in unserem Inneren zu verankern.

Wenn wir uns das Leben als Fluss vorstellen, kann es Ereignisse geben, welche den Fluss in seinem Fließen stören, sodass dieser blockiert wird. In diesem Bild können das Felsen, Staumauern oder Begradigungen sein. Dann steigt der Druck, und es entsteht eine Enge.

Aus innerem Druck und Enge heraus zu agieren, erhöht das Risiko, dass wir uns oder anderen schaden. Der Fluss tritt über die Ufer und zieht das Umland in Mitleidenschaft. Wenn etwas geschieht, das Gefühle oder emotionale Schmerzen in uns auslöst, und wir nicht in der Lage sind, diese zu durchfühlen und ihre Botschaft zu hören, geraten wir in einen Widerstand gegen das, was geschieht.

Der Widerstand gegen die eigenen Gefühle löst inneren Stress aus und ist sehr anstrengend und kräftezehrend. Wir beginnen dann, unsere Umwelt zu verändern oder zu manipulieren, mit dem Ziel, uns Erleichterung zu verschaffen und die als unangenehm erlebten Gefühle nicht mehr fühlen zu müssen. Dabei ist die Gefahr groß, dass wir das eigene Leid weitergeben und zum Unfrieden beitragen.

In diesem Zustand »müssen« und »sollten« wir Dinge tun oder verlangen dies von anderen. Wir stehen in Konkurrenz miteinander und dem Leben misstrauisch gegenüber, was im Manipulieren und Kontrollieren zum Ausdruck kommt. In der Regel kreisen dann negative, urteilende und vergleichende Gedanken in unserem Kopf.

Die GfK gibt uns die Möglichkeit, die Störungen im Fluss zu erkennen und den Schmerz oder die Gefühle zu fühlen. Ist das geschehen, löst sich die Enge auf. Der Fluss kann wieder fließen, die Störungen beseitigen oder integrieren. Ein Erleben von innerer Weite, Frieden und Gelassenheit stellt sich ein, gepaart mit dem Wissen um die Fähigkeit, gut für uns selbst sorgen zu können. Dies gibt uns Zugang zu unseren Ressourcen und unserer Kreativität.

Qualitäten für unterstützende Beziehungen

Wie bereits in der Einleitung erwähnt, beschreiben die Begriffe »Präsenz«, »Akzeptanz«, »Empathie« und »Authentizität« grundlegende Qualitäten für eine erfolgreiche und professionelle Beziehungsgestaltung. Im folgenden Kapitel gehe ich noch einmal auf die Bedeutung der Verknüpfung der Qualitäten mit der GfK ein und stelle mein Verständnis der einzelnen Qualitäten für eine erfolgreiche Umsetzung im Arbeitsalltag vor.

Rosenberg wurde maßgeblich durch die Arbeit und Ideen von Carl R. Rogers, einem wichtigen Vertreter der Humanistischen Psychologie und Begründer der klientenzentrierten Therapie, inspiriert (Rosenberg, 2016).

Rogers machte deutlich, wie wichtig die Qualität der Beziehung zwischen Therapeut*in und Klient*in ist. Er beschrieb, dass diese umso hilfreicher ist, je mehr es dem Therapeuten*der Therapeutin gelingt, dem Klienten*der Kleintin mit Akzeptanz, Empathie und Authentizität zu begegnen (Rogers, 1973). Dies trägt dazu bei, dass der*die Klient*in sich selbst wieder so annehmen kann, wie er ist. Dann findet er*sie Lösungen für seine Probleme, und der Heilungsprozess wird gefördert.

Rogers ging davon aus, dass dies nicht nur für die therapeutische Beziehung, sondern für alle Beziehungen gilt – und somit auch für Beziehungen zwischen Fachkräften im sozialen Bereich und den Menschen, mit denen sie aus ihrer professionellen Rolle heraus in Kontakt kommen.

Rogers nahm Rosenberg Anfang der 1960er in ein Forschungsprogramm auf, dessen Ergebnisse die Bedeutung von Empathie, Authentizität und Gleichwertigkeit im Arzt-Patienten-Verhältnis für jeden Heilungsprozess hervorhoben (Weckert, 2014). Rogers

Betonung der Bedeutung von Gefühlen für den Therapieprozess inspirierte Rosenberg. Dies und die Begegnung mit weiteren ähnlich denkenden Lehrer*innen ließen ihn später eigene Forschungsfragen formulieren, z. B. »Was genau brauchen Menschen?«. So erkannte er die Bedeutung von Bedürfnissen und entwickelte die vier Schritte der Gewaltfreien Kommunikation. Diese vier Schritte und die Fokussierung auf die Bedürfnisse erleichtern das Herstellen der Beziehungsqualität, welche Rogers beschrieb. Rosenberg zeigte somit einen Weg auf, die von Rogers für den therapeutischen Kontext beschriebenen Qualitäten für jegliche Beziehungen im Alltag nachvollziehbar und anwendbar zu machen.

Gleichzeitig birgt der Ansatz der GfK mit den vier Schritten im Zentrum die Gefahr, dass sie als Kommunikationstechnik verkannt wird. Rein technisch angewandt, kann sie ihre Wirkkraft nicht entfalten, sondern läuft im Gegenteil Gefahr, Trennung und Widerstand zu erzeugen. Soll heißen, wenn GfK nur in bestimmten Momenten als eine Technik angewendet wird, um ein bestimmtes Verhalten beim Gegenüber zu bewirken, ist dies manipulativ und widerspricht ihrer Grundhaltung. Diese besagt, dass sie nicht zur Erreichung bestimmter Ziele angewendet wird, sondern ihr eigentliches Ziel die Verbindung zu den eigenen Bedürfnissen und zum anderen ist. Was sich im Laufe dieses Prozesses entwickelt, bleibt wie im nondirektiven Ansatz von Rogers offen. Das heißt, um dem Menschen die Möglichkeit zu geben, seine eigenen Lösungen zu entwickeln, verzichten wir als Professionelle auf das Vorgeben von Lösungen oder manipulierender Eingriffe. Auf diese Weise wird eine Begleitung auf Augenhöhe möglich. Voraussetzung dafür ist ein Menschenbild, welches davon ausgeht, dass der Mensch ein kooperatives Wesen ist, das an vertrauensvollen Beziehungen interessiert ist und gern zum Leben anderer beiträgt. Die innere Haltung, mit der ich in Beziehung trete, ist somit von zentraler Bedeutung.

Ein weiteres Risiko besteht im rein »grammatikalischen« Zugang. Wird die Sprache lediglich floskelhaft den vier Schritten angepasst und darauf geachtet, dass schemahaft Beobachtungen formuliert werden und dann von Gefühlen und Bedürfnissen gesprochen wird, kann dies dazu führen, dass eigene unbewusste Anklagen und Vorwürfe gut getarnt weitergegeben werden.

Qualitäten für unterstützende Beziehungen

Nachdem ich mit einer Kollegin einen Workshop gegeben hatte, kam sie auf mich zu und sagte: »Sören, ich bin sehr irritiert, wir hatten vereinbart, dass ich den Input zu Bedürfnissen übernehme und nun hast du dies doch getan. Ich habe auch ein Bedürfnis, etwas beizutragen und wünsche mir, dass du dich an Absprachen hältst. Kannst du das verstehen?« Ich hörte ihre in den vier Schritten formulierten und freundlich vorgetragenen Worte, doch bekam ich ein unangenehmes Bauchgefühl und konnte den Impuls, mich schützen und auf Distanz gehen zu wollen, wahrnehmen, obwohl es keinen offensichtlichen Grund dafür gab.

Aus meiner Perspektive hatte ich mich an unsere Absprache gehalten, da ich ihr bis auf die Beantwortung einer Zwischenfrage den Input zu Bedürfnissen ganz überlassen hatte. Es gab eine Nachfrage von einem Teilnehmer, auf die sie einging, was jedoch nicht zur gewünschten Klärung führte. Da ich einen Impuls hatte, folgte ich diesem und ging mit einem anderen Bild auf die Nachfrage ein. Daraufhin klärte sich, wo das Missverständnis lag, und alle schienen zufrieden.

Als ich der Kollegin sagte, dass ich sie nicht verstehe, entspann sich ein mühsames Ringen um Verständnis, welches ich eher als trennend statt klärend und verbindend erlebte. Mein Eindruck war, dass sie zwar versuchte, sehr von sich zu sprechen und doch immer wieder Vorwürfe und Schuldzuweisungen im Subkontext mitschwangen. So wurde das Gespräch immer anstrengender, was uns veranlasste, es zu unterbrechen und an späterer Stelle mit einer Begleitung fortzusetzen.

In dem darauffolgenden Mediationsgespräch stellte sich heraus, dass die Zusammenarbeit mit Männern für sie ein großes Thema war und die Situation vordergründig unglaubliche Wut und dahinter großen alten Schmerz aktiviert hatte. Sie hatte den Eindruck, dass sie durch mein »Einmischen« wie eine Versagerin dastand, was in ihr Scham und Wut auslöste. Als diese Anteile kommuniziert waren, welche im ersten Gespräch völlig zurückgehalten wurden, stellte sich für mich wieder Verbindung her und ich konnte Verständnis für ihre Not aufbringen. Zudem gab es nun auch bei ihr eine Offenheit, meine Perspektive zu hören.

Wie in diesem Beispiel werden häufig die trennenden Anteile in unserer Kommunikation nur verschleiert, sodass sich das Gegenüber unwohl fühlt, obwohl es scheinbar keinen Anlass dazu gibt. Dies ist leider schon viel zu oft geschehen und hat die GfK teilweise auch in der sozialen Arbeit in Verruf gebracht.

Deshalb ist es notwendig, die GfK als Haltung zu begreifen. Das wird durch ein tieferes Verständnis der einzelnen Qualitäten von Akzeptanz, Empathie und Authentizität ermöglicht. So erleichtert die GfK, diese Qualitäten im Arbeitsalltag zu leben. Gleichzeitig bedarf es ihrer, um die GfK wirkungsvoll zu praktizieren. Sie bedingen einander.

Um Akzeptanz, Empathie und Authentizität in eine Beziehung einzubringen, brauchen wir Präsenz, also das bewusste Wahrnehmen dessen, was im eigenen Innern und im Außen geschieht. Diese Präsenz bildet den Boden, auf dem alle anderen Qualitäten wachsen können. Sie schafft Gegenwärtigkeit und damit einen Raum, in dem Kontakt und ein Verstehen über den kognitiven Zugang hinaus möglich sind.

Das wertfreie Annehmen dessen, was wir beobachten können, wird durch den Begriff Akzeptanz beschrieben. Sie gewährt und ermöglicht eine tiefere Begegnung auch mit schwierigen Themen und ermöglicht es den Menschen, sich selbst und auch die persönliche Situation annehmen zu können, was Voraussetzung für jede Veränderung ist.

Empathie im Sinne von Mitgefühl beschreibt die Fähigkeit, die Gefühle des Gegenübers in sich mitschwingen zu lassen. Durch den Fokus auf die Gefühle und Bedürfnisse wird eine tiefere menschliche Begegnung jenseits von richtig und falsch ermöglicht.

Damit wir auch als Person wahrgenommen werden können, braucht es die Authentizität. Sie beschreibt die echte und unverstellte Kommunikation der eigenen Perspektive. Unsere Authentizität bringt auch unsere Position wieder mit ins Spiel, was den Raum begrenzt und sichert.

Präsenz

Präsenz bedeutet geistig wach und mit allen Sinnen anwesend zu sein. Präsenz ist gleichbedeutend mit Leerwerden, einem Leeren aller Empfangskanäle von vorgefertigten Annahmen. Präsenz öffnet sich dem einmaligen Ausdruck des Augenblicks.

Im Zusammenhang mit dem Einfühlungsprozess beschreibt Rosenberg Präsenz folgendermaßen:

»Wenn wir Einfühlung geben, dann geht es darum, einfach ganz und gar präsent zu sein, im Moment zu sein. Das heißt auch, die Gedanken zum Stillstand zu bringen, denn wenn wir ganz und gar präsent sind, bringen wir nichts aus der Vergangenheit mit in diesen Moment.« (Rosenberg, 2012, S. 43)

Die Empfangskanäle leeren und die Gedanken zum Stillstand bringen heißt, sich dieser erst einmal bewusst zu werden. Es geht also darum, die eigenen Gedanken beim Zuhören wahrzunehmen. Dies können urteilende Gedanken sein, wie »So ein Quatsch, das glaubt der doch selbst nicht« oder welche, die uns bei Problemschilderungen Lösungen anbieten. Diese inneren Mono- oder Dialoge ziehen unseren Fokus vom Gegenüber ab und wir hören nur noch mit halber Aufmerksamkeit zu. Klaus Dieter Genz schlug in seinen Seminaren vor, sich ein Regal in seinem Kopf vorzustellen, in welches wir alle Gedanken für die Zeit des Zuhörens legen können. Wir nehmen also als erstes die Gedanken wahr und parken sie in dem Regal. Ihnen geben wir keine weitere Aufmerksamkeit, sondern fokussieren wieder ganz auf das Gegenüber. Beim Geben von Einfühlung ist dies die Hauptarbeit, welche zu leisten ist. Sich der eigenen inneren Impulse bewusst zu werden, sie wahrzunehmen und zu parken, damit wir ganz präsent sein können.

Als ich begann, Einfühlungen zu geben, kam ich regelrecht in Panik, wenn ich an den Punkt gelangte, an dem mir die Ideen ausgingen und ich selbst nicht mehr wusste, wie sich dieses Problem jemals gut auflösen sollte. In dieser Panik konnte ich wahrnehmen, wie die hektischen Versuche meines »Kreativhirns«, die Kontrolle wieder zu erlangen, indem es schlaue Angebote entwickelte, extremen Stress in mir auslösten. Doch wenn es mir gelang, all die inneren Bewegungen zu beobachten, ohne darauf einzusteigen und mir den Kontrollverlust zu erlauben, entfaltete der Einfühlungsprozess eine ganz neue Dynamik. Jetzt trat der Zustand ein, in dem ich wirklich zum Begleiter wurde, der den Weg nicht kennt und ihn gemeinsam mit dem Gegenüber entdeckt. Fast immer kamen wir dann unverhofft an einen Punkt, der sich als lösend erwies. Mittlerweile freue ich mich, wenn mir die Ideen ausgehen, dann brauche ich mich nicht mehr um sie zu kümmern. Das ist der Moment, in dem meine Gedanken ganz ruhig werden und ich »ganz Ohr« bin. Eine solche Präsenz ermöglicht gelingende Kommunikation. Durch diese präsente Haltung signalisieren wir dem Gegenüber, dass wir da sind. Wir sind empfangend, aufnehmend, offen für das, was sich ausdrücken möchte. Grundlage dafür ist eine gute Verbindung mit uns selbst. Wenn wir nicht mit uns selbst im Kontakt sind, wird es schwer, mit anderen in Kontakt zu kommen.

Um diesen Zustand der Präsenz zu erreichen, wenden wir unsere Aufmerksamkeit nach innen. Es gibt drei Ebenen, die wir beobachten können:
- Die Ebene der Gedanken: Ich beobachte die Gedanken, die mir durch den Kopf gehen, und erkenne, welche Geschichten sie mir erzählen.
- Die Ebene der Gefühle: Ich nehme die Gefühle wahr, die gerade in mir lebendig sind.
- Die Ebene der körperlichen Phänomene: Ich spüre meinen Körper und beobachte die körperlichen Phänomene in diesem Moment.

Gedanken und Gefühle sind prägend für unser Erleben einer Situation. Im Alltagsbewusstsein sind wir meistens ganz und gar mit ihnen identifiziert. Dies bedeutet: Wir haben nicht die Gedanken, sondern wir sind die Gedanken. Wir glauben, was wir denken, und sind dadurch darin gefangen.

Ein Kollege verschickt eine Rundmail mit wichtigen Informationen, und nur ich erhalte diese nicht. Da er mich außerdem schon bei der letzten Dienstberatung nicht gegrüßt hat, kann es sein, dass in mir der Gedanke auftaucht: »Der schneidet mich.« Wenn ich diesem Gedanken voll und ganz Glauben schenke und mich mit ihm identifiziere, ist die Wahrscheinlichkeit hoch, dass ich mich weiter in den Ärger hineinsteigere und dem Kollegen entsprechend abweisend begegne.

Nicht identifiziert zu sein, bedeutet hingegen, dass ich einen anderen Platz in mir einnehmen kann, von dem aus ich diesen

Gedanken in mir lediglich als solchen wahrnehme. Dann bin ich nicht der Überzeugung, dass er dies mit Absicht getan hat, sondern ich kann wahrnehmen, dass es diese Interpretation in mir gibt. Ich nehme den Gedanken war, und kann beobachten, welche Reaktionen er in mir auslöst: Dass es eine Anspannung in mir gibt, ein Druck entsteht, mein Herz sich verschließt und der Impuls auftaucht, mich zu verteidigen. Vielleicht tauchen auch weitere Gedanken auf, z. B. darüber, wie ungerecht das alles ist. Wenn ich all dies als Bewegung in mir wahrnehmen kann, bin ich nicht Teil der Geschichte, sondern deren Beobachter. Ich kann also darüberstehen und habe die Chance, die daraus folgenden Handlungsimpulse wahrzunehmen, ohne sie zwangsläufig ausagieren zu müssen. Statt mich bei Dritten über den Kollegen zu beschweren, kann ich überlegen, was eine geeignete Form wäre, ihn direkt anzusprechen.

Um präsent zu sein, braucht es somit eine Distanz zu dem, was wir in uns beobachten können. Damit es gelingt, all diese Bewegungen, die ständig plappernden Gedanken und die sich wandelnden Gefühlslagen zu beobachten, hilft es, eine bestimmte innere Perspektive einzunehmen.

Hierfür möchte ich Ihnen den Begriff des*der inneren Beobachter*in vorschlagen. Diese Instanz tragen wir alle in uns. Doch für das Einnehmen dieser Perspektive bedarf es einiger Übung.

Übung

Der*Die innere Beobachter*in
Lesen Sie die Anweisungen und lassen Sie sich Zeit beim Ausprobieren. Dies ist eine Übung zur Selbstwahrnehmung. Es gibt nichts zu erreichen. Für diese Übung schlage ich Ihnen eine kindliche Neugier vor, mit der Sie sich auf spielerische Weise ausprobieren können. Sie können nichts »falsch« machen. Falls Gedanken wie »Ich kann das nicht!« in Ihnen auftauchen, können Sie diese wahrnehmen und schauen was in Ihnen passiert, wenn dieser Gedanke auftaucht. Viel Spaß.

Nehmen Sie Ihren Atem wahr, wie er in diesem Moment ein- und ausströmt.

Dabei kommt es häufig vor, dass Gedanken auftauchen, welche die Aufmerksamkeit vom Atem wieder wegnehmen und auf sich ziehen. Dies geschieht oft ganz still, sodass es einige Momente dauern kann, bis Sie es bemerken. Das ist völlig in Ordnung. Wenn Sie sich dessen gewahr werden, nehmen Sie wahr, was das für Gedanken sind und was sie für eine Geschichte erzählen und kehren gleichzeitig mit der Aufmerksamkeit zum Atem zurück.

Dann können Sie auch beobachten, was diese Gedanken für eine Stimmung verbreiten.

Lassen Sie die Gedanken da sein und beobachten weiter Ihren Atem.

Schauen Sie atmend, in welchem Zustand Sie jetzt hier sitzen.

Was fühlen Sie gerade?

Vielleicht fühlt es sich wohltuend an oder eher anstrengend. Egal, was Sie gerade wahrnehmen, erinnern Sie sich, es gibt nichts zu tun, Sie nehmen nur wahr, was Sie in diesem Moment fühlen, ohne damit etwas zu machen oder es zu verändern.

Vielleicht fühlen Sie auch gerade nichts – dann vergegenwärtigen Sie sich, wie es sich anfühlt, wenn Sie nichts fühlen. Wie erleben Sie das? Und darf das für diesen Moment so sein?

Und kehren Sie beim Beobachten bitte immer wieder zu ihrem Atem zurück.

Dehnen Sie mit dem Ausatmen Ihre Aufmerksamkeit in Ihrem ganzen Körper aus. Spüren Sie ihre Füße, Ihre Beine, Ihr Becken, Ihren Oberkörper, Ihre Arme, Ihre Schultern und Ihren Nacken und Ihren Kopf – bis Sie Ihren ganzen Körper gleichzeitig spüren können. Wahrscheinlich können Sie verschiedene körperliche Phänomene wahrnehmen, wie Wärme oder Kälte, ein Kribbeln oder Pulsieren, Verspannungen, Taubheit oder ganz wohlige Stellen.

Gleichzeitig atmen Sie bewusst ein und aus.

Und nun fragen Sie sich, welcher Teil von Ihnen Ihre Gedanken, Gefühle und körperlichen Phänomene wahrnimmt? Wo ist dieser Teil in Ihnen? Wie fühlt es sich an, wenn Sie sich von diesem inneren Platz aus gegenwärtig und absichtslos beobachten?

Unser Atem und unser Körper sind eine Brücke in die Gegenwart. Mit Hilfe des Atems können wir unsere Aufmerksamkeit in unseren Körper ausdehnen und uns als Raum wahrnehmen, in dem die körperlichen Empfindungen, unsere Gedanken und Gefühle auftauchen und auch wieder verschwinden. Der Teil, der all das wahrnimmt, ist der*die innere Beobachter*in.

Präsenz ist die Einladung, wahrzunehmen, was gerade ist. Mittlerweile gibt es immer mehr Wege, sich auf eine Selbstbegegnung einzulassen und seine Präsenz zu trainieren. Es gibt viele Meditationsformen, welche diese Kompetenz stärken. Dazu kommen bewegte Angebote wie Tai Chi oder Yoga. Auch viele Sportarten können in einer Weise ausgeführt werden, die ein Präsentsein unterstützen.

Zusammenfassung

- Präsentsein umfasst das, was wir wahrnehmen und beschreiben können, was in uns an Gedanken, Gefühlen und körperlichen Empfindungen lebendig ist, sowie was wir im Außen wahrnehmen können.
- Die Perspektive des*der inneren Beobachter*in ermöglicht es uns, aus der Identifikation mit den beobachteten Bewegungen in uns auszusteigen.
- Präsenz ist die Voraussetzung für eine gelingende Kommunikation, welche gegenseitiges Verständnis ermöglicht.

Akzeptanz

Akzeptanz bedeutet, uns in unserem gegenwärtigen Ausdruck anzuerkennen und sein zu lassen und mit dieser Haltung auch anderen Menschen zu begegnen.

Akzeptanz macht das »So-Sein« eines Menschen in diesem Augenblick sichtbar; er muss sich nicht verstellen, er muss nicht gefallen, er darf sein, wie er ist. Rogers beschreibt Akzeptanz als unbedingt notwendig für eine hilfreiche Beziehung.

»Akzeptieren heißt hier ein warmherziges Anerkennen dieses Individuums als Person von bedingungslosem Selbstwert –

wertvoll, was auch immer seine Lage, sein Verhalten oder seine Gefühle sind. Das bedeutet Respekt und Zuneigung, eine Bereitschaft, ihn seine Gefühle auf seine Art haben zu lassen. Es bedeutet ein Annehmen seiner Gefühle, Rücksicht auf seine momentanen Einstellungen, gleichgültig wie negativ oder positiv sie sind, wie sehr sie Einstellungen, die er in der Vergangenheit gehabt hat, widersprechen. Das Akzeptieren jedes schillernden Aspekts dieses anderen Menschen läßt die Beziehung für ihn zu einer Beziehung der Wärme und Sicherheit werden; die Sicherheit, als Mensch gemocht und geschätzt zu werden, ist anscheinend ein höchst wichtiges Element einer hilfreichen Beziehung.« (Rogers, 1973, S. 47)

Um diese akzeptierende Haltung einzunehmen, müssen wir nicht zustimmen oder alles tolerieren. Wenn ein Mensch dabei ist, sich selbst oder andere zu gefährden, ermöglicht uns die Akzeptanz, diesem Menschen auch in seinem destruktiven Handeln seine Menschlichkeit zuzusprechen und gleichzeitig fordert unsere Authentizität uns auf, ihn am Ausagieren zu hindern und so ihn und andere zu schützen. Das Absprechen der Menschlichkeit und die Zuschreibung von Urteilen wie Lügner, Chaot, Schläger oder Egoist fördert die Selbstablehnung, welche das destruktive Verhalten bestärkt. Das Menschenbild der GfK geht davon aus, dass alle Menschen ein starkes Interesse an guten Verbindungen haben und sich nach Liebe sehnen.

Im alltäglichen Sprachgebrauch wird Akzeptanz häufig als das Gegenteil von Ablehnung verstanden. So gemeint hat Akzeptanz, genauso wie Ablehnung, etwas Wertendes. Gutes wird akzeptiert und Schlechtes abgelehnt.

Ein wirkliches Akzeptieren und Annehmen bedeutet, die Welt der Bewertungen ganz zu verlassen. Es ist eine Haltung, in der wir eine Situation nehmen, wie sie ist, ohne sie als positiv oder negativ, erwünscht oder unerwünscht einzuordnen (Brown, 2012). Um die Welt der Bewertungen zu verlassen und jenseits von richtig und falsch akzeptieren zu können, was ist, hilft uns die Unterscheidung zwischen Strategie- und Bedürfnisebene. Auf der Strategieebene gibt es durchaus Dinge, die falsch sind, doch wird auf der Bedürfnisebene ein tieferes Verständnis möglich. Ausführlicher gehe ich im Kapitel *Eine wertschätzende Haltung einnehmen* auf die Umsetzung dieser Unterscheidung in der Praxis ein.

Akzeptieren heißt das radikale Anerkennen der Realität. Erst das Wahrnehmen der Situation, so wie sie ist, kann eine konstruktive Veränderung bewirken.

Solange wir versuchen, etwas loszuwerden und dagegen ankämpfen, laufen wir Gefahr, genau das, was uns stört, zu bestärken. Sind wir zum Beispiel im Widerstand gegen ein Gefühl, oder gelingt es uns nicht, einen Verlust anzuerkennen, halten wir genau an dem fest, was wir nicht mehr haben wollen. Dies scheint wie ein Paradoxon, doch der Akt des Loslassens ist vielmehr ein Akt des Annehmens. In dem Moment, indem wir das, was wir bisher als Problem erlebten, ganz akzeptieren und integrieren können, hört es auf, problematisch zu sein. Akzeptanz ist die Grundlage, Gefühle und Bedürfnisse zu erkennen, mit ihnen in Verbindung zu sein und aus dieser Erkenntnis zu handeln. Veränderung ist dann ein möglicher nächster Schritt, der aus uns selbst kommt und unserer Persönlichkeit angemessen ist.

Wir unterscheiden Akzeptanz in zwei Richtungen.

Akzeptanz nach innen

Zu akzeptieren, was in uns vorgeht, ist die Voraussetzung dafür, akzeptierend mit unserer Umwelt umzugehen. Wenn wir z. B. ein Gefühl in uns wahrnehmen, haben wir mehrere Möglichkeiten, damit umzugehen:

- Wir können dagegen angehen und Widerstand leisten.
- Wir können es ablehnen und uns mit unserer Aufmerksamkeit davon wegbewegen, indem wir uns ablenken oder betäuben.
- Wir können versuchen es festzuhalten, weil wir es so schön finden und wollen, dass es nie mehr aufhört.
- Wir können es einfach nur wahrnehmen.

Letzteres bedeutet offen zu sein für das, was passiert – bereit, das Gefühl in seiner ganzen Intensität zu erfahren (Meyer, 2006).

Akzeptanz nach innen meint, was auch immer in uns vorgeht, da sein zu lassen. Kann ich beispielsweise beobachten, dass ich gegen einen Impuls angehe, ist das die Realität meines momentanen Augenblicks. Gibt es auch dagegen einen Widerstand, ist auch dieser Teil meiner Realität. Ich muss es nicht gut finden. Vielmehr ist es egal, wie ich das, was ich in mir beobachte, bewerte, denn auch die Bewertung ist Teil dessen, was ich beobachten kann.

Wenn wir uns selbst als Ozean vorstellen, können wir mit dem*der inneren Beobachter*in wie vom Grund des Meeres die Bewegungen auf der Meeresoberfläche wahrnehmen, ohne von ihnen berührt zu sein. Auch wenn die Oberfläche sehr bewegt ist, bleibt es am Grund ruhig und still. Wenn wir Anspannung, Schmerz oder Ungeduld wahrnehmen, erlaubt uns unsere Akzeptanz, auch diesen unangenehmen Gefühlen und Empfindungen Raum zu geben und die Phänomene da sein zu lassen, ohne sie zu verändern.

Akzeptanz nach außen

Die akzeptierende Haltung beim Zuhören und Begleiten verlangt die Entscheidung, sich möglichst frei von Vorstellungen, Erwartungen, Meinungen und Interpretationen zu machen. Alle Gefühle, Wahrnehmungen und Äußerungen, wie auch immer das Gegenüber sie kommuniziert, dürfen da sein. Es braucht die Bereitschaft, die Welt des Gegenübers ganz da sein zu lassen und sie als sinnvolles Konstrukt für das Leben dieses Menschen zu akzeptieren. Wir bekommen einen Zugang zur Welt des anderen, um so einen Eindruck seines Erlebens zu gewinnen.

Indem wir das Gehörte zusammenfassen und dem Gegenüber spiegeln (paraphrasieren), passieren drei Dinge gleichzeitig:

Erstens bekommt das Gegenüber ein direktes Feedback, von dem, was wir verstanden haben, und kann Missverständnisse sofort aufklären.

Zweitens hört es die eigene Geschichte aus dem Mund einer anderen Person und damit durch deren Filter. Dies kann oft schon reichen, um den nötigen Abstand zum eigenen Problem zu bekommen, und so helfen, mögliche Lösungsansätze zu erkennen.

Drittens geschieht durch das Spiegeln noch etwas sehr Bedeutsames. Mit dem Wiederholen der Problemschilderung geht die Botschaft einher: »Ich verstehe dich – deine Perspektive, deine Zweifel, deine Wut, deine Angst dürfen da sein. Du bist ok und willkommen mit all dem, was sich in dir in diesem Moment zeigt.« Diese wichtige Botschaft erleichtert es dem Gegenüber, sich selbst in seiner momentanen Situation anzunehmen. Dies ist ein notwendiger Schritt, um mit einer Situation umgehen zu können.

Ich weiß aus meinem persönlichen Erleben, wie schwer Selbstakzeptanz manchmal sein kann. Wenn ich in einer Krise bin, gibt es meist starke Impulse in mir, die mir suggerieren, ich solle mich nicht so anstellen, so schlimm sei es doch gar nicht. Oder ich schäme mich, weil ich gerade so schwach und verletzlich bin. In dem Moment zu erfahren, dass mein Gegenüber mich frei von diesen Urteilen in meiner Würde sehen kann und damit kein Problem zu haben scheint, hilft mir, mich selbst auch so zu nehmen, wie ich gerade bin.

Dieser Prozess unterstützt uns darin, das als problematisch Erlebte zu integrieren, wodurch eine Verbindung zu unseren Bedürfnissen entsteht. Dann sind wir aktiv, können handeln und kreativ werden.

Zusammenfassung
- Akzeptanz bedeutet, die Realität des Augenblicks so anzuerkennen, wie sie ist.
- Akzeptanz bedeutet, eine nicht wertende Grundhaltung einzunehmen.
- Durch das Akzeptieren einer Situation, so wie sie ist, befreien wir all unsere Ressourcen, welche bisher im Dagegenangehen und Ausweichen gebunden waren. Dadurch steigt die Wahrscheinlichkeit, einen adäquaten Umgang mit der Situation zu finden.
- Andere zu akzeptieren, fällt uns leichter, wenn wir uns selbst akzeptieren können.

Empathie

Empathie beschreibt für mich die Fähigkeit, die Gefühle anderer in uns mitschwingen zu lassen. Rosenberg benutzte den Begriff Empathie im Sinne von Mitgefühl. Ich verwende den Begriff nicht in verallgemeinernder Weise, sondern differenziere zwischen den

Zuständen des Mitleidens und des Mitfühlens, da auch das Mitleid ein empathisches In-Resonanz-Gehen ist, welches sich jedoch wesentlich vom Mitgefühl unterscheidet.

Der Psychologe Theodor Lipps (1851–1914) beschrieb als Erster das Phänomen der Empathie: Wenn wir einen Hochseilartisten beobachten, der ins Straucheln gerät, sind wir voller Spannung, weil wir mental in seinen Körper schlüpfen und so sein Erleben teilen. Wir sind mit ihm auf dem Seil. Lipps nannte dies zuerst Einfühlung und später *empatheia*, »heftige Zuneigung« oder »Leidenschaft«, woraus dann später der Begriff Empathie wurde (de Waal, 2011, S. 91).

Der niederländische Verhaltensforscher Frans de Waal schreibt dazu:

> »Wir können nicht fühlen, was außerhalb von uns vorgeht, doch durch die unbewusste Verschmelzung von Selbst und anderen klingen die Erfahrungen des anderen in uns nach. Wir empfinden sie, als wären sie die unseren.« (S. 91)

Aufgrund unserer Empathiefähigkeit entstehen durch das Miterleben Gefühle in uns, die Mitgefühl in uns auslösen können.

Hatten wir jedoch selbst in unserer Vergangenheit keine Möglichkeit, solche Gefühle anzunehmen und mit ihnen umzugehen, haben wir Strategien entwickelt, um sie nicht zu fühlen. Erleben wir nun die Gefühle anderer wie unsere eigenen, können wir auch diese Erfahrungen emotional nicht integrieren. Wir werden von den Gefühlen überwältigt und geraten in emotionalen Stress. In diesem Fall beginnen wir mitzuleiden und werden in eine Abwehrhaltung gehen. Unser empathisches Potenzial ist wie ein ungeschliffener Diamant. Es kann sich als Mitleid oder als Mitgefühl zeigen. Im Folgenden wird der Unterschied dieser beiden Begriffe erklärt.

Mitleid

Wenn durch die Gefühle der anderen eigener Schmerz berührt wird, ist unsere unbewusste Reaktion, diesem auszuweichen. Wir wollen uns vor dem schützen, was in uns berührt wird. Da wir in diesem Zustand die Realität abwehren, indem wir den eigenen Schmerz nicht fühlen wollen, sind wir nicht mehr in der Lage, unsere Bedürfnisse klar zu erkennen und für uns zu sorgen und können so auch für das Gegenüber nicht mehr da sein. Wir projizieren oft unseren eigenen, nicht anerkannten Schmerz auf das Gegenüber, haben Mitleid und können gerade deshalb keine Hilfe sein.

Um die Gefühle der anderen nicht zu fühlen und uns zu schützen, verwenden wir verschiedene Strategien. Dazu gehören:

- Ratschläge: Ratschläge zielen auf Lösungen ab, damit sich etwas verändert. Sie bleiben unverbunden mit den Gefühlen und Bedürfnissen, die sich zeigen.
- Trost: Trösten aus Mitleid besagt, dass »alles wieder gut ist«, um mit den ausgedrückten Gefühlen nicht mehr konfrontiert zu werden.
- Bagatellisieren: Wenn wir sagen, dass es doch »gar nicht so schlimm« ist, bagatellisieren wir das Gefühl des Gegenübers und übermitteln die Botschaft, der Ausdruck seiner Gefühle wäre nicht angemessen.
- Analysieren: Beim Analysieren schützen wir uns vor den Gefühlen, mit denen wir in Resonanz gehen, in dem wir über das Problem nachdenken. Wir sind damit beschäftigt, die Ursachen zu finden und vermeiden die Verbindung mit dem gegenwärtigen Gefühl.

All diese Strategien sind Anzeiger für unsere eigene Betroffenheit. Wir sind dann nicht in der Lage, im Sinne der GfK mitfühlend zu reagieren. Wir sind in den Zustand des Mitleidens gekommen und brauchen nun selbst Mitgefühl. Darum sind auch unsere Ratschläge, eigenen Geschichten und Analysen so wenig hilfreich. Sie stehen nicht in Verbindung mit dem Gegenüber, sondern dienen vor allem der Abwehr unserer eigenen Gefühle.

In solch einer Situation brauchen wir Präsenz für uns selbst. Was macht es uns so schwer, ein Gefühl zu fühlen? Was brauchen wir selbst in diesem Moment? Die abwehrenden Strategien gilt es nicht negativ zu bewerten. Sie sind Schutzstrategien – und was sich in uns schützt, braucht Mitgefühl.

Wenn wir Mitleid haben, akzeptieren wir weder die gegebene Situation noch das Gegenüber. Durch den Wunsch, etwas zu verändern, entsteht eine Bewertung: So wie es gerade ist, ist es nicht ok. Dadurch verlassen wir die Gleichwertigkeit der Beziehung. Wir schauen auf den anderen herab und versuchen in unserem Mitleid, die Situation zu verändern. Uns ist dann nicht mehr klar, dass das Gegenüber selbst für sich verantwortlich ist und der nächste Schritt für eine Veränderung aus ihm selbst kommen muss.

Mitgefühl

Mitgefühl unterscheidet sich grundlegend von Mitleid, da es sich dem einmaligen authentischen Ausdruck des Gegenübers in diesem Moment öffnet, noch nichts von Antworten oder Lösungen wissend. Wir sind einfach da, mit uns selbst verbunden. Die ganze Aufmerksamkeit ist beim Gegenüber. Wir sind empfangend, aufnehmend, offen für das, was sich ausdrücken möchte. Mitgefühl ist also Empathie, die mit Präsenz und Akzeptanz einhergeht.

Mitgefühl bedeutet, uns wirklich auf das Gefühl und den Ausdruck des Gegenübers einzulassen, es *mit*zufühlen. Wir sind nicht getrennt von ihm*ihr, sondern sind in der Begegnung mit den Gefühlen beim Gegenüber. Damit vermitteln wir die Botschaften: »Ich weiß, wie es sich gerade anfühlt«, »Du bist nicht allein« und »Du bist richtig mit allem, was sich in dir zeigt«.

Um mitzufühlen, brauchen wir die Bereitschaft, uns berühren zu lassen. Das ist eine Entscheidung, die uns verletzbar macht. Verbinden wir uns mit anderen, kommen wir möglicherweise mit etwas in uns selbst in Verbindung, das dieses schmerzliche Gefühl kennt.

»Mitfühlen bedeutet die Perspektive der Anderen einzunehmen und als ihre Wahrheit anzuerkennen.« (The RSA: Brené Brown, 2013)

Das heißt auch, den Anspruch loszulassen, zwanghaft Lösungen entwickeln und Veränderungen initiieren zu müssen. Der Fokus richtet sich auf die Bedürfnisse und Gefühle und damit auf das, was in diesem Moment auf allen Ebenen lebendig ist.

Im Folgenden, zum besseren Verständnis, eine Gegenüberstellung der Ausrichtung des Mitgefühls und des Mitleids.

Mitgefühl	Mitleid
Ja. – Es ist so. – Ich spüre den Schrecken und bin da. – Und ich bin bei dir, egal was passiert. – Du bist nicht allein.	Oh, wie schrecklich! – Es soll anders sein. – Jetzt lach doch mal wieder. – Andere Mütter haben auch schöne Töchter.
Ich sehe, dass das Leben dir ganz schön etwas zutraut. Ich vertraue darauf, dass du es halten kannst, egal wie es dich gerade schüttelt. Ich bin bei dir, lasse dich nicht allein, ich glaube an dich. Ich lasse mich berühren.	Du Armer, du hast ja auch immer ein Pech. Ich traue dir nicht zu, dein Leben tragen zu können, deshalb: beschwichtige ich, bemitleide ich dich, lenke ich dich ab, bagatellisiere ich, erzähle ich dir Kalendersprüche. Ich bin gar nicht bei dir, sondern versuche, mich vor deinem Elend zu schützen.
Mitgefühl ist eine Form, sich dem Leben hinzugeben und wieder zu vertrauen.	Mitleid ist eine Form der Ablehnung der Realität.

Der Ausspruch »Geteiltes Leid, ist halbes Leid« trifft zu, wenn wir unser Leid einem Menschen mitteilen können, der uns mit diesem ganz da sein lässt. Er vermittelt dadurch den Eindruck, dass wir auch in dieser für uns so schwierigen Situation, die wir nicht mögen und in der wir uns selbst vielleicht ablehnen, völlig ok sind. Wenn wir unser Leid mitteilen können und damit gehört werden, angenommen werden und Halt erfahren, ist dies tröstend und lindert das Leid. Doch wenn wir Leid im Sinne des Mitleidens teilen, leiden am Ende zwei und das Leid hat sich nicht halbiert, sondern verdoppelt – womit keinem Menschen geholfen ist.

Vom Mitleid zum Mitgefühl

Wenn wir mitleiden, ist dies ein Zeichen dafür, dass wir gerade nicht in der Lage sind, die ausgelösten Gefühle zu fühlen. Etwas in uns leistet Widerstand. Das gilt es sich erst einmal bewusst zu machen. Auch wenn es sich unangenehm anfühlt, ist es der wichtigste Schritt. Erst jetzt sind wir in der Lage, den Widerstand anzuerkennen. Haben wir dies getan, dürfen wir uns zuerst einmal um uns selbst kümmern. Das Erleben von Leid ist wie ein Schutz vor den Gefühlen, welche in uns ausgelöst wurden. Wir brauchen also etwas, das uns Sicherheit und Unterstützung gibt, uns diesen Gefühlen zuzuwenden.

Durch die vier Schritte der GfK, wie sie im vorherigen Kapitel dargestellt wurden, können wir uns selbst Mitgefühl geben, wenn wir aus dem Mitgefühl für andere herausfallen. Leichter fällt es, wenn wir ein Gegenüber finden, das uns einfühlsam begleitet.

Wenn wir andere Menschen im Einfühlungsprozess begleiten, ermöglicht unsere Präsenz und unser Mitgefühl dem Gegenüber, zur Ruhe zu kommen und innezuhalten. In diesem Innehalten können wichtige Erkenntnisse eintreten, die über unsere automatischen inneren Vorgänge und gewohnheitsmäßigen Reaktionen hinausgehen. Wir erhalten einen Zugang zu unserem inneren Erleben und können beobachten, was auf den drei Ebenen Körper, Gefühle und Gedanken vor sich geht. Sind die Gefühle und Bedürfnisse gefühlt, ist der Schutz nicht mehr notwendig und wir können uns selbst auch wieder mitfühlend der anderen Person zuwenden.

Um mitfühlend reagieren zu können, ist es hilfreich, mit den eigenen Gefühlen vertraut zu werden. Oft lässt mich die Angst, dass mich die Trauer, wenn ich sie ganz zulasse, verschlingt und nie mehr aufhört, davor zurückschrecken, etwas zu fühlen. Doch ist dieser Moment des vollständigen Einfühlens erreicht, wird es wieder weit und weich, und das Gefühl ist durchfühlt. Ist diese Erfahrung einmal gemacht, können wir ein Vertrauen in den Prozess des Fühlens gewinnen. Dann können wir mitfühlend präsent sein, für Menschen, die mit heftigen Gefühlen und schmerzvollen Erfahrungen in Kontakt kommen. Und wir können den Raum sicher halten, im Vertrauen, dass nach dieser heftigen Welle das Meer sich beruhigt.

Sollten wir uns beobachten, wie wir mit einer der oben beschriebenen Strategien reagieren wollen, wenn sich ein Mensch uns anvertraut, können wir innehalten. In diesem Innehalten können wir uns fragen, welche unserer Bedürfnisse diese Reaktion erfüllen will.

Folgende Fragen und Gedanken sind hilfreich zur Selbstklärung:
- Leide ich gerade mit?
- Habe ich den Impuls, im Sinne der oben benannten Schutzreaktionen zu reagieren?
- Wenn ja, wovor versuche ich mich damit zu schützen?

- Was ist bei mir getriggert?
- Braucht dieser Teil in mir jetzt sofort Abstand oder eine einfühlsame Zuwendung?

Ist dem so, können wir das Gespräch unterbrechen und darum bitten, es später fortzusetzen oder eine*n Kolleg*in bitten, für uns einzuspringen. Folgende Floskel könnte die Unterbrechung einleiten: »Entschuldigen Sie, bei diesem Thema bin ich leider nicht der richtige Ansprechpartner. Ist es ok, wenn ich meine Kollegin frage, ob sie für Sie Zeit hat?«

Wenn Sie den Impuls haben, Ratschläge geben zu wollen: Fragen Sie sich zuerst, welches Bedürfnis dies erfüllen soll. Meistens stören sie das Gegenüber nur beim Finden eigener Lösungen. Sollte der Impuls jedoch so stark sein, dass Sie nicht mehr zuhören können, hilft es, zu fragen, ob ein Ratschlag erwünscht ist.

Sollten Sie den Impuls verspüren, die eigene Geschichte erzählen zu wollen, kann hier die Motivation sein, dem Gegenüber zu zeigen, ich weiß, wie es dir geht, du bist damit nicht allein, ich habe das auch schon erlebt, und ich verstehe dich. Doch nimmt es den Fokus von der Person, die begleitet wird. Jetzt muss diese meiner Geschichte Aufmerksamkeit schenken. Leichter machen wir es uns beiden, wenn wir einfach sagen, was wir gehört haben. So weiß die Person, was wir verstanden haben, und merkt daran auch, dass wir bei ihr sind.

Zusammenfassung:
- Empathie heißt, die Gefühle des anderen in sich mitschwingen zu lassen.
- Empathie beschreibt das Potenzial, welches sich in Mitleid oder Mitgefühl ausdrücken kann.
- Mitleid ist eine empathische Reaktion auf Gefühle, die uns zu groß und gefährlich sind.
- Aus dem Mitleid heraus ist keine hilfreiche Unterstützung möglich.
- Im Mitleiden brauchen wir zuerst Selbstmitgefühl und Schutz.
- Mitgefühl legt den Fokus auf Gefühle und Bedürfnisse.
- Mitgefühl ist zentral für hilfreiche Beziehungen.

Authentizität

Authentizität kann auch mit Echtheit übersetzt werden. Es geht darum, sich seines inneren Erlebens bewusst zu sein und dies auch zu kommunizieren, statt sich hinter einer professionellen Fassade zu verstecken und eine Rolle zu spielen. Letzteres birgt zudem das Risiko, dass unsere wahren Gedanken und Gefühle hinter unserer Fassade erkannt werden und unsere Rolle auffliegt.

Zudem lassen sich unsere Gefühle und Gedanken schlecht verbergen. Sie werden vor allem über unsere Körpersprache kommuniziert, welche wir nicht so gut kontrollieren können wie das gesprochene Wort. Dies geschieht durch Mimik, Gestik, Tonlage/Stimme, Körperhaltung und die Distanz, welche wir zu unserem Gegenüber halten. Stimmen unsere verbalen und nonverbalen Botschaften nicht überein, werden wir unglaubwürdig, was wiederum die Bildung von Vertrauen beeinträchtigt.

So werde ich eine Person, die mir zusammengesunken gegenübersitzt, wahrscheinlich als erschöpft wahrnehmen. Wenn diese Person mir dann erzählt, wie vital sie sich gerade fühlt, wird mein Bauchgefühl wahrscheinlich Zweifel anmelden. Mit unseren Gefühlen zeigen wir uns in unserer Menschlichkeit und geben dem anderen die Chance, uns besser zu verstehen.

Mit dieser Wahrhaftigkeit erhöhen wir die Chance auf ein konstruktives Miteinander.

Wenn wir in uns Skepsis oder einen anderen Grund wahrnehmen, der unsere Bereitschaft, empathisch und akzeptierend zu sein, beeinträchtigt, brauchen wir die Präsenz, dies wahrzunehmen, und die ehrliche Offenheit, es auszusprechen. Würden wir uns an der Stelle übergehen und unsere innere Wahrheit nicht in den Kontakt einfließen lassen, stört auch dies die Vertrauensbasis. In solchen Situationen laufen wir Gefahr, über unsere eigene Grenze zu gehen. Authentizität schützt uns – und damit auch die anderen. Durch unseren authentischen Ausdruck werden auch unsere Bedürfnisse, Werte und die Positionen, für die wir stehen, in den Prozess mit eingebracht.

Durch unsere akzeptierende und mitfühlende Haltung ermöglichen wir ein tiefes Verstehen. Doch dies bedeutet nicht, dass wir dem Gegenüber auch zustimmen müssen. Wir können unser Gegenüber verstehen und trotzdem eine andere Position haben. Indem wir diese authentisch in den Kontakt bringen, werden wir für den anderen greifbar und ermöglichen eine klare und sichere Begegnung.

Echt sein wird dann riskant, wenn in uns Gedanken oder Gefühle aufkommen, die wir als nicht der Situation angemessen erachten. Wie sollen wir damit umgehen?

Als ich begann, Seminare und Vorträge zu halten, kostete es mich einige Überwindung, vor der Gruppe zu stehen und frei zu sprechen. Ich war sehr aufgeregt. Als mir geraten wurde, ich solle einfach authentisch sein, konnte ich damit nicht wirklich etwas anfangen. Authentisch zu sein, hieße dann, vor Aufregung, Angst und Lampenfieber sterben zu müssen. Ich brauchte eine Weile, um zu verstehen, was es heißt, sich authentisch mit den eigenen Gefühlen zu zeigen. Wenn ich mir erlauben kann, ängstlich und aufgeregt zu sein, brauche ich auch keine Sorge zu haben, dass meine professionelle Fassade auffliegt und ich mich blamiere. Durch Nachfragen wurde mir klar, dass das Publikum meine Aufregung und Angst oft gar nicht wahrnahm. Wenn ich den Eindruck hatte, dass meine Stimme zittrig war oder ich einen Kloß im Hals hatte, erwähnte ich meine Unsicherheit zu Beginn des Vortrags kurz. Dabei erfuhr ich, dass mir solche Aussagen sogar positiv angerechnet wurden, weil es mich menschlich machte. Und meist verflog die Aufregung dann auch schnell.

Ich habe öfter erlebt, wie anstrengend es sein kann, einem unsicheren Referenten zuzuhören. Dann habe ich so sehr mitgelitten, dass ich den Vortrag selten genießen konnte. Mir wurde klar, dass es deshalb so schwer auszuhalten war, weil der Referent seine Angst abgelehnt hat und sich bemühte, dies zu verbergen. Das kostet Kraft und Aufmerksamkeit, die dem Vortrag dann fehlt. Wenn es mir gelingt, meine Angst wahrzunehmen, sie anzuerkennen und da sein zu lassen, spare ich die Kraft, die mich meine Fassade kostet und kann sie für den Vortrag verwenden.

Authentizität braucht also nicht nur ein Bewusstsein für das eigene innere Erleben, sondern auch die Akzeptanz unserer selbst. Sich echt zu zeigen, braucht etwas Mut, da wir uns verletzlich machen, indem wir unsere Gefühle zeigen, unsere wahrhaftigen Gedanken ausdrücken und sagen, was wir brauchen. Ein solcher Ausdruck lohnt sich jedoch im Hinblick auf unsere Lebendigkeit und Lebensfreude immer. Ein Gradmesser für einen authentischen Kontakt ist, wie wir uns im Anschluss fühlen: belebt, bewegt, innerlich berührt und lebendig oder erschöpft, ausgelaugt und isoliert.

Authentizität erhebt jedoch keinen Anspruch darauf, dass wir uns permanent selbst offenbaren. Wichtig ist der Kontakt mit unserem inneren Erleben und diesem einen der Situation angemessenen Ausdruck zu verleihen.

> **Übung**
>
> Beobachten Sie Situationen,
> ... in denen Sie den Eindruck haben, nicht authentisch zu sein.
> ... in denen Sie den Eindruck haben, Ihr inneres Erleben ist der Situation nicht angemessen.
> Was überspielen Sie?
> Was fällt Ihnen schwer zu akzeptieren?
> Holen Sie sich Feedback, inwieweit Freunde und Kolleg*innen Sie als authentisch erleben.
> Holen Sie sich Feedback, wie Sie in diesen Situationen von anderen wahrgenommen werden.

Zusammenfassung
- Präsenz ist die Voraussetzung für Authentizität.
- Sind wir authentisch, laufen wir nicht Gefahr, dass unsere Rollen auffliegen, und wirken dadurch vertrauenswürdig.
- Authentizität bringt die eigenen Bedürfnisse und Positionen ins Spiel und ermöglicht so Beziehungen auf Augenhöhe.
- Unsere Authentizität wächst mit dem Vertrauen in uns selbst.
- Auch im Authentischsein prüfen wir, welche Informationen wir in der jeweiligen Situation angemessenerweise offenbaren wollen.

Eine wertschätzende Haltung einnehmen

Wertschätzung beinhaltet, dass wir als Akteur*innen uns jederzeit klarmachen, dass unser Gegenüber ein menschliches Wesen mit denselben Rechten und Bedürfnissen ist wie wir.

Der Begriff Wertschätzung taucht auch in den Konzepten und Selbstdarstellungen vieler sozialer Institutionen auf: Den Menschen soll in jeder Situation und auf Grundlage universeller Menschenrechte mit Wertschätzung, fair und vorurteilsfrei begegnet werden.

Aus den Erfahrungen der Humanistischen Psychologie und der Gewaltfreien Kommunikation geht hervor, dass vertrauensvolle Beziehungen und konstruktive Prozesse viel leichter entstehen, wenn es gelingt, wertschätzend zu bleiben.

Aus dieser Überzeugung heraus ist die Wertschätzung in sozialen Berufen zu einem Anspruch geworden, dem es gerecht zu werden gilt. Solche Ansprüche bergen allerdings die Gefahr, schöne Worte auf Papier zu bleiben, Sie geben aber keine Antwort darauf, wie eine wertschätzende Haltung im Arbeitsalltag gelebt werden kann.

Diese Frage wird in den meisten Ausbildungen für soziale Berufe nicht befriedigend beantwortet. Viele Professionelle versuchen im Sinne der Ressourcenorientierung, als Antwort auf die Frage nach wertschätzendem Umgang, stets einen positiven Aspekt beim Gegenüber zu finden.

Wie aber nehmen wir als Professionelle in sozialen Berufen diese Haltung auch in herausfordernden Situationen ein, z. B. wenn wir mit Handlungen konfrontiert sind, die massiv gegen unsere eigenen Werte verstoßen, oder wenn wir selbst keine Wertschätzung erfahren?

Ein Kollege erzählte von einem Jungen, den er im Rahmen einer Schulbegleitung unterstützte. Er wurde vom Direktor in die Schule gerufen, weil der Junge einen Mitschüler mit dem Messer verletzt hatte. Der Kollege berichtete, dass er selbst so erschüttert war, dass es ihm in dieser Situation nicht gelang, etwas Positives zu finden.

Wenn wir uns selbst nicht treu bleiben und unsere starken Gefühle sowie unsere Urteile und Betroffenheit in solchen Situationen nicht wahrnehmen, ist unsere Authentizität gefährdet. Es stellt sich daher die Frage, wie wir uns mit unserer eigenen Betroffenheit und unseren Urteilen in solch einer Situation authentisch verhalten und gleichzeitig wertschätzend bleiben können. Wie kann uns die GfK helfen, eine wertschätzende Haltung einzunehmen?

Dazu eine Geschichte, die mein Freund und Lehrer Klaus-Dieter Gens in seinen GfK-Trainings erzählte:

Nachbarn hörten lautes Geschrei und Knallen, was sie veranlasste, beim Jugendamt anzurufen, da offensichtlich war, dass der nebenan wohnende alleinerziehende Vater gerade seine Jungs verprügelte.

Der Vater wurde vom Jugendamt zu einem Gespräch geladen. Die dort arbeitende Kollegin begrüßte ihn und sagte: »Sie wissen, warum sie hier sind; sie haben ihre Söhne verprügelt …«. Sie kam nicht dazu weiterzureden, denn der Vater wurde wütend, begann, sich erregt zu verteidigen und sprang vom Stuhl auf. Dies machte der Frau große Angst, und sie forderte den Mann auf, umgehend ihr Büro zu verlassen. Dies tat er zum Glück auch.

Die Frau war erschüttert. Was sollte sie tun? Der Mann schien nicht einsichtig oder kooperationsbereit. Ihrem Eindruck nach lag eindeutig Kindeswohlgefährdung vor, und sie musste handeln.

Da fiel ihr ein Kollege ein, ein Sozialpädagoge, dessen kommunikative Fähigkeiten sie schätzte und der bei einem freien Träger arbeitete. Sie rief ihn an, erklärte die Situation und fragte ihn, ob er sich mit dem Vater noch einmal treffen könnte.

So kam es, dass der Vater von dem Sozialpädagogen zu einem Gespräch eingeladen wurde. Dieser begrüßte den Vater und fing das Gespräch folgendermaßen an: »Sie haben zwei Söhne?« Der Vater bejahte. Er fragte weiter: »Was wünschen Sie sich für Ihre Söhne?« Der Vater war erst leicht irritiert und wusste nicht, was er sagen sollte. Der Sozialpädagoge ermutigte ihn: »Na, wie ich es gesagt habe, was wünschen Sie sich für Ihre Jungs?« Der Vater überlegte kurz, dann sagte er: »Ich wünsche mir, dass es ihnen gut geht und sie keinen Ärger bekommen. Dass sie ihre Schule schaffen und eine Ausbildung machen können, um einen guten Job zu bekommen.« Da sagte der Sozialpädagoge: »Ich habe eine Tochter, die ist ungefähr in dem Alter ihrer Jungs und für die wünsche ich mir das auch.« Dann fragte er: »Und wie läuft es zurzeit mit den beiden?« Der Vater erzählte: »Na, der Kleine hat große Probleme in der Schule und ist schon wieder versetzungsgefährdet. Doch er ist so faul, ich bekomme ihn nicht dazu, seine Hausaufgaben zu machen oder zu lernen. Und der Große – seitdem er in der neuen Schule ist, gibt es nur noch Ärger. Letzte Woche musste ich wegen eines Diebstahls zur Polizei. Er hängt jetzt mit so schrägen Typen rum und baut nur noch Mist. Und was ich auch tue, es hilft nichts. Ich kann ihnen Stubenarrest geben, die Playstation wegnehmen und habe es auch schon mit Fernsehverbot probiert.« Der Sozialpädagoge fasste die Situation des Mannes zusammen: »Da wissen Sie einfach nicht weiter, und wenn es dann zum Streit kommt, rutscht ihnen auch schon mal die Hand aus!?« Der Vater bestätigte dies, worauf der Sozialpädagoge sein Angebot unterbreitete: »Mein Eindruck ist, dass es Ihnen mit der Situation gar nicht so gut geht. Wären Sie bereit, mit mir zu überlegen, wie Sie auf andere Weise für ihre Jungs sorgen können?« Der Vater war bereit und erwiderte: »Na deshalb bin ich doch hier!«

Was ist hier passiert?

Die Kollegin vom Jugendamt hatte den Vater ziemlich direkt auf sein Fehlverhalten angesprochen, woraufhin die Situation eskalierte.

Werden wir kritisiert und auf unser Fehlverhalten angesprochen, ist es, als ob wir auf diesen einen Aspekt reduziert werden. Der Vater, dem die Kinder am Herzen liegen und der zugleich mit seiner eigenen Hilflosigkeit konfrontiert ist, verschwindet hinter dem vordergründigen Eindruck, er sei ein Mensch, der seine Kinder schlägt. Das wird der Realität und auch dem Wesen des Vaters nicht gerecht.

Menschen sind mehr als ihre jeweiligen Taten. Liegt der Fokus ausschließlich auf einer Handlung, die wir als falsch bewerten, kommt die Betrachtung der inneren und äußeren Bedingungen, die zu dieser Handlung führen, zu kurz. Eine solche Reduzierung erleben wir als Angriff, vor dem wir uns schützen wollen: Wir gehen zum Gegenangriff über, ziehen uns zurück oder rechtfertigen uns.

Der Sozialpädagoge hat in dem Beispiel Folgendes gemacht: Er ist auf die konkrete Handlung erst einmal nicht eingegangen und hat stattdessen nach den Motiven des Vaters gefragt. Die Frage nach den Motiven, die Menschen zu einer Handlung bewegen, ist wie eine Schatzsuche.

Die Grundidee der Gewaltfreien Kommunikation ist, dass jeder Handlung die Motivation innewohnt, Bedürfnisse zu erfüllen. Bedürfnisse wiederum dienen immer dem Leben und sind universell. Sie sind uns allen vertraut, und wir können uns durch sie im anderen erkennen, egal, was dieser getan hat. Es gibt Taten, die es uns schwermachen, Menschlichkeit im anderen zu erkennen. Gelingt es uns, die Bedürfnisse hinter den Handlungen zu erkennen, kann Verbindung entstehen. Bedürfnisse sind der Schlüssel zur Schatztruhe, der es uns ermöglicht, auch in herausfordernden Situationen unsere Wertschätzung schenken zu können.

Der Sozialpädagoge erkundete das hinter der Handlung liegende lebensdienliche Bedürfnis des Vaters mit der Frage: »Was wünschen Sie sich für Ihre Kinder?«. Die Antwort des Vaters verdeutlicht, dass ihm seine Jungs durchaus am Herzen liegen und er sie beschützen will. Eins seiner zentralen Bedürfnisse ist Vertrauen: Er will darauf vertrauen können, dass seine Söhne sich an Absprachen halten (bevor er zuschlug, hatte er auf unterschiedliche Weisen versucht, sie davon zu überzeugen, sich in der Schule anzustrengen und sich an Regeln zu halten). Ein weiteres Bedürfnis ist das nach Sicherheit: Er ist besorgt, dass das Verhalten seiner Jungs Konsequenzen zur Folge hat, welche sie nicht überblicken können und die sich im schlimmsten Fall negativ auf ihre Zukunft auswirken. Kurz gesagt: Er will, dass weder sie noch er als Erziehungsberechtigter Ärger bekommen. Schließlich äußert sich sein Bedürfnis nach Liebe in dem Wunsch, dass seine Jungs glücklich sind und es bleiben.

Durch den Blick vorbei an der Handlung, auf die ursprüngliche Motivation und die Bedürfnisse entsteht Verbindung. Der Vater fasst Vertrauen, als Mensch mit Stärken und Schwächen gesehen zu werden, als ein Mensch, der es gut meint, sein Bestes gibt und es gerade nicht besser hinbekommt. Auch er ist ein Mensch, der ein Bedürfnis nach Verständnis und Unterstützung hat. Das Vertrauen wächst, da der Vater nicht nur aufgrund seiner Handlung beurteilt wird. Dies ermöglicht es ihm, über seine Handlung zu sprechen, sein Verhalten zu reflektieren und nach besseren Wegen zu suchen, um sich seine Bedürfnisse zu erfüllen.

Zusammenfassend: Mit dem Fokus auf die Bedürfnisse schätzen wir den Wert, der jedem Menschen innewohnt. Wir »übersetzen«, was sich ausdrücken möchte, was Erfüllung finden will, und machen sichtbar, was an inneren Prozessen stattfindet. Dieses Übersetzen und Verstehen stellt die Verbindung her, die es erst ermöglicht, über die Handlungsebene zu sprechen. Dieses Verständnis bedeutet nicht, den Handlungen zuzustimmen oder sie gutzuheißen. Wir trennen die Motivation, der wir wertschätzend begegnen können, von der Handlung. Letzterer gegenüber können wir uns durchaus abgrenzen und unsere persönlichen Werte deutlich machen.

Sich auf die Schatzsuche begeben

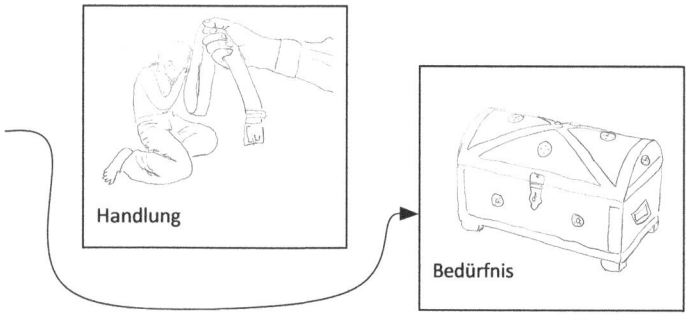

Abb. 3: Die Schatzsuche

Auf Schatzsuche zu gehen, heißt Handlungen und Personen voneinander zu trennen. Rücksichtslose oder gar gewaltvolle Handlungen sind tragischer Ausdruck eines Mangels an Strategien, die es uns ermöglichen, die eigenen Bedürfnisse in friedvoller Weise zu befriedigen. Wir können davon ausgehen, dass Menschen, welche sich rücksichtslos verhalten, aus einer inneren Enge oder gar Not heraus agieren. Dies geht meist zu Lasten aller Beteiligten. Denn es ist zwar möglich, sich Bedürfnisse auf Kosten anderer zu erfüllen, aber es hat immer seinen Preis. Wenn ich zur Bedürfniserfüllung eine Strategie wähle, welche die Bedürfnisse anderer nicht berücksichtigt oder von ihnen sogar als gewaltvoll erlebt wird, werden sie sich zurückziehen oder dies als Legitimation sehen, selbst weniger Rücksicht zu nehmen oder sich zu wehren. Es belastet Beziehungen und kann zu Konflikten führen.

Auch wenn es nicht immer leichtfällt, gilt es, den Fokus von der Handlung abzuwenden und sich mit dem Menschen zu verbinden. Dies kann gelingen, wenn ich ganz präsent und mir meiner Urteile und Interpretationen bewusst bin, mich aus der Identifikation mit diesen lösen und auch meine eigenen Gefühle und Bedürfnisse wahrnehmen kann und darf.

Die Situation verändert sich schon, wenn wir lebensdienliche Bedürfnisse hinter einer Handlung vermuten, an ihnen interessiert sind und dies kommunizieren, sogar wenn die dahinterliegenden Bedürfnisse nicht direkt sichtbar werden. Dazu ein Beispiel:

Als Schulsozialpädagoge wurde ich von der Direktorin zu einer Konfliktklärung gerufen. Ein Mädchen hatte ihre Mitschülerin verprügelt. Im Sekretariat saßen die beiden Mädchen Marie und Jenny aus der 5. Klasse, die Mutter von Jenny, dem Mädchen, welches verprügelt wurde, sowie die Klassenlehrerin und die Direktorin. Die drei Erwachsenen redeten auf Marie ein und versuchten ihr ins Gewissen zu reden. Sie solle sagen, was sie sich dabei gedacht hatte, wie es jetzt wohl weitergehen würde, dass sie sich entschuldigen solle. Ich hatte den Eindruck, dass Jenny und Marie sich sehr unwohl fühlten. Also fragte ich die drei Erwachsenen, ob ich mich mal einschalten dürfe. Da sie dem zustimmten, übernahm ich die Gesprächsführung. Innerlich fragte ich mich, welches wohl das lebensdienliche Bedürfnis von Marie gewesen sei, doch mir fiel so schnell nichts ein. Ich hatte den Eindruck, dass Marie etwas von Jenny wollte. Also fragte ich Marie: »Was wünschst du dir von Jenny?« Jetzt sahen mich alle fünf Anwesenden sehr verdutzt an. Sie schienen zu denken: Die war doch ungezogen, wieso soll die sich was wünschen dürfen? Auf die Frage hatte Marie auch keine Antwort, doch war die Atmosphäre im Raum völlig verändert. Zudem erinnerte ich mich, dass ich von der

Mutter kurz davor den Satz gehört hatte »Wieso bist du so gemein zu Jenny und verprügelst sie, ihr wart doch früher mal gute Freundinnen?«

Also fragte ich: »Was findest du an Jenny gut?« Wieder sah sie mich überrascht an. Dann sagte sie zögernd: »Na, sie ist keine Petze.« Ich wiederholte »Ah, Jenny kann man also vertrauen?« »Ja«, sagte sie. Dann fragte ich Jenny: »Und was schätzt du an Marie?« Jenny sagte: »Marie hat mich früher immer beschützt.« Mittlerweile waren die Erwachsenen ganz still geworden und Marie und Jenny wirkten einander wieder zugewandt. Also folgte ich dem spontanen Impuls und fragte die Mädchen »Wollt ihr euch noch etwas sagen, um die Sache aus der Welt zu schaffen?« Beide sahen mich etwas unentschlossen an. Also bot ich ihnen an, dass sie dafür auch auf den Flur gehen könnten. Dies taten sie dann. Nach drei Minuten waren sie wieder im Raum. Ich fragte sie, ob sie uns noch etwas mitteilen wollten. Dies wollten sie nicht. Doch offensichtlich war für sie die Sache geklärt, und sie fühlten sich wieder wohl miteinander. Sie sahen sehr erleichtert aus. Auch die Erwachsenen schienen zufrieden mit der schnellen Klärung. Die Mutter hatte den Eindruck, ihre Tochter sei wieder sicher und sie könne sie unbesorgt zur Schule gehen lassen, und die Kolleginnen waren erleichtert, weil es sowieso keine Disziplinarmaßnahmen gegeben hätte, welche Marie wirklich beeindruckt hätten. Die beiden Mädchen kamen von dem Tag an auch wieder gut miteinander aus. Nur Marie war einige Wochen später wieder in Handgreiflichkeiten verstrickt. Es war also wichtig, weiter dranzubleiben. Denn vertraute Strategien loszulassen, auch wenn sie uns Ärger einhandeln, ist nicht so leicht.

In diesem Beispiel ging ich mit der Frage »Was wünschst du dir von Jenny?« auf die Schatzsuche. Auch wenn der tätliche Angriff eine nicht akzeptable Handlung darstellt, war es ein Versuch Maries, sich Bedürfnisse zu erfüllen. Dieser tieferen Dimension war sich Marie nicht bewusst, deshalb konnte sie meine direkte Frage nicht beantworten. Auch wenn das Bedürfnis nicht direkt sichtbar geworden ist, hat die Schatzsuche gereicht, um eine Atmosphäre zu schaffen, die eine schnelle Klärung ermöglichte.

Bedürfnisse sind nicht immer offensichtlich. Doch es gibt sie. Um sie zu entdecken, braucht es unsere Neugier, Unvoreingenommenheit und Sensibilität.

> **Übung**
>
> Wir können uns fragen:
> - Was wollte sich der Mensch mit der Handlung erfüllen?
> - Was fühlte er in der Situation?
> - Wie ging es ihm, bevor er handelte, und wie geht es ihm jetzt?
>
> Wenn jemand mit seiner Wut ausbricht, weil der Druck zu hoch ist, oder etwas zu eng, zu nah, zu laut, zu heftig, zu anstrengend ist, kann ich fragen:
>
> | Was fehlte? | → | Und komme so zum Bedürfnis. |
> |---|---|---|
> | War es zu laut? | = | Es fehlte Ruhe. |
> | War es zu eng? | = | Es fehlte Raum/Platz. |
> | War es zu nah? | = | Es fehlte die nötige Distanz. |
> | War es zu anstrengend? | = | Es fehlte Entspannung. |

Eine spannende Frage ist auch: Welche Bedürfnisse der handelnden Person sind durch die Handlung gefährdet?

Auch diese Frage kann uns den unerfüllten Bedürfnissen auf die Spur bringen. Denn es kommt sehr häufig vor, dass wir Strategien verwenden, die nicht nur das Bedürfnis nicht erfüllen, sondern die Chance auf die Erfüllung des Bedürfnisses sogar verringern.

Renate spricht in der Teeküche eine andere Kollegin an: »Hast du die Neue schon kennengelernt? Wie die über die Leute herzieht und wie schlecht sie über alle spricht, sie lässt an keinem ein gutes Haar …«

Mit ihrer Aussage macht Renate dasselbe, was sie bei der »Neuen« kritisiert. Vielleicht geht es ihr um Sicherheit und eine Atmosphäre im Team, die von Vertrauen geprägt ist. Doch konterkariert sie ihr Anliegen durch ihre eigene Handlung. Dies kann dazu führen, dass sich die angesprochene Kollegin selbst fragt, was Renate in ihrer Abwesenheit über sie erzählt.

Um solche Kreisläufe zu beenden, braucht es ein empathisches Gegenüber, das urteilende Aussagen in Bedürfnisse übersetzt.

KOLLEGIN: »Hast du Sorge, dass sie auch über dich, wenn du nicht dabei bist, schlecht redet?«

RENATE: »Ja, das auch, doch damit würde ich schon fertig werden. Ich finde dieses Sich-über-andere-das-Maul-Zerreißen einfach widerlich.«

KOLLEGIN: »Du kannst es nicht ausstehen, wenn Menschen hinter dem Rücken anderer schlecht reden?«

RENATE: »Genau.«

KOLLEGIN: »… und du wünschst dir, dass gerade heraus kommuniziert wird und bei Kritik die Leute direkt angesprochen werden?«

RENATE: »Ja, dieses Stimmung-gegen-andere-Machen schafft nur Unfrieden und Misstrauen.«

KOLLEGIN: »Du wünschst dir also eine Atmosphäre, die von Vertrauen und Wertschätzung geprägt ist?«

RENATE: »Ja, ich will mich hier wohlfühlen mit den Menschen, mit denen ich arbeite.«

KOLLEGIN: »Hättest du Lust, mit mir mal darüber nachzudenken, wie du reagieren kannst, wenn du so etwas wieder erlebst, oder wie du sie darauf ansprechen kannst?«

RENATE: »Ja, das klingt gut, nachher in der Mittagspause?«

Was sich der Schatzsuche in den Weg stellen kann

Wir alle haben persönliche, zum Teil »heilige« Werte. Diese haben die Aufgabe, eine Reihe von Bedürfnissen zu schützen, indem sie unser Handeln leiten: Sie motivieren uns, unser Umfeld entsprechend zu wählen oder so zu gestalten, dass bestimmte Bedürfnisse gar nicht erst frustriert werden. Habe ich einen starken Wert »Anerkennung der Einzigartigkeit aller Menschen« und kann dafür Sorge tragen, dass dieser eingehalten wird, indem ich mir ein Umfeld von Gleichgesinnten zum Leben wähle, sind folgende Bedürfnisse erfüllt: Ich kann mich sicher fühlen, mich als Teil der Gemeinschaft erleben und gleichzeitig meine Individualität ausleben, und ich kann mir treu sein, mich frei und gleichzeitig verbunden fühlen.

Werte sind im Gegensatz zu Bedürfnissen statisch. Wenn wir von Werten sprechen, sagen wir in der Regel »Mir ist wichtig …!«, wohingegen wir bei Bedürfnissen sagen »Ich brauche gerade …!«, da die Bedürfnisebene ständig in Bewegung ist.

Die Erfüllung und Einhaltung unserer »heiligen« Werte ist uns so wichtig, dass wir kaum mitfühlend reagieren können, falls diese verletzt werden. Unsere Betroffenheit und Reaktion steht dann der wertschätzenden Haltung und der Frage nach dem Bedürfnis des anderen im Weg.

Mitunter sind uns diese »heiligen« Werte nicht einmal bewusst, wie folgendes Beispiel zeigt:

Trotz meines Ideals, Kindern auf Augenhöhe zu begegnen, konnte ich mehrfach beobachten, wie sehr es mich erzürnt, wenn Kinder ihren Unmut äußern und Grenzen ziehen, indem sie NEIN sagen, die Zunge rausstrecken oder Erwachsene beschimpfen. Die Intensität der Wut in mir erschreckte und überraschte mich. Es war offensichtlich, dass ich den Kindern nicht ansatzweise zugestand, ihre Meinung kundzutun, wie ich das bei Erwachsenen tun würde. Als ich darüber nachdachte, wurde mir klar, dass in meiner Kindheit das Zeigen von Unmut in Form von Zunge rausstrecken oder ähnlichem Verhalten sofort rigoros bestraft wurde. Mir wurde früh der Wert mitgegeben, dass Kinder zu gehorchen und sich unterzuordnen haben. Und obwohl dieser Wert meinen Idealen widerspricht und mir gar nicht bewusst war, hat er mein Handeln beeinflusst. Seit mir dieser übernommene »heilige« Wert bewusst ist, bin ich in entsprechenden Situationen entspannter. Anstatt meinen Ärger nach außen zu richten und das Verhalten der Kinder zu verurteilen, schenke ich meine Aufmerksamkeit jetzt meinem inneren Erleben.

Übung

Kommen Sie Ihren eigenen »heiligen« Werten auf die Spur!
Nehmen Sie sich 20 Minuten Zeit. Wenn Sie die Übung allein machen, nehmen Sie sich Stift und Papier. Arbeiten Sie zu zweit, dann stellt die begleitende Person die Fragen und fasst (am Schluss oder nach jeder Frage) zusammen, was sie gehört hat.

Erinnern Sie sich an eine Situation, die Sie in Rage versetzt hat:
- Was brachte Sie am meisten auf die Palme?
- Welche Werte wurden in dieser Situation verletzt?

Werte können sich – von Zeiten und Kulturen abhängig – stark unterscheiden. Hier einige Werte, die heute in unserem Kulturkreis weit verbreitet sind: Effizienz, Pünktlichkeit, Beherrschung, Menschlichkeit, Gleichberechtigung, Gerechtigkeit, Ehrlichkeit, Genauigkeit, Zuverlässigkeit, Chancengleichheit, Ordnung, Sauberkeit …

Nachdem Sie die verletzten Werte identifiziert haben, fragen Sie sich, woran Sie genau erkennen, wenn diese erfüllt sind. Nehmen wir als Beispiel den Wert »Ordnung«:
- Woran merken Sie, dass der Wert Ordnung für Sie erfüllt ist?
- Was heißt »Ordnung« für Sie genau?
- Haben Sie den Wert von jemanden übernommen – und wenn ja, von wem?
- Welche Bedürfnisse soll er beschützen?
- Was passiert genau, wenn dieser Wert verletzt ist? Wie fühlen Sie sich dann?

Es ist gut, die eigenen »heiligen« Werte zu kennen. Werden diese verletzt, reagieren wir oft schnell und unreflektiert. Wir verlieren unsere Gelassenheit und unsere Bewusstheit für die Komplexität dessen, was ist. Die »Be-Wertung« der äußeren Situation lässt uns in unseren persönlichen Realitätstunnel eintreten, was sich in starken negativen Urteilen oder Ärger über andere ausdrückt. Wir selbst brauchen jetzt Empathie und Einfühlung für den Teil in uns, der in Not geraten ist; für die verletzten Werte und die Bedürfnisse, die bisher von diesen »heiligen« Werten beschützt wurden.

Die Überzeugung, dass Menschen wichtiger sind als Gesetze, ist ein weiterer meiner »heiligen« Werte. Wird gegen diesen verstoßen, gehe ich zu einem Verteidigungsangriff über: Ich kämpfe für diesen Wert. So geriet ich bei der Begleitung einer Familie in der Kommunikation mit dem Jobcenter an meine Grenzen: Ich scheiterte an dem Beharren der Beraterin, an Sanktionen festzuhalten, welche in anderen Fällen bereits per Gerichtsurteil als unzulässig erklärt worden waren. Es brachte mich in Rage, dass die gravierenden negativen Konsequenzen für die Familie in Kauf genommen wurden, obwohl die Sanktionen meiner Meinung nach nicht gerechtfertigt waren. Doch der Kampfmodus trägt nur dazu bei, dass sich die Fronten verhärten, denn aus diesem heraus kann ich mein Gegenüber nicht wertschätzen. Auch hier hilft mir das Wissen um meine Werte. Wenn ich merke, dass ich deswegen nicht weiterkomme, kann ich mir Unterstützung holen, z. B. indem ich Kolleg*innen frage, ob sie an meiner Stelle die Kommunikation übernehmen, um konstruktiv für die Familie wirken zu können.

Uns unserer »heiligen« Werte bewusst zu sein, hilft uns dabei, Situationen nicht weiter eskalieren zu lassen. Es ist empfehlenswert, sich ein Umfeld aufzubauen, in dem wir unserem Ärger Ausdruck verleihen und unseren Bedürfnissen auf die Spur kommen können: Einerseits Kolleg*innen, Freund*innen, Therapeut*innen oder Supervisor*innen, die in der Lage sind, uns in solchen Situationen zu begleiten. Andererseits Zeiten der Ruhe, der Stille und Reflexion, in denen wir mit uns selbst liebevoll und mitfühlend sein können und gut für uns sorgen. Das ist die unverzichtbare Eigenwertschätzung. Denn auch hier gilt: Nur, was wir uns selbst geben, können wir auch anderen geben; nur in dem Bereich, in dem wir gut genährt sind, haben wir Kapazität, auch für andere da zu sein.

Wertschätzung für uns ist die Grundlage für die Wertschätzung anderer.

Erinnern wir uns an die Situation des Kollegen und des von ihm betreuten Jungen, der einen Mitschüler mit dem Messer verletzt hat. Eine wertschätzende Haltung dem Jungen gegenüber war ihm zunächst nicht möglich, da sein Wert »Recht auf körperliche Unversehrtheit« verletzt war. Dieser resultierte aus eigenen Gewalterfahrungen und sollte vor allem sein Bedürfnis nach Sicherheit schützen.

Nachdem die persönliche Betroffenheit des Sozialpädagogen in einem geschützten Raum einfühlsam Aufmerksamkeit bekommen hatte, konnte er sich auf ein Gespräch mit dem Jungen einlassen. Nun gelang es ihm, frei von Urteilen mit dem Jungen über die Situation zu sprechen.

Dabei stellte sich heraus, dass der Junge in dem Streit vor lauter Wut rotgesehen hatte, weil sein Mitschüler Dinge über ihn erzählt hatte, die seiner Meinung nach nicht stimmten. Nun stand er »wie ein Trottel« da und fühlte sich gedemütigt, beschämt und ängstlich. Ist die Wut gefühlt, zeigen sich meist weitere Gefühle, welche darunterliegen – in diesem Fall Angst und Scham. Das durch die Gerüchte provozierte ausgrenzende Verhalten seiner Mitschüler war für ihn so schwer auszuhalten, weil sein Bedürfnis nach Zugehörigkeit nicht mehr erfüllt wurde.

Als er den Jungen zur Rede stellen wollte und dieser weiter an seinen Behauptungen festhielt, ging die blinde Wut mit ihm durch. Mit der Perspektive und dem Schmerz des Jungen konnte sich der Sozialpädagoge verbinden und seine Perspektive nachvollziehen. Dieses Verständnis half auch dem Jungen, sich zu beruhigen. Nun konnten sie gemeinsam überlegen, wie sie weiter mit der Situation umgehen sollten. Voraussetzung war, die Verantwortung für sein eigenes Handeln zu übernehmen.

Dazu gehörte, den Jungen um Verzeihung zu bitten, mit der Jugendgerichtshilfe zu kooperieren und sich den Konsequenzen der Anzeige zu stellen. Er musste außerdem eine Strategie finden, wie er der Schule und den Mitschülern begegnen konnte, um einen Schulverweis zu vermeiden, sowie für die Richtigstellung der Gerüchte sorgen und die ausgrenzende Reaktion der Mitschüler thematisieren. Durch die Klärung der eigenen Betroffenheit konnte der Sozialpädagoge die Bereitschaft in sich fühlen, den Jungen gern und ehrlichen Herzens auf diesem schweren Weg zu begleiten.

Zusammenfassung

- Wertschätzung kommt von Herzen, wir können sie nicht »machen«.
- Indem wir uns auf Schatzsuche begeben und auf die Bedürfnisse fokussieren, ermöglichen wir uns einen wertschätzenden Blick auf die universell menschlichen Nöte, direkt in das Herz des Gegenübers.
- Wertschätzung trennt die Handlung von der Person, indem wir das Bedürfnis, die der Handlung zugrundeliegende Motivation, er- und anerkennen. Da die Bedürfnisse immer dem Leben dienen, können wir sie immer positiv interpretieren.
- Wenn es uns nicht gelingt, auf die Bedürfnisse des Gegenübers zu

fokussieren und wir stattdessen in unseren urteilenden Gedanken verstrickt sind, ist dies ein deutliches Signal, dass erstmal wir selbst eine Einfühlung brauchen.
- Es ist wichtig, die eigenen »heiligen« Werte zu kennen, denn diese können Wertschätzung/eine wertschätzende Haltung erheblich erschweren.
- Wir können uns selbst wertschätzen, indem wir uns selbst achten und uns um unsere Bedürfnisse kümmern.
- Wenn unser Bedürfnis nach Wertschätzung erfüllt ist, können wir andere leichter in ihrem Wert schätzen. Gleichzeitig nährt es die Eigenwertschätzung, wenn wir Wertschätzung weitergeben.
- Wertschätzung verringert Stress, Ärger und Anspannung und ist somit der Gesundheit zuträglich.

Danken und Feiern

Die Bedeutung des Dankens und Feierns im Arbeitskontext

Ein alter Mann sprach einst zu seinem Enkel:

> »Manchmal fühle ich mich, als ob zwei Wölfe in meinem Herzen miteinander kämpfen würden. Einer der beiden ist aggressiv und rachsüchtig. Der andere hingegen ist liebevoll, sanft und mitfühlend.«

> »Welcher der beiden wird den Kampf um dein Herz gewinnen?«, fragte der Junge. »Der Wolf, den ich füttere …«, antwortete der Alte. (Verfasser*in unbekannt)

Die Gewaltfreie Kommunikation betont die Bedeutung von Feiern und Danken. Es fühlt sich gut an, stärkt uns und gibt uns so die Kraft, auch für andere da zu sein. Wir können unsere erreichten Ziele und Erfolge feiern, wie auch die kleinen Momente des Glücks genießen.

Da wir so viel Lebenszeit im Arbeitskontext verbringen und wir im sozialen Bereich auf scheinbar ausweglose Probleme, schwere Schicksale, Leid, Krankheit und Tod treffen, ist es umso wichtiger, sich einen nährenden Ausgleich zu schaffen. Um dem Stress und den täglichen Herausforderungen begegnen zu können, tun wir gut daran, die Aufmerksamkeit auch auf das Gelingen zu richten.

Während eines Workshops hörte ich von einem der Gäste folgende Geschichte: Er erzählte, dass er Teamleiter im Jugendamt wurde. Er leitete ein Team, welches einen hohen Krankenstand hatte und vor lauter Problemen mit der Arbeit gar nicht hinterherkam. Die Stimmung im

Team war denkbar schlecht. Eine seiner ersten Amtshandlungen war, in den Teamsitzungen eine Dankesrunde einzuführen. Bevor irgendwelche Fälle besprochen wurden, waren alle aufgefordert, etwas mitzuteilen, wofür sie dankbar waren. Diese Runde forderte das gesamte Team anfangs sehr heraus, es gab schließlich genug Grund zum Klagen, jedoch kaum Anlässe zur Dankbarkeit. Doch der Teamleiter blieb hartnäckig und forderte die Kolleg*innen auf, auch an die scheinbar unwichtigen schönen Dinge und Momente des Arbeitsalltags zu denken. So kam ein: »Danke, dass du mir einen Kaffee mitgebracht hast« oder »Danke, dass du dich um die Unterlagen gekümmert hast«. Und mit der Zeit fanden sie immer leichter Dinge, für die sie dankbar waren. So kam es auch immer häufiger vor, dass Kolleg*innen von Situationen berichteten, welche sie zufriedenstellend gelöst hatten, was anderen wiederum Inspiration und Ermutigung war. Er meinte: »Inzwischen gibt es keine Krisenstimmung mehr im Team, dafür haben wir keine Zeit, wir sind mit dem Gelingen voll ausgelastet und haben gelernt, dies auch zu genießen.«

In seinem Buch *Denken wie ein Buddha* beschreibt der Neuropsychologe Rick Hanson, wieso wir eine so starke Gewichtung auf negative Informationen haben und dem Positiven so wenig Aufmerksamkeit beimessen. Zwar war es für unsere Vorfahren wichtig, Dinge zu tun, die das Leben angenehmer machen, doch war es noch bedeutsamer, gefährlichen Dingen wie Raubtieren aus dem Weg zu gehen.

»Wer überleben will, muss sich vor allem vor lauernden Gefahren schützen. Wer heute keine Karotte isst, der bekommt vielleicht morgen eine, doch wer einem Angriff zum Opfer fällt, der wird nie wieder Karotten essen.« (Hanson, 2014, S. 39)

So hat sich über Millionen von Jahren eine Struktur in unserem Gehirn entwickelt, die laut Hanson wie eine »Klettoberfläche« für negative, und wie eine »Teflonbeschichtung« (ebd.) für positive Informationen wirkt.

»Menschen fühlen sich dann wohl, wenn die positiven Momente die negativen mindestens im Verhältnis drei zu eins – möglichst noch höher – überwiegen. Negative Momente entwerten die positiven in stärkerem Maße, als die positiven die negativen veredeln können.« (Hanson, 2014, S. 40)

Wir vergessen allzu oft, unsere Erfolge zu feiern. Eine bewusste Entscheidung, dem Feiern und Danken auch seine Aufmerksamkeit zu geben, ist daher notwendig. Wir können hierfür feste Zeiten einplanen und Rituale entwickeln. Dies können beispielsweise Dankesrunden sein oder Reflexionszeiten, gemeinsames Feiern und Erholung nach größeren Veranstaltungen. Damit entwickeln wir eine Struktur, die hilft, im Alltag erreichte Ziele sichtbar zu machen und diese anzuerkennen.

Wir können eine Kultur des Dankens über die Höflichkeitsfloskeln hinaus etablieren. Anstatt den Dank anderer anzunehmen und zu genießen, wehren viele ihn mit den Worten »Dafür nicht« ab. Der Grund dafür ist, dass auch Gefühle wie Zufriedenheit, Dankbarkeit, Freude, Stolz, Erleichterung, Euphorie oder Glück uns schnell die Kontrolle verlieren lassen:

Ich hatte lange davon geträumt, einen Lernraum zu eröffnen, in dem die in diesem Buch vorgestellte Haltung erfahrbar wird. Dafür hatte ich viel investiert, gelernt, ausprobiert und nach sieben Jahren habe ich dann das erste dreitägige Seminar vor Praktiker*innen gegeben. Ich war dementsprechend aufgeregt. Die meisten Teilnehmenden waren um einiges älter als ich und hatten eine Menge Berufserfahrung.

Als sie dann in der Abschlussrunde erzählten, was ihnen dieses Seminar gebracht hat und wie dankbar sie für diese intensive Erfahrung waren, fühlte ich mich sehr berührt und glücklich, weil ein langgehegter Traum wahr geworden war, und mir kamen die Tränen. Ich saß vor der Gruppe und bekam kein Wort heraus. Ich konnte einfach nur weinen. In meinem Hinterkopf meldete sich eine Stimme und sagte: »Das geht doch nicht, dass du als Seminarleiter dich so gehen lässt, was sollen denn die Leute denken!?« – doch die Stimme hatte in diesem Moment keine Kraft. Nun war es nicht das erste Mal, dass ich mir einen Traum erfüllte, und ich war auch schon öfter sehr zufrieden mit den Seminaren und den Rückmeldungen gewesen. Allerdings spürte ich auf der Heimfahrt für gewöhnlich immer noch eine leichte

Anspannung und Unruhe in mir. Dieses Mal jedoch fuhr ich beseelt nach Hause, und in mir war es ganz still. Dieser Zustand von tiefem Frieden, Erfüllung und Gelassenheit war wunderbar.

Mir wurde klar: Auch scheinbar schöne Gefühle können etwas Bedrohliches haben und uns verunsichern, wenn sie uns die Kontrolle verlieren lassen. Sie brauchen daher zunächst die innere Erlaubnis, gefühlt zu werden. Es ist wunderbar befreiend und heilsam, die Gefühle einfach durch uns hindurchfließen zu lassen. Sie sind oft sehr schnell durchlebt und lassen uns in einem wohligen Zustand zurück.

Der Wandel hin zum Kultivieren des Glücks beginnt gerade erst. Viele von uns haben Botschaften wie »Eigenlob stinkt!« oder »Der Esel nennt sich immer zuerst!« vermittelt bekommen. Als tugendhaft galt, wer bescheiden ist und sich nicht aufspielt. Erfolge sind demnach nichts Besonderes, sondern das Mindeste, was zu erwarten ist, denn »Nicht geschimpft ist genug gelobt!«. In solch einem Klima kann ein Mensch nur scheitern.

Es macht also Sinn, den Fokus auf das zu richten, was gelingt, seine Erfolge zu feiern und sich selbst auch die damit zusammenhängenden Gefühle zu erlauben. Indem wir mit uns selbst oder mit unseren Mitmenschen einen liebevollen Umgang kultivieren, erhöhen wir unsere Lebensqualität.

Im wertschätzenden Umgang mit uns und anderen gilt es zu beachten, dass Lob lange Zeit und in vielen Lebenszusammenhängen sehr manipulativ eingesetzt wurde und immer noch wird. Damit sich eine wertschätzende Kultur etablieren kann, ist es wichtig, sich den Unterschied zwischen Lob und Wertschätzung bewusst zu machen.

Lob versus Wertschätzung

Menschen haben ein starkes Bedürfnis nach Wertschätzung. Wir brauchen die Rückmeldung anderer, um uns selbst zu erkennen und die Wirkung unseres Handelns einschätzen zu können. Wie im vorherigen Kapitel beschrieben, fokussiert Wertschätzung auf die lebensdienliche Motivation hinter den Handlungen. In der GfK wird dabei zwischen Lob und Wertschätzung unterschieden. Wertschätzung meint nicht meine Bewertung von Handlungen anderer Personen, wie sie in einem Lob ausgedrückt wird. Sie ist vielmehr eine Aussage über mich selbst, in welcher Weise die Handlungen meines Gegenübers mein Leben bereichern und welche Gefühle sie in mir ausgelöst haben.

Wenn mir beispielsweise eine Kollegin bei der Einarbeitung in das neue Computerprogramm geholfen hat, kann ich sagen: »Danke, das hast du sehr gut gemacht«, was jedoch meine Kollegin darüber im Dunkeln lassen würde, was genau meiner Meinung nach gut war: War es ihre Geduld beim Erklären der Funktionsweise, waren es ihre eindrücklichen und unterhaltsamen Eselsbrücken oder allein die Tatsache, dass sie mich unterstützt hat? Ich kann also sagen: »Danke, dass du dir Zeit genommen hast, ohne deine Erklärungen hätte ich das Programm nie kapiert. Jetzt traue ich mich, damit zu arbeiten und habe sogar Lust dazu. Außerdem hat's mir richtig Spaß gemacht. Vielen Dank.« Nun weiß sie, dass ihre Art Dinge darzustellen und zu erklären, mir geholfen hat. Zudem bringe ich zum Ausdruck, dass ich ihre Hilfsbereitschaft schätze.

Wertschätzung bleibt auf Augenhöhe und ermöglicht uns, den anderen mitzuteilen, welche Bedürfnisse sie bei uns erfüllt haben und welche Gefühle damit einhergehen.

Rosenberg berichtet, dass er seine Tochter am Küchentisch malen sah und den Impuls verspürte, ihr zu sagen: »Ich liebe dich.«, Doch dann hielt er inne und überlegte, was seine Tochter in ihm so berührte und was genau er feiern wollte. Er versuchte die Gefühle so auszudrücken, dass sie wirklich bei seiner Tochter ankamen, indem er sagte: »Wenn ich sehe, wie du da sitzt und malst, empfinde ich tiefes Glück, dass ich mit dir wundervollem Wesen zusammenlebe, denn das erfüllt dieses wichtige Bedürfnis nach Verbundenheit in mir.« Er konnte sehen, dass diese Botschaft ihr viel mehr gegeben hatte als ein »Ich liebe dich«. Als er später zu seiner Partnerin »Ich liebe dich!« sagte, antwortete sie: »Oh nein, ich will die ungekürzte Fassung« (Rosenberg, 2012, S. 86 f.).

Da wir viel Zeit im Arbeitskontext verbringen, trägt es zu unserer Lebensqualität bei, wenn wir dort ein Klima vorfinden, in dem wir uns wohl fühlen. Es kann eine hilfreiche Information sein, wenn wir voneinander wissen, wie wir uns eine Freude machen können.

> **Übung**
>
> - Schreiben Sie zehn Dinge auf, die andere tun könnten, um Ihnen eine Freude zu machen.
> - Fragen Sie Ihre Kolleg*innen, wie Sie ihnen eine Freude machen können.
> - Überlegen Sie, was Sie an sich schätzen. Welche Qualitäten bringen Sie mit in Ihr Team?
> - Fragen Sie Ihre Kolleg*innen, was sie an Ihnen schätzen und wie Sie ihrer Meinung nach das Team bereichern.
> - Überlegen Sie dies in Bezug auf Ihre Kolleg*innen!
> - Denken Sie an eine Situation, in der Sie dankbar oder erfreut über die Handlung eines anderen waren. Schreiben Sie auf, welche Bedürfnisse Ihnen diese Handlung erfüllt hat und spüren Sie nach, welche Gefühle Sie jetzt durch diese Erinnerung bewegen.

Gleichzeitig gibt es Situationen, in denen auf wertschätzendes Feedback skeptisch oder gar abwehrend reagiert wird. Wenn Menschen so reagieren, kann es sein, dass sie annehmen, dass wir sie durch Lob und Schmeicheleien in eine Position bringen wollen, in der sie einen Wunsch unsererseits kaum noch abschlagen können. Zum Beispiel: »Frank, du kannst dem Chef so gut erklären, wie wichtig die Anschaffung für uns ist, auf dich hört der, du findest einfach immer die richtigen Worte und hast auch fachlich einfach das meiste Hintergrundwissen. Kannst du ihm nicht die Notwendigkeit der neuen Anlage erklären?« Vielleicht fällt es Frank schwer, »Nein« zu sagen und allzu schnell hat er etwas übernommen, was er gar nicht tun wollte. Durch solche Erfahrungen sind viele Menschen wertschätzenden Worten gegenüber erst einmal skeptisch. Schnell taucht der Gedanke auf, dass die Wertschätzung an eine Erwartung gebunden ist.

Genau das geschieht, wenn wir versuchen, Menschen durch Loben zu einem gewünschten Verhalten zu motivieren. Als Kinder haben die meisten von uns dies als Erziehungsmittel kennengelernt.

Was Wertschätzung vom Loben unterscheidet, ist die Intention. Wenn wir Wertschätzung strategisch anwenden oder Menschen Belohnungen in Aussicht stellen, um sie zu einer bestimmten Handlung zu motivieren, reden wir von Lob. Zudem braucht Lob – wie Strafe – immer ein Machtgefälle. Damit es wirkt, muss der lobende oder belohnende Part erhöht sein. Loben verhindert insofern Beziehung auf Augenhöhe und fördert Abhängigkeiten und Unselbstständigkeit.

Lob und Strafe sind zwei Seiten ein und derselben Medaille. Wird ein Kind vor der Kindergruppe fürs Aufräumen gelobt, steckt dahinter in der Regel die Intention, auch die anderen Kinder zu motivieren. Es ist also gleichzeitig eine Botschaft an die anderen: »Strengt euch an und nehmt euch ein Beispiel an ihm oder ihr!« So baut sich Druck auf, denn Kinder wollen Anerkennung, sie wollen dazugehören. Sie sind von dem Wohlwollen der Erwachsenen existenziell abhängig. Durch solche Situationen machen Kinder, die immer wieder zu denen gehören, die nicht gelobt werden, die Erfahrung, dass sie mit ihren Fähigkeiten nicht gesehen werden. Das führt zu der Überzeugung, dass sie nie genügen und es keinen Zweck hat, sich anzustrengen.

Hinzu kommt, dass durch Belohnung die intrinsische Motivation zerstört wird, was dazu führt, dass wir Dinge nur noch für einen persönlichen Vorteil oder gegen Bezahlung tun.

Am Max-Planck-Institut für evolutionäre Anthropologie in Leipzig untersuchten die Wissenschaftler Felix Warneken und Michael Tomasello die Hilfsbereitschaft von 18 Monate alten Kindern und machten in dem Zusammenhang eine spannende Entdeckung zu den Effekten der extrinsischen Motivation durch Lob:

Im Versuch saß ein Mitglied des Wissenschaftsteams am Schreibtisch und malte. Im Raum befand sich jeweils ein Kind. Der Stift fiel herunter – und zwar so, dass der Erwachsene ihn von seinem Platz aus nicht erreichen konnte. Er machte eine deutliche Geste, dass er den Stift aufheben wollte. Nun wurde beobachtet, ob das Kind den Stift aufhebt und dem Erwachsen zurückgibt. Und ja, sie taten es – alle Kinder hoben den Stift auf.

In der zweiten Versuchsanordnung wurde noch ein Ballbecken in den Raum gestellt und gewartet, bis das Kind ins Spiel vertieft war. Nun wurde wiederum der Stift fallen gelassen, und es wurde beobachtet, ob das Kind sein Spiel unterbricht und den Stift aufhebt. Auch hier zeigte sich, dass alle Kinder ihr Spiel unterbrachen und den Stift aufhoben.

Die Lust und Freude daran, andere zu unterstützen, bringen wir also schon mit in diese Welt. Sie muss uns nicht anerzogen werden. Anscheinend hat kooperatives Verhalten evolutionär Sinn gemacht. Als soziale Wesen haben wir durch Zusammenarbeit und gegenseitige Unterstützung unser Überleben gesichert.

Als ich in einem Seminar mit Mitarbeiter*innen eines Schulhortes das Experiment schilderte und die Teilnehmer*innen fragte, ob sie glaubten, dass die Kinder den Stift aufheben würden, erntete ich als Reaktion einhelliges Kopfschütteln. Die Kolleg*innen dieser Einrichtung machten in ihrem Arbeitsalltag offenbar andere Erfahrungen. Sie hatten mit vielen Kindern zu tun, welche sich nicht so kooperativ verhielten und den Stift nicht aufheben würden. Wie lässt sich dies erklären?

In einem weiteren Durchgang belohnten die Wissenschaftler einige Kinder für ihr kooperatives Verhalten und andere nicht. Nun konnten die Wissenschaftler beobachten, dass die Kinder, die nicht belohnt wurden, weiterhin in hohem Maß halfen, während die Kinder, die eine Belohnung bekommen hatten, sich weniger hilfsbereit zeigten. »Erstaunlicherweise hatten sie den inneren Spaß daran verloren, weil man sie grundlos belohnt hatte.« (*Die Revolution der Selbstlosen*, Film von Sylvie Gilman & Thiery de Lestrade, Frankreich 2016, Interview Michael Tomasello, Minute 20) Wenn wir also dazu übergehen, von Natur aus sinnvolle Handlungen zu belohnen und durch extrinsische Motivation herbeiführen wollen, verlagern wir den Sinn der Handlung auf die Belohnung.

Der Impuls etwas selbstlos zu tun, wird durch Belohnung vereitelt, was dazu führt, dass wir Dinge nur für einen persönlichen Vorteil tun – z. B. gegen Bezahlung.

Zusammenfassung
- Wir unterscheiden zwischen Lob und Wertschätzung.
- Wertschätzung für andere ausdrücken ist eine Selbstoffenbarung darüber, welche Handlungen, mir welche Bedürfnisse erfüllt haben und wie sich das anfühlt.

- Auch das Fühlen von Gefühlen, welche mit Gelingen einhergehen, will wieder gelernt sein.
- Das Feiern von Erfolgen und Zielen braucht eine bewusste Haltung. Es ist daher sinnvoll, feste Zeiten und Rituale dafür einzuplanen.

Motivation des Helfens

Die Frage, warum eine Ausbildung oder eine Tätigkeit in sozialen Berufen ergriffen wurde, wird häufig mit dem Satz: »Ich möchte Menschen helfen« beantwortet. Die Motivation, helfen zu wollen und dies als Berufung zu sehen, ist großartig, doch braucht sie Achtsamkeit. Wo Hilfe stattfindet, gibt es neben dem Helfenden auch immer den Menschen, dem geholfen wird. Diese Menschen gilt es mit ihren Bedürfnissen im Blick zu behalten. Wir alle kennen Situationen, in denen wir auf die Hilfe anderer angewiesen sind. Hilfe zu benötigen zeigt auch unsere Verletzlichkeit.

Ich habe eine Reihe von Menschen gefragt, auf welche Art und Weise sie von Helfenden behandelt werden wollen und welche Einstellungen ihnen bei Helfenden wichtig sind. Folgende Antworten sind mir immer wieder begegnet:

- Ich möchte trotz der ungleichen Situation Begegnung auf Augenhöhe.
- Ich wünsche mir Verständnis.
- Ich wünsche mir Respekt vor meiner Lebenswelt.
- Die Helfenden sollten mich vor allem fragen, wie sie mir helfen können, statt mir ihre Ideen von Hilfe aufzuzwingen.
- Mir ist wichtig, nicht entmündigt zu werden.
- Sie sollen meine Würde achten.
- Ich will vertrauen können, dass meine Hilflosigkeit nicht ausgenutzt wird.

Auch Sie können sich fragen, worauf es Ihnen ankommt, wenn Sie auf Hilfe angewiesen sind, oder worauf zu achten ist, damit Hilfe nicht mehr Schaden anrichtet als Nutzen bringt. Wenn Menschen in Not sind und Hilfe brauchen, ist es gut, wenn diese bereitsteht.

Doch wenn die Motivation der Helfenden nicht hinterfragt wird, kann das fatale Folgen haben. Im Folgenden werde ich auf problematische Motivationen des Helfens eingehen.

Mitleid als Motivation des Helfens

Wenn Menschen die Not anderer zu lindern versuchen, weil sie diese Not nicht aushalten können, sind sie im Modus des Mitleidens (wie in Kapitel *Empathie* beschrieben). In diesem Modus sind wir mit der Not identifiziert, können nicht auf die reflektierende Sicht der inneren Beobachter*innen zugreifen und damit als helfende Personen nicht mehr auf unsere Ressourcen.

Wenn wir in Aktionismus verfallen, weil wir die Spannung, welche die Not der anderen in uns auslöst, nicht aushalten können, ist damit selten jemandem geholfen. Es ist ein Unterschied, ob wir uns in unserer professionellen Rolle menschlich zeigen, uns berühren lassen und Mitgefühl haben können oder uns von der Not anstecken lassen. Schwierig wird es, wenn wir aus der Abwehr gegen die ausgelösten Gefühle heraus aktiv werden. Diese Aktivität mag sich Hilfe nennen, vordergründig ist sie aber motiviert durch die Not der Helfenden. Die Bedürfnisse der Adressat*innen bleiben unberücksichtigt.

Dazu ein persönliches Beispiel. Ich gerate leichter in die Dynamik des Mitleidens, je näher mir Menschen stehen. Es ist schwer für mich zu sehen, wenn es ihnen schlecht geht. Ihr Problem wird dann zu meinem, ich bin angestrengt und werde innerlich eng. Meine damalige Partnerin hatte einen Konflikt mit der Direktorin ihrer Schule. Für mich war es schwer auszuhalten, meine Partnerin so leiden zu sehen, und ich wollte ihr helfen. Dabei war ich bereits selbst mit ihrer Sicht der Geschichte identifiziert. Ich konnte nicht mehr mit der Distanz des inneren Zeugen meine urteilenden Gedanken beobachten und die ausgelösten Gefühle fühlen. Dadurch verlor ich meine Kraft, konstruktiv und kreativ auf die Situation zu blicken und die Bedürfnisse aller Beteiligten mit einzubeziehen.

Ich machte meiner Freundin den Vorschlag, sie zu dem Klärungsgespräch mit der Direktorin zu begleiten, um zu vermitteln und dabei zu helfen, dass beide Seiten sich richtig verstanden. Aus heutiger Sicht überrascht es mich nicht, dass das Gespräch nach hinten losging. Von der Direktorin hatte ich kein Mandat, als Vermittler tätig zu werden und war aus ihrer Perspektive nur der Unterstützer meiner Partnerin. Wenn ich mich einschaltete, um Dinge noch einmal zusammenzufassen, damit ein gemeinsames Verständnis möglich wurde, erlebte sie dies als höchst übergriffig. Ihre Abwehr verstärkte sich. Durch meine Verstrickung konnte ich zu keinerlei Klärung beitragen. Dieser Konflikt hatte zur Konsequenz, dass meine Partnerin am Ende kündigte.

Zwei Jahre später kam eine Teilnehmerin eines Seminars mit einer ganz ähnlichen Situation zu mir ins Coaching. Sie arbeitete ebenfalls an einer Schule und hatte eine sehr ähnliche Situation mit ihrer Direktorin. Diesmal gelang es mir, im Mitgefühl zu bleiben. So konnte ich ihr eine Einfühlung geben, in der ihre Anliegen sichtbar wurden. Auffallend war, dass es dabei immer weniger um die Handlung der Direktorin ging. Stattdessen konnte sie alten Schmerz fühlen, der durch die aktuelle Situation wieder berührt wurde. In Verbindung mit diesem Gefühl konnten sie ihre Urteile über die Direktorin loslassen und klare Bitten wurden sichtbar. Nach dieser Vorbereitung auf das Gespräch war immer noch eine Menge Aufregung und Angst in ihr aktiv. Gleichzeitig spürte sie in sich eine größere Weichheit, sodass ihr die Direktorin nicht mehr als ungerechte, rücksichtslose Despotin erschien, sondern als ein Mensch, der auch sein bestes gibt. Das Gespräch verlief überraschend ehrlich und offen. Es zeigte sich, dass die Direktorin ebenfalls an einer guten Beziehung interessiert und bereit war, auf ihr Anliegen einzugehen.

Es gibt Situationen, die uns überfordern, weil sie persönliche emotionale Themen in uns berühren. Hierfür braucht es zu allererst unsere Präsenz und unsere Akzeptanz, dass es gerade so ist. Das stellt unsere Professionalität nicht in Frage. Es ist professionell und menschlich, wenn wir unser Mitleid bemerken und uns Unterstützung holen.

Hilfe für andere wird erst dann hilfreich, wenn wir im Modus des Mitgefühls sind. Dahin kommen wir, wenn wir ein Bewusstsein dafür entwickeln, dass die Not anderer unsere eigenen emotionalen Themen ansprechen kann. Im geschilderten Beispiel von meiner Partnerin und der Direktorin führte nicht nur mein Mitleiden dazu, dass ich meine Rolle verließ. Es war auch die Tatsache, dass ich selbst ein Thema mit Vorgesetzten habe, deren Handlungen ich als ungerecht oder willkürlich bewerte und deren Entscheidungsmacht Hilflosigkeit in mir auslöst. Eigene schmerzhafte Erfahrungen in der Vergangenheit können durch eine ähnliche Not in der Gegenwart wieder lebendig werden und Gefühle von Angst, Ohnmacht und Resignation aktivieren.

Solche Erfahrungen, die wir noch ungelöst in uns tragen, nenne ich Schattenthemen. Weil sie in uns verborgen und schwer wahrzunehmen sind. Sie sind uns meistens nicht bewusst und gehören zu dem Teil unserer Persönlichkeit, der im Schatten steht, den wir ablehnen oder den wir verstecken. Wir reagieren schnell auf die Probleme anderer, wenn diese Probleme unser Schattenthema betreffen. Anstatt zu erkennen, was das Problem oder die Verhaltensweisen mit uns zu tun haben, wollen wir anderen »helfen«.

Haben wir selbst für unsere Schattenthemen kein Bewusstsein, ist es schwierig, diese bei den Menschen, mit denen wir arbeiten, zu akzeptieren. Unsere Interventionen können durch unseren Wunsch, etwas zu verändern, schnell übergriffig werden. Das Gegenüber wird nicht in seiner Lebenswirklichkeit gesehen. Im Vordergrund steht unser Bemühen das Problem zu beseitigen, um uns selbst nicht mit unserem Schattenthema zu konfrontieren. Mit unserem »blinden« Aktionismus laufen wir jedoch Gefahr, noch größeren Schaden anzurichten.

Ein Kollege, Jan, erzählte folgende Geschichte: Er spielte mit einem Freund in einem Park Tischtennis, als der 11-jährige Maik vorbeikam und ihn ansprach. Der Junge besuchte regelmäßig die Jugendeinrichtung, in der er bis vor Kurzem tätig war.

Er sagte: »Jan, du musst zurückkommen, mit dir war es viel besser!« Jan fragte: »Was ist denn anders?« Er antwortete: »Du warst ganz anders als die. Wenn ich Stress gemacht habe, was hast du dann gemacht?« Jan: »Na, wenn du dich nicht eingekriegt hast, musstest du erstmal raus und 'ne Runde spazieren gehen, und wenn das nicht geklappt hat, brauchtest du an dem Tag gar nicht wiederzukommen.« Maik sagte: »Genau, du hast geschimpft, und die machen gar nichts.« Jan sah ihn erstaunt an: »Du bist sauer, weil die nicht mit dir schimpfen?«

Worauf hin Maik sagte: »Ja die sind voll blöd, und jetzt darf ich da gar nicht mehr hin.«

Dann verriss Jan einen absolut sicheren Schmetterball und bekam einen furchtbaren Lachanfall. Maik meinte daraufhin: »Genau das habe ich vermisst, das fehlt denen«. Als Jan wieder Luft bekam, fragte er: »Was denn?« und Maik sagte: »Dein Lachen.«

Jan erzählte mir, dass Maik es schwer hatte, mit anderen Kindern in Kontakt zu kommen und oft ausgegrenzt wurde. Seine Strategien der Kontaktaufnahme lösten eher Rückzug und Abwehr bei den anderen Kindern aus. Er hatte regelmäßig Probleme in der Schule und zu Hause und kam dann oft schon sehr frustriert und geladen in den Club. Wurde er dann mit Ablehnung konfrontiert, reagierte er aggressiv.

Jan meinte, dass ihm das Thema »Ausgrenzung« aus seinem eigenem Erleben nicht fremd war und es ihm oft sehr nah ging, wenn Maik frustriert war, weil er nicht mitspielen durfte. Jan erzählte: »Zum Glück hatte ich eine sehr gute Supervisorin. Mit der habe ich auch meine eigene Geschichte besprochen, was mir sehr geholfen hat, Maik zuzutrauen, damit einen eigenen Umgang zu entwickeln. So bin ich ihm nicht mit Mitleid begegnet, denn ich weiß, wie demütigend es ist, wenn dich wer in Watte packt. Als ob du es allein nicht hinbekommen könntest. Auch wenn es nicht immer leicht mit ihm war, habe ich den Kerl echt gemocht, und wir hatten oft viel Spaß. Doch habe ich mir von ihm auch nicht auf der Nase rumtanzen lassen. Er musste sich genau wie alle anderen an die Regeln halten und bekam keine Extrawurst. War mir etwas zu viel, habe ich ihm deutlich meine Grenzen aufgezeigt. Wenn er mit anderen in Streit geriet, bin ich ihm begegnet wie allen anderen auch. Dies erleichterte es den anderen Kids, ihn in ihre Gruppe zu integrieren. Zu meiner Zeit gehörte er dazu, und ich hatte den Eindruck, dass er sich bei mir sicher fühlte.«

Jan berichtete weiter, dass er sich vor einiger Zeit mit einem der neuen Kollegen unterhalten hatte und dieser ihm erzählte, wie sehr sie sich um Maik bemühten, indem sie mit der Familie arbeiteten und versuchten, für ihn besondere Angebote zu machen. Jan meinte: »Ich glaube, sie sahen in ihm vor allem den Jungen, der ausgegrenzt wurde und durch seine Beeinträchtigung benachteiligt war, was ihnen furchtbar leidtat. Das machte es ihnen schwer, ihm die Grenzen aufzuzeigen die es brauchte, damit er ihnen nicht den letzten Nerv raubte, denn das konnte er gut. So kam es wohl, dass es eines Tages zu viel für alle war und die Situation aus dem Ruder lief. Scheinbar trug dies zu dem kompletten Hausverbot bei.«

Sehen wir im Gegenüber vor allem den hilflosen, »armen« Benachteiligten, besteht die Gefahr, den Menschen nicht mehr in seinem Potenzial zu erkennen und nur noch als Objekt zu sehen. So kann es passieren, dass vor lauter Helfenwollen und Hilfeplänen das Aufbauen einer Beziehung misslingt.

Gleichzeitig zeigt sich, dass das Akzeptieren unserer Schatten die Voraussetzung ist, um diese bei unserem Gegenüber wahrzunehmen, anzuerkennen und als seinen gegenwärtigen Ausdruck des Seins zu akzeptieren. Wir können so vermeiden, dass sich unsere persönlichen, unaufgearbeiteten Themen mit denen anderer Menschen vermischen. Unsere Unterstützung ist wirkungsvoller, wenn wir uns unserer eigenen Schattenthemen bewusst sind – oder besser noch, wenn wir sie aufgearbeitet und geheilt haben. Dann kann Beziehung entstehen, wir können ganz als Mensch sichtbar werden, wie Maiks Aussage über Jans Lachen in dem Beispiel zeigt. Wir müssen uns nicht mit professioneller Distanz an den Problemen des Gegenübers abarbeiten.

Dann entwickelt sich Gelassenheit und ein kompetenter, mitfühlender Blick auf die Situation des Gegenübers. Unsere Intervention ist nicht mehr aus unserer Not heraus motiviert. Stattdessen ist sie getragen vom Vertrauen in uns selbst und in die Ressourcen der Menschen, mit denen wir arbeiten. Die mitfühlende Haltung des Helfens achtet die Würde und Souveränität des Gegenübers – auch wenn dieses sich gerade in größter Hilflosigkeit oder einer Situation des Ausgeliefertseins befindet. Diese Haltung ist es, die Menschen unterstützt, sich und ihre Situation anzunehmen, Lösungen in sich selbst zu finden und einen nächsten Entwicklungsschritt zu gehen.

Die Arroganz des Besserwissens

Im Kontext sozialer Arbeit ist mir immer wieder folgender Satz begegnet: »Wir müssen die Teilnehmer*innen da abholen, wo sie sind.« Meine Kollegin und Freundin Friederike Kolster wies mich jedoch darauf hin, dass Abholen bereits impliziere, dass die Menschen da, wo sie sind, nicht richtig sind. Aus professioneller Perspektive wird festgestellt, dass ein Handlungsbedarf besteht und die Teilnehmer*innen abgeholt werden müssen. Doch was ist, wenn diese das anders sehen und gar nicht wegwollen?

Seit unserer Kindheit sind wir mit der Idee vertraut, dass jemand anderes besser weiß als wir selbst, was für uns gut ist. Durch diese Idee glauben auch wir, in vielen Beziehungen besser zu wissen, was gut für die anderen ist. Wir wollen mit unseren Angeboten und Interventionen helfen und erklären es den Menschen, damit diese verstehen, warum unser Handeln gut für sie ist.

Ich arbeitete mit Jugendlichen zusammen, welche einen sehr unsozialen Umgang miteinander pflegten. Sie redeten auf eine verletzende Art über- und miteinander, sie stritten viel, und es kam auch immer wieder zu Handgreiflichkeiten. Mit meiner Kollegin versuchte ich, diese Dynamik zu verändern, indem wir uns viele Gedanken machten, was den Jugendlichen guttun würde. Wir versuchten Regeln für den Umgang miteinander zu entwickeln, diskutierten mit ihnen und probierten erlebnispädagogische Projekte wie Klettern oder einen Hip-Hop-Workshop aus. Doch langfristig stellte sich keine Veränderung ein.

Dann fiel uns auf, dass wir vor allem darüber nachdachten, wie wir den Jugendlichen helfen konnten. Für uns war offensichtlich, dass sie es miteinander und auch sonst im Leben leichter haben würden, wenn sie nur ein paar Dinge berücksichtigen würden. Doch bei diesem Ansatz arbeiteten wir uns mit unseren Ideen an den Jugendlichen ab, ohne sie zu erreichen. So veränderten wir die Frage von »Was brauchen die Jugendlichen?« in »Was brauchen wir?«. Wir erkannten in den Jugendlichen Menschen, die versuchten, sich ihre Bedürfnisse zu erfüllen. Offenbar hatten sie in ihrer Situation keine besseren Strategien zur Verfügung. Und wahrscheinlich ging es ihnen selbst nicht besonders gut damit. Doch hatten sie uns in dieser Sache nicht um Hilfe gebeten. Sie hatten uns nicht den Auftrag gegeben, »Macht mal etwas, dass wir besser miteinander auskommen und es auch sonst im Leben leichter haben«.

Wenn wir Menschen und ihre Situation analysieren und mit einer bestimmten Absicht intervenieren, ohne die Bedürfnisse aller

Beteiligten zu berücksichtigen, bleibt ein Abstand zwischen uns und den anderen. Dieser Abstand entsteht durch unseren Glauben, zu wissen, was gut und richtig für sie ist. Er trägt dazu bei, eine menschliche Verbindung zu verhindern. Damit gerät unsere Intervention in Gefahr, ins Leere zu laufen.

Wir legten den Fokus also auf uns selbst, prüften, was wir im Zusammensein mit den Jugendlichen brauchten und kümmerten uns um unsere Bedürfnisse und die Anforderungen, welche sich durch unseren pädagogischen Auftrag aus der Leitungsrolle heraus ergaben. Die zentrale Frage war: Was brauchen wir? Welche unserer Bedürfnisse sind gerade erfüllt oder nicht? Und für diese traten wir in unserer Arbeit ein – mit all unserer Autorität, Kreativität, Weisheit und Kraft. Das bedeutet zum Beispiel, dass wir bei Streitigkeiten und Pöbeleien für unser Bedürfnis nach Frieden und Harmonie sorgten und intervenierten, dass wir für Ruhe sorgten, wenn es uns zu laut wurde, oder dass wir die Einhaltung von Regeln forderten. Dies taten wir, weil wir das brauchten, und nicht, weil wir dachten, dass es für die Jugendlichen besser wäre. Wenn von ihnen Wünsche nach Unterstützung oder Vermittlung geäußert wurden, gingen wir natürlich darauf ein. Dann hatten wir ja einen klaren Auftrag. Dadurch änderte sich unser Verhältnis zu ihnen und auch die Atmosphäre in der Gruppe. Auch diese Jugendlichen hatten ein Bedürfnis nach Wertschätzung, Kontakt, Anerkennung und Sicherheit. Und auch sie wollten dazu beitragen, dass es anderen gut geht. Uns gelang es, dies immer deutlicher zu sehen und auch für alle sichtbar zu machen.

Einige von ihren Bedürfnissen wurden so lange frustriert, dass sie unter ihren scheinbar destruktiven Strategien nur schwer wahrzunehmen waren. Es wurde offensichtlich, dass, solange wir mit professioneller Distanz und pädagogischen Interventionen gegen die Strategien der Jugendlichen arbeiteten, um sie zu verändern, wir wiederum über ihre Bedürfnisse hinweggingen und diese weiter frustrierten. Es ging dann weder um uns, noch um die Jugendlichen oder unsere Beziehung, sondern um ein Konzept oder die Rolle, welche wir einnahmen. Als wir frei von manipulierenden Absichten in einen echten Kontakt gingen, entstand für sie Klarheit, und wir wurden in unserer authentischen Autorität sichtbar.

Es ist eine lohnende Herausforderung, als Mensch in einem sozialen Beruf bei sich selbst zu bleiben und das eigene Erleben und Verhalten zu reflektieren. Die Authentizität und Souveränität, die wir dadurch erlangen, ermöglicht es uns, Räume zu erschaffen, in denen wir auch anderen die Chance geben, Selbstbewusstsein und Vertrauen zu erlangen und selbstbestimmtes Handeln zu entwickeln. Dann sind wir mit dem Leben verbunden und laufen nicht Gefahr, Verantwortung für andere zu übernehmen und zu meinen, dass wir besser als sie wüssten, was gut für sie ist.

Um dieser Gefahr zu entgehen, ist es unbedingt notwendig, die Souveränität der Menschen anzuerkennen. Hilfen sind Angebote, die Freiwilligkeit brauchen. Hilfe gibt es nur auf Anfrage. Die Mündigkeit der Menschen darf nicht in Frage gestellt werden. Wie kann diese Haltung in der Arbeit mit Menschen umgesetzt werden?

Im Konzept der HoDT (Handlungsorientierten Diagnostik und Therapie) von F. Kolster und S. Schnee wird empfohlen, die Teilnehmer*innen dort aufzusuchen, wo sie sind – anstatt sie abholen zu wollen – und dabei gemeinsam zu schauen, was sie brauchen. Zuerst schaffen wir eine vertrauensvolle Verbindung. Dabei bleiben wir nicht auf der Ebene von Konzepten und standardisierten Interventionen, sondern wenden uns den Bedürfnissen zu.

Friederike Kolster erzählte folgende Geschichte: Sie wurde von einem Heim als Beraterin hinzugezogen, in dem es mit einer Bewohnerin Probleme gab. Die Bewohnerin wollte in ein betreutes Wohnen umziehen. In dieser Einrichtung bestand der Grundsatz, die Bewohner*innen, in ihrem selbstständigen Handeln zu unterstützen. Der Wunsch der Bewohnerin nach einem Umzug ins betreute Wohnen wurde damit verknüpft, dass sie sich mehr an den hauswirtschaftlichen Arbeiten wie Tischdecken und Abräumen beteiligen sollte. Das verweigerte die Bewohnerin jedoch immer wieder, und es kam zu Konflikten. Die Mitarbeiter*innen des Wohnbereichs waren ratlos. Für sie war es nicht nachvollziehbar, dass die Frau sich einerseits den Umzug wünschte und an diesem Wunsch festhielt, aber die angebotene Unterstützung, die ihre Selbstständigkeit fördern sollte, so vehement ablehnte.

Frau Kolster fand in einem Gespräch mit der Bewohnerin heraus, dass ihr eigentlicher Wunsch in der Möglichkeit bestand, allein zu essen. Sie war es leid, immer in dem großen unruhigen Speisesaal mit vielen zu essen. Da sie glaubte, dass sie im Wohnbereich nicht um die gemeinsamen Mahlzeiten herumkommen würde, bat sie um den Umzug ins betreute Wohnen, um dort für sich essen zu können. Das Dilemma war, dass von den Mitarbeitenden das Konzept, Bewohner*innen im selbstständigen Handeln unterstützen zu wollen, mit ihrem Wunsch nach einem Umzug verknüpft wurde. Nun verbrachte sie durch das Vor- und Nachbereiten der Mahlzeiten noch mehr Zeit mit dem, was sie eigentlich vermeiden wollte. Die Lösung gestaltete sich dann recht einfach, indem mit ihr erarbeitet wurde, wie sie Mahlzeiten, zu selbst gewählten Zeiten, auf ihrem Zimmer einnehmen kann.

Es braucht immer wieder eine achtsame Reflexion unserer Arbeit, um unsere Rollen zu hinterfragen und Klarheit über die eigene Motivation zu erlangen.

Übung

Folgende Fragen können dabei dienlich sein:
- Wer gibt mir den Auftrag?
- Will mein Gegenüber überhaupt Hilfe?
- Wie gehe ich vor, wenn der Auftrag nicht von der Person kommt, welche die Hilfe erfahren soll? Wie beziehe ich diese Person mit ein, ohne zu manipulieren?
- Stimmen meine und die Vorstellung der Person, die ich unterstütze, hinsichtlich einer erfolgreichen Hilfe überein?
- Welche Bedürfnisse erfüllt mir mein Hilfsangebot?
- Traue ich meinem Gegenüber zu, sich der Herausforderung selbstverantwortlich zu stellen?
- Traue ich mir zu, einen Raum von Mitgefühl, Akzeptanz und authentischer Begegnung zu schaffen?
- Bin ich in der Lage, authentisch zu den gegebenen Themen zu kommunizieren?
- Bin ich bereit, mich meinen Schattenseiten zu stellen, falls diese in meiner Arbeit aktiviert werden?

Dem eigenen Leben einen Sinn geben, als Motivation des Helfens

Eine weitere Motivation zu helfen kann sein, dass es sich für uns gut anfühlt oder dass wir glauben, dass »gute« Menschen helfen sollten. In diesem Fall werden die Menschen, an die sich unsere Hilfe richtet, zu Strategie-Erfüllern für unser eigenes Bedürfnis nach Wertschätzung und Anerkennung.

Natürlich darf es sich gut anfühlen, wenn wir anderen helfen und mit unserer Hilfe erfolgreich sind. Nur sollte dies nicht die einzige Quelle sein, aus der wir unseren Selbstwert und Lebenssinn speisen. Es besteht sonst die Gefahr, dass sich unser Leben einzig um den Job dreht und die Themen der Arbeit auch immer mehr die Freizeit dominieren. Der fehlende Ausgleich durch Ruhe und Entspannung kann zum Burn-out führen.

Daneben gibt es im sozialen Bereich Arbeitsfelder, die von alltäglichen Routinen und Kontinuitäten geprägt sind, die also keine konkreten Ergebnisse, Veränderungen oder Erfolge hervorbringen. Das kann die Betreuung schwer kranker Menschen sein oder die Arbeit in einer Maßnahme für arbeitslose Jugendliche, welche diese als Zwangsmaßnahme erleben und wofür sie keinerlei Eigenmotivation mitbringen. Hier braucht es unsere besondere Aufmerksamkeit, um gut für uns zu sorgen und zu prüfen, auf welcher Ebene uns die Tätigkeit nährt. Dies kann der Kontakt mit den Teilnehmenden sein, die Arbeit im Team oder das Wissen, dass wir auf die Bezahlung angewiesen sind.

Wenn wir die Menschen, mit denen wir arbeiten, dafür benutzen, unser Bedürfnis nach Sinn und Erfolg zu erfüllen, geraten wir in eine Abhängigkeit. Wir brauchen es dann, gebraucht zu werden und messen unseren Erfolg daran, inwieweit die angesprochenen Menschen Fortschritte in ihrem Leben machen. Bleiben diese aus, stellt sich bei uns Frustration ein, und wir erdenken die nächste Intervention, mit der wir unser Gegenüber zu einem nächsten »konstruktiven« Schritt bewegen können. Bleibt eine solche Abhängigkeit von den Fortschritten anderer unbewusst, (miss-)brauchen wir die anderen, um uns selbst Bedürfnisse zu erfüllen.

Als Menschen in sozialen Berufen brauchen wir Erfolge. Die Frage ist, wie wir diese generieren und woran wir Erfolge messen? Können wir unseren Fokus auf das Gelingen richten und die kleinen Schritte feiern? Zum Beispiel, wenn es uns gelingt, eine Verbindung zum Gegenüber herzustellen, wenn wir bemerken, dass ein Mensch uns vertraut, oder wenn es uns gelingt, gut für uns selbst zu sorgen und Bedingungen unserer Tätigkeit zu kreieren, die uns guttun. Ein Erfolg könnte auch sein, genährt und erfüllt in den Feierabend zu gehen.

Es gibt Menschen, die meinen nur dann erfolgreich zu sein, wenn sie sich sehr angestrengt haben und am Ende des Tages erschöpft sind. Eine solche Haltung gilt es zu hinterfragen: Ist diese Strategie wirklich dem Bedürfnis nach Erfolg dienlich und kommen dabei nicht viele weitere Bedürfnisse zu kurz?

Nährend werden soziale Tätigkeiten, wenn wir Erfolg nicht nur an messbaren Dingen wie Teilnehmer*innenzahlen und dem Erreichen von Zielvereinbarungen festmachen. Auch die Atmosphäre, in der wir arbeiten, das Miteinander im Team und wie wir professionelle Beziehungen gestalten, sind entscheidende Faktoren für unsere Zufriedenheit und Erfüllung.

> **Übung**
>
> - Womit generieren Sie Erfolg in Ihrem Job?
> - Wann gehen Sie zufrieden nach Hause?
> - Was macht einen guten Arbeitstag aus?
> - Auf was bei Ihrem Tun sind sie stolz?
> - An welchen Stellen ist ihr persönlicher Erfolg mit den Fortschritten der Menschen verbunden, mit denen Sie arbeiten?
> - Inwieweit sind Sie bereit, dem Gegenüber die Freiheit zuzugestehen, sich dem Entwicklungsschritt zu verweigern oder daran zu scheitern?
> - Was kann Ihnen helfen, Ihren Erfolg vom Erfolg des Gegenübers zu entkoppeln?

Es ist wichtig, dass es auch neben dem Beruf genug Bereiche gibt, die uns nähren, bestätigen und uns einen Sinn geben. Wir können uns regelmäßig fragen, was uns aktuell das Bedürfnis nach Sinn, Wertschätzung oder Wirksamkeit erfüllt. Merken wir, dass der Anteil der beruflichen Themen und die Probleme anderer Menschen zu viel Raum einnehmen, ist eine Bestandsaufnahme empfehlenswert. Dies kann durch eine Einfühlung mit Hilfe der vier Schritte geschehen (vgl. das Kapitel *Mit den vier Schritten der Gewaltfreien Kommunikation zur Bedürfniserfüllung*).

Wenn wir helfen, geben wir etwas. Wir bekommen aber auch etwas zurück. Wir alle kennen Situationen, in denen wir uns als Gebender auch beschenkt erleben. Geben, helfen und für andere da sein, erfüllt viele unserer Bedürfnisse, es gibt uns Sinn und das Erleben, gebraucht zu werden. Wir erleben dadurch Zufriedenheit, Erfüllung und Glück. Damit wir das Glück lange genießen können, braucht es eine Balance zwischen Geben und Nehmen. Wir können uns fragen, ob wir in der Lage sind, um Unterstützung zu bitten und diese dann anzunehmen. Damit geben wir anderen die Möglichkeit, die Freude des Helfens zu erfahren.

Ein guter Freund von mir erfüllte mir jede Bitte und war immer zur Stelle, wenn ich ihn brauchte. Er selbst brauchte scheinbar nie etwas. Ich merkte, wie unangenehm es sich für mich mit der Zeit anfühlte, dass es keine Gelegenheit gab, mein Bedürfnis nach Ausgleich zu erfüllen, indem ich ihm auch mal etwas zurückgeben konnte. Es ging so weit, dass ich Hemmungen entwickelte, ihn um Hilfe zu bitten, weil ich mich unwohl fühlte, wenn er half. Eine schmerzvolle Trennung stellte sein Leben auf den Kopf. Er besann sich mehr auf sich selbst und begann mit einer Therapie. Bald überraschte er mich, indem er auf meine Frage nach Hilfe sagte: »Nein, ich habe keine Zeit.« Und er begann, wenn auch zaghaft, selbst um Unterstützung zu bitten. Das tat mir gut, da ich jetzt darauf vertrauen konnte, dass seine Hilfe von Herzen kam, und ich die Möglichkeit bekam, auch etwas zurückzugeben.

Ein christliches Gebot heißt: »Liebe deinen Nächsten wie dich selbst« (Galater 5.14).

Wir können nichts geben, was wir selbst nicht haben. Und wir sollten uns bewusstmachen, dass es in unserem Leben immer in erster Linie um uns selbst geht. Wir sind uns selbst am nächsten, und alles was wir tun, tun wir, um unsere Bedürfnisse zu erfüllen.

Die Idee, dass es Menschen gibt, die völlig selbstlos handeln, ist ein Mythos.

Das bedeutet nicht, dass wir Menschen selbstsüchtige Egoisten sind, denen der Rest der Welt egal ist. Die GfK geht im Gegenteil von der Annahme aus, dass Menschen soziale Wesen sind, die Freude daran haben, auch zum Wohl anderer beizutragen. Viele unserer Bedürfnisse beziehen sich auf unsere Mitmenschen und unsere Mitwelt. Wir brauchen andere und den Kontakt zu ihnen, um uns selbst zu erfahren – sonst leiden wir. Wir haben sozusagen aus ganz egoistischen Gründen ein Interesse an guten Kontakten und tun gern etwas für andere, das sie in der Erfüllung ihrer Bedürfnisse unterstützt. Auch tragen wir gerne zum Leben Anderer bei, weil uns unser Körper, wie im Kapitel *Bitten* erklärt, mit den entsprechenden Neurotransmittern belohnt. Erinnern wir uns an das schöne Gefühl, das wir hatten, als wir zuletzt jemandem eine Freude gemacht haben! Es fühlt sich gut an und erfüllt unser Bedürfnis nach Sinn. Helfen ist schön!

Zusammenfassung
- Konstruktive Hilfe bezieht sich auf die Lebenswirklichkeit und Bedürfnisse der angesprochenen Menschen.
- Hilfe braucht das Einverständnis der Hilfeempfänger*innen.
- Die Betroffenheit der Helfenden braucht eine Selbstreflexion. Sonst sind wir mit der Not identifiziert und können nicht mehr konstruktiv agieren.
- Gelingende Hilfe braucht Bewusstheit für unsere Schattenthemen.
- Beziehungen auf Augenhöhe implizieren, so, dass wir die Teilnehmenden dort aufsuchen, wo sie sind.

Professionalität

Wenn wir uns beruflich mit etwas beschäftigen, beschreibt dies einen professionellen Kontext. Als professionell Tätige sind Menschen Profis, die wissen, was sie tun, weil sie es gelernt und studiert haben und eine Menge Berufserfahrung mitbringen. Für die meisten Professionen ist dies unumstritten. Eine Besonderheit vieler Berufsgruppen des sozialen Bereichs besteht darin, dass sie noch relativ jung sind. Sie übernehmen heute Aufgaben, die früher von den Familien selbst bewältigt wurden. So ist es nicht verwunderlich, dass immer wieder die Meinung auftritt, dass für soziale Arbeiten keine besonderen Qualifikationen nötig seien, da das doch eigentlich alle können.

Diese Haltung findet auch in politischen Maßnahmen Ausdruck, wenn Menschen, welche völlig andere Berufe erlernt haben und nun mit ihrer Qualifikation durch das Arbeitsamt nicht mehr zu vermitteln sind, im sozialen Bereich angestellt werden. Die Soziale Arbeit kämpft um ihre Akzeptanz als Wissenschaft und als eigenständige Profession, die Erzieher*innen erhoffen, dass mit der akademischen Ausbildung eine höhere Wertschätzung ihrer Tätigkeit einhergeht. Doch zeigen die Einkommen für diese Berufe, welche zum einen höchst anspruchsvoll und zum anderen mit vielen Belastungen verbunden sind, dass es zur verdienten Anerkennung noch ein langer Weg ist.

Auch unter Fachkräften in sozialen Berufen gibt es unterschiedliche Ansichten, was Professionalität in ihrem Arbeitsfeld bedeutet und wie sich professionelles Handeln im Arbeitsalltag gestaltet. Im Zusammenhang mit Letzterem höre ich immer wieder den Anspruch, dass wir Dinge nicht persönlich nehmen sollen. Doch was heißt das? Sollen wir uns hinter einer professionellen Rolle verstecken?

Die Teilnehmerin eines Seminars erklärte mir, dass sie es so versteht: Wenn Dinge passieren, die sie normalerweise als verletzend erleben würde, erinnert sie sich daran, dass nicht sie als Mensch gemeint ist, sondern nur ihre Rolle als Praktikerin.

In der Realität gibt es diese Trennung jedoch nicht. Die professionelle Rolle wird durch die einzigartige Persönlichkeit ausgefüllt, die uns ausmacht. Und jeder Mensch gestaltet die Rolle anders. Wenn Teilnehmer*innen einer Maßnahme Frust entwickeln wegen der Art, wie wir unsere Rolle ausfüllen, wird es schwer auf die Kritik einzugehen und die Wünsche der Teilnehmer*innen ernst zu nehmen, wenn wir uns gar nicht angesprochen fühlen. Es bleibt unklar, wann die Rolle und wann die Person dahinter gemeint ist und wann wer reagieren sollte.

Ein ähnlicher Anspruch ist es, professionelle Distanz zu wahren. Hier bleibt die Frage offen, wer sich von wem distanzieren soll. Sollen wir beim Dienstantritt unsere Persönlichkeit in den Spind hängen, um uns nicht berühren zu lassen?

Die Qualität des lebendigen Menschen sichert das Gelingen sozialer Arbeit. Genau das macht den sozialen Bereich so spannend. Im Gegensatz zu vielen anderen Berufen lässt sich unser Arbeitsfeld nicht so leicht automatisieren. Wir sind nicht durch Roboter zu ersetzen. Eine lebendige Beziehung braucht uns als Menschen, die sich trauen und die bereit sind, auch in ihrer Verletzlichkeit, mit ihrer Unvollkommenheit und in ihrer Einzigartigkeit in Beziehung zu treten. Daher meine Empfehlung, das, was Ihnen im professionellen Kontext geschieht, durchaus persönlich zu nehmen!

Was wären gute Gründe, etwas nicht persönlich zu nehmen? Wenn wir das, was uns begegnet, persönlich nehmen, sind wir mit dem Thema verstrickt und uns fehlt die nötige Distanz, der Überblick, um adäquate Strategien zu entwickeln. Wir reagieren vielleicht emotional, lassen Situationen eskalieren und belasten damit die Menschen, welche wir eigentlich unterstützen sollen, noch mehr. Zudem besteht die Gefahr, das Thema so nah an uns heranzulassen, dass wir es mit nach Hause nehmen, wo es uns weiter beschäftigt. Doch um die Dinge nicht an uns heranzulassen, müssten wir eine dicke Schutzschicht aufbauen. Geht das überhaupt? Laufen wir dann nicht Gefahr, dass wir als Menschen dahinter verschwinden?

Wenn ich empfehle, alles persönlich zu nehmen, meine ich damit, lassen Sie uns berührbar bleiben – dass wir mit offenem Herzen und verletzlich professionelle Beziehungen eingehen. Nur dann können wir die Qualitäten einbringen, welche ich für eine unterstützende und gewaltfreie Beziehung vorgestellt habe. Diese Verletzlichkeit macht uns als Menschen aus. Und wenn uns etwas nah oder sogar zu nah geht, brauchen wir wieder Distanz. Diese herzustellen ist ein innerer Prozess und ein Aspekt professionellen Handelns in unserer Arbeit.

Denn, ja, es ist Arbeit, und ja, es geht um Distanz. Ich hänge meine Persönlichkeit nicht in den Spind und ziehe keine professionelle Maske wie eine Schutzkleidung an. Ich gehe als der Sören, der ich bin, an die beruflichen Herausforderungen. Dies führt dazu, dass mich Dinge, die ich erlebe, treffen und verletzen. Wenn ich bei mir eine Betroffenheit feststellen kann, werde ich wach und nehme mir Zeit, um mich selbst zu klären oder hole mir, wenn nötig, dafür Unterstützung.

Das bedeutet, dass ich mich mit der Ebene des inneren Beobachters in mir verbinde, wie es im Kapitel *Präsenz* beschrieben wurde. Von dort aus beobachte ich, was in mir geschieht. Der erste Schritt ist, dass ich mir meiner Interpretationen bewusst werde, damit ich aus der Identifikation mit diesen aussteigen kann. Ich gehe also auf Distanz zu meinen Urteilen – aber nicht, um sie zu verleugnen. Ich erkenne an, dass ich sie habe, dass sie wichtige Informationen über mich, über meine Werte und Bedürfnisse bereithalten. Dann gebe ich der Möglichkeit Raum, dass sie nicht der ganzen Wahrheit entsprechen.

Diesen Schritt erlebe ich immer wieder als sehr schwer und anstrengend. Ich erlebe es fast so, als ob ich einen Teil von mir verrate. Als ob es einen Teil in mir gibt, der darauf beharrt, dass mein Urteil richtig ist, der andere schuldig ist und es verdient, bestraft zu werden.

Es ist eine Entscheidung, aus dem Drama, das meine urteilenden Gedanken erzeugen, auszusteigen. Dann bin ich wieder auf einer professionellen Ebene handlungsfähig. Ich bleibe zugleich als Mensch im Kontakt, ohne mich hinter Schutzschichten zu verstecken und einen Teil von mir zurückzuhalten. Diese Art des auf Distanzgehens geht mir sehr nah, weil sie mich unmittelbar mit meinen eigenen inneren Dämonen und Ängsten konfrontiert.

In der Auswertungsrunde am ersten Tag eines zweitägigen GfK-Einführungsseminars beschweren sich vier Kolleginnen, die aus derselben

Einrichtung kamen, dass dieses Seminar total schlecht gewesen sei, nicht ansatzweise ihren Erwartungen entsprochen hätte und sie nichts zum Umgang mit schwierigen Situationen gelernt hätten. Ihre Empörung und Kritik brachten sie so unverhohlen und gnadenlos heraus, dass ich sehr betroffen war. Sie schimpften, dass sie sich schon vor anderthalb Jahren zu diesem Seminar angemeldet hätten, durch eine Terminverschiebung so lange haben warten müssen, dass sie weit gefahren seien und dass sich nun gezeigt habe, dass es reine Zeitverschwendung war und sie auf gar keinen Fall wiederkommen würden.

In mir tobten wütende Gedanken: »Wie respektlos die Teilnehmerinnen mich hier ansprechen – wenn das andere mit ihnen machen würden – sie benehmen sich genauso wie die Menschen, über die sie klagen – sie warten seit anderthalb Jahren und haben es nicht geschafft, sich zu informieren, was GfK bedeutet – die machen eh nicht den Eindruck, dass sie etwas lernen wollen, wenn es darum geht, ihr eigenes Denken und Handeln zu reflektieren – die wollen doch nur ein paar Zaubertricks, damit sie die Jugendlichen besser dressieren können und ihre Ruhe haben ...« und in dem Tenor sprudelte es weiter in meinem Kopf. Es gab einen starken Impuls, die Frauen deutlich spüren zu lassen, was ich von ihnen hielt: »Die sollen doch mal sehen, wie es sich anfühlt, verurteilt zu werden.« Aus der Perspektive des inneren Zeugen konnte ich all diese verurteilenden und trennenden Gedanken wahrnehmen.

Ich atme tief aus und entschied mich, dem Impuls, mich zu verteidigen, indem ich die Schuldvorwürfe zurückgebe, nicht zu folgen. Mit dem Atem wurde es weiter in mir und ich konnte den Raum in mir wahrnehmen, der nicht betroffen war und der den Frust der Frauen akzeptieren konnte. Trotzdem wurde für die Teilnehmenden sichtbar, dass mich die Kritik berührte. Aus dieser Berührung heraus fasste ich das Gehörte zusammen: »Sie sind also gerade sehr frustriert, da Sie heute mit etwas ganz anderem gerechnet haben. Die Dinge, die wir heute behandelt haben, haben Ihre Fragen nicht beantwortet. Sie sind von weither gekommen und haben einen ganz schönen Aufwand betrieben, um die Teilnahme am Seminar zu ermöglichen. Nun sind Sie ziemlich enttäuscht, dass es sich nicht ansatzweise gelohnt hat. Und Sie überlegen, morgen nicht wiederzukommen. Für sie hat das Training, wie sie mit herausfordernden oder eskalierten Situationen umgehen können, gefehlt.« Darauf nickten die Frauen und antworteten: »Ja, genau.«

Spannend an der Situation war vor allem, dass im Raum noch andere Teilnehmer*innen saßen, die bis hierher für das Thema gewonnen waren und die nun sehr neugierig waren zu sehen, wie ich reagierte. Ich sagte am Ende der Auswertungsrunde, dass am morgigen Tag das Training anhand von Praxisbeispielen geplant ist und verabschiedete die Gruppe.

Nachdem die Gruppe gegangen war, wollte der Teil in mir, der betroffen war, Raum haben und meine Kollegin gab mir eine Einfühlung. Diese begann damit, dass ich zunächst in Form einer Ärgershow kräftig Dampf ablassen konnte. Als der Großteil des Ärgers verdampft war, zeigte sich auch meine Trauer und meine Angst, vor der Gruppe zu versagen. Dies führte mich zu dem Teil in mir, der sich trotz des Risikos und der schmerzvollen Erfahrungen des Scheiterns immer wieder traut, vor einer Gruppe zu stehen. Damit kam ich an den Punkt, wo meine Urteile über die Frauen restlos an Kraft verloren, und ich wurde weich.

Die schöne Überraschung am nächsten Morgen war, dass die Frauen die weite Reise tatsächlich noch einmal auf sich genommen hatten und die Gruppe wieder vollständig war. Durch die Einfühlung am Vorabend war auch ich ganz geklärt und konnte den Frauen frei von jeglichem Groll begegnen. Diese machten in der Arbeit mit den Praxisbeispielen für sich wertvolle Erfahrungen und verließen bereichert und zufrieden das Seminar.

Um Verbindung herzustellen und Verständnis zu schaffen, braucht es unsere ganze Persönlichkeit, die auch im professionellen Kontext sichtbar wird. Konflikte, sei es in Teams oder mit den angesprochenen Menschen, können nur im Kontakt aufgelöst werden. Uns geht Energie verloren, wenn wir unsere Betroffenheit, Probleme oder Konflikte hinter einer Maske verbergen. Das ist alles andere als professionell. Ein Großteil unserer Energie ist dann in dem Prozess des Verschleierns gebunden. Viele Belastungen, die wir von unseren beruflichen Tätigkeiten mitnehmen, haben ihren Ursprung darin, dass wir bestimmte Anteile unserer selbst abtrennen und glauben, für diese gäbe es im professionellem Kontext keinen Raum.

Natürlich sind wir im Beruflichen mit anderen Aufgaben betraut als im Privaten, was wiederum unterschiedliche Aspekte unseres Menschseins betont. Wir sind jedoch eine Person. Dem, was uns wichtig ist, was unsere Werte betrifft, und dem, was emotional etwas in uns auslöst, werden wir auch in so einem wichtigen Feld wie unserer Arbeit begegnen. Solche Auslöser können wir nicht dauerhaft von uns fernhalten.

Nähe und Distanz

Auch wenn wir uns erlauben, mit unserer ganzen Persönlichkeit in den Kontakt zu gehen, bleibt die Frage, wie nah uns der angesprochene Mensch kommt: Welche Erwartungen hat er an uns? Wie gestaltet sich der Kontakt? Beschäftigen uns seine Anliegen auch über den beruflichen Rahmen hinaus?

Bei Menschen, die selten oder nie Mitgefühl erlebt haben, kann eine Sehnsucht nach mehr davon ausgelöst werden. Wir als Mitgefühl-Gebende werden dann zur Lieblingsstrategie für das Gegenüber. Als Professionelle sind wir hier in unserer Klarheit gefragt, dem Gegenüber unseren Auftrag und die Grenzen desselben zu kommunizieren. Diese Klarheit brauchen wir auch für uns selbst.

Welcher Abstand ist notwendig, damit wir unseren Auftrag erfüllen können und uns wohl und sicher im Kontakt fühlen? Je näher uns Menschen stehen, desto schneller kann es passieren, dass wir uns verstricken und ihr Anliegen zu unserem wird. Dann empfinden wir die Beziehung oder das Thema als belastend. Wir brauchen in solchen Situationen die Präsenz für unser inneres Erleben und das Bewusstsein für unsere Bedürfnisse, um unsere Grenzen wahrzunehmen und in angemessener Weise auszudrücken.

Während des Studiums arbeitete ich in einem Projekt der unabhängigen Sozialhilfeberatung. Der Auftrag war, die Anliegen der Menschen zu verstehen und ihnen eine fundierte Rechtsberatung zu geben. Doch kam es immer wieder vor, dass Menschen zu uns kamen, die offensichtlich selten eine Gelegenheit hatten, ihre Geschichte zu erzählen. Diese ging dann weit über die für eine Rechtsberatung wichtigen Informationen hinaus. Und es ging auch über unsere persönlichen Grenzen. Aus Höflichkeit und Mitleid hörten wir immer weiter zu. Am Ende waren wir völlig erschöpft und erschlagen von der Ungerechtigkeit des Systems. Wir waren in die Geschichten mit eingestiegen. Hilfreiche Impulse konnten wir von hier nicht geben. Dafür fühlten wir uns jetzt genauso elend wie die andere Person.

Einem Menschen unsere Aufmerksamkeit zu schenken und ihm mit Mitgefühl zu begegnen, ist etwas anderes, als mitzuleiden (siehe dazu das Kapitel *Empathie*). Das präsente Zuhören unterstützt die mitfühlende Haltung und schützt uns gleichzeitig vor dem Mitleiden. Wenn uns Menschen ihre tragische Situation erzählen und von der Ausweglosigkeit berichten, kann es sein, dass das ganze Elend uns selbst zu belasten beginnt und sich sogar die körperlichen Phänomene, wie Anspannung und Stress, übertragen. Nach so einem Gespräch kann ein Mensch sich vorkommen wie ein emotionaler Mülleimer, der bis über den Rand vollgepackt wurde mit erdrückend schweren Geschichten.

Beim mitfühlenden Zuhören fokussieren wir uns mit unserer Aufmerksamkeit auf die Gefühle und Bedürfnisse. Die Geschichten sind wie Gefäße, mit denen Menschen der Welt mitteilen, wie es ihnen gerade geht und was sie brauchen. Das heißt, dass die Geschichten oft gar nicht so bedeutsam sind oder sogar austauschbar. Ihr Zweck ist es, die Gefühle und Bedürfnisse zu transportieren. Auf diese richten wir beim mitfühlenden Zuhören unsere Aufmerksamkeit und erkunden, welche Aussagen uns Auskunft darüber geben, was unser Gegenüber braucht. Zum Beispiel: Klagt ein Mensch, dass er zu viel Stress hat, fehlt ihm wohl Ruhe; beschwert er sich, dass das Amt ihm mit Kürzungen droht, geht es wahrscheinlich um Sicherheit. Gleichzeitig achten wir darauf, welche Aussagen uns Hinweise geben, wie dieser Mensch sich fühlt. Wenn er zum Beispiel sagt »Ständig diese Drohungen, das setzt mich voll unter Druck«, dann können wir hören, dass dieser Mensch vielleicht Angst hat, in großer Not oder verzweifelt ist.

Damit dies gelingt, hören wir mit allen Sinnen zu, denn die Gefühle und Bedürfnisse werden oft auch durch nonverbale Signale kommuniziert. Wir registrieren bewusst die Gestik und Mimik, die Körperhaltung, die Tonlage und die Wortwahl. Wenn es der Rahmen erlaubt, prüfen wir durch Paraphrasieren, ob wir die Essenz des Gesagten und die dazugehörigen Gefühle und Bedürfnisse richtig verstanden haben.

Zudem achten wir darauf, was das Gesagte in uns auslöst. Wir beobachten also beim Zuhören auch uns selbst und nehmen präsent unsere Gedanken wahr. Oft beginnen diese, während wir zuhören, mit inneren Dialogen, die das Gehörte bewerten oder uns von Situationen erzählen, in denen wir Ähnliches erlebt haben. Häufig entwickeln diese Gedanken auch Lösungsvorschläge für das Gegenüber. All das kann und darf geschehen. Doch ist es hilfreich, dies zu bemerken und uns bewusst zu machen, dass unsere Gedanken einen Teil unserer Aufmerksamkeit absorbieren.

Um mit der Aufmerksamkeit wieder ganz beim Gegenüber zu sein, können wir uns an das Regal in unserem Hinterkopf erinnern (siehe Kapitel *Präsenz*). In diesem Regal können wir die Gedanken zwischenlagern. Falls diese noch Aufmerksamkeit brauchen, können wir uns nach dem Gespräch mit ihnen befassen.

Oft sind wir verleitet, sehr auf den Inhalt der Geschichten zu achten, doch bleibt das präsente Zuhören nicht darauf beschränkt. Unsere präsente und akzeptierende Haltung, beim Zuhören vom Platz des*der inneren Beobachter*in aus, verhindert, dass wir in die Geschichte und in den mit ihr verknüpften emotionalen Strudel hineingerissen werden. Zudem führt das auf Bedürfnisse und Gefühle fokussierte Zuhören, in Verbindung mit dem bereits vorgestellten Paraphrasieren des Gehörten, oft schon zum Abbau von Spannungen im Gegenüber und verhindert so auch die Übertragung derselben auf uns Zuhörende. Das präsente Zuhören, braucht eine hohe Konzentration, denn wir achten auf viele Dinge gleichzeitig, sodass wir nach so einem Prozess durchaus erschöpft sein können und eine Pause brauchen. Doch ergibt sich in meinem Erleben ein erfülltes und zufriedenes Gefühl, statt ausgelaugt und selbst belastet zu sein.

Übung

Präsentes Zuhören
Nutzen Sie die nächstbeste Gelegenheit, sich im Zuhören zu üben oder finden Sie ein Gegenüber, welches sich bewusst mit Ihnen zum Üben verabredet.
   Wenn ein Mensch beginnt, Ihnen etwas von sich zu erzählen,

treffen Sie die Entscheidung, zuhören zu wollen, und sagen Sie zu sich selbst: »Ich bin jetzt ganz für dich (mein Gegenüber) da!«

Dann verbinden Sie sich mit Ihrem Atem und spüren Ihren Körper. Nehmen Sie wahr, was Sie gerade fühlen, und beobachten Sie Ihre Gedanken.

Achten sie darauf, wenn diese Ihre Aufmerksamkeit vom Gegenüber wegziehen, und probieren Sie verschiedene Dinge aus, die Ihnen helfen, mit der Aufmerksamkeit wieder ganz beim Gegenüber zu sein (mit dem Regal arbeiten, bewusst atmen, den Körper spüren, ...).

Versuchen Sie, herauszufinden, wie es der Person gerade geht, wenn sie erzählt, und um welche Bedürfnisse es geht.

Spiegeln Sie das Gehörte, indem Sie die Essenz dessen, was Sie gehört haben, wiedergeben.

Beim Spiegeln können Sie »fragend« Vorschläge für Gefühle und Bedürfnisse unterbreiten, welche Sie vermuten.

Wie viel wir von uns preisgeben oder wie weit wir Menschen auch an unseren persönlichen Themen teilhaben lassen, ist kontextabhängig und eine persönliche Entscheidung. Diese sollte mit Bedacht getroffen werden. Sich als ganze Person in die Beziehung einzubringen, ist, wie schon im Kapitel *Authentizität* beschrieben, keine Aufforderung zur permanenten Selbstoffenbarung. Es geht darum, dass wir darauf verzichten, eine Rolle zu spielen und uns und den anderen etwas vorzumachen. Wir sind uns unseres inneren Erlebens bewusst und können dies angemessen kommunizieren.

Auf keinen Fall sollten wir die Menschen, mit denen wir arbeiten, mit unseren Konflikten und Schattenthemen behelligen. Für diese Aufarbeitung können wir uns Unterstützung, z. B. in Form von Supervision, holen.

Wenn uns ein Thema oder ein Mensch zu nah kommt, können wir uns distanzieren und uns und das Gegenüber dadurch schützen. Distanz schafft Raum. Raum für authentische Begegnung. Nähe und Distanz sind keine Widersprüche, die in Konkurrenz stehen. Es sind zwei Pole, und die wollen gut ausbalanciert sein. Es braucht in jeder Beziehung den passenden Abstand zwischen zwei Menschen, und der ist nie statisch. Es ist ein organischer Prozess, der in jedem Moment neu austariert werden will. Die Frage lautet: Wie viel Abstand tut mir jetzt gut?

> **Übung**
>
> Reflektieren Sie:
> - In welchen Beziehungen gelingt es Ihnen leichter, den passenden Abstand herzustellen – in den privaten oder den beruflichen Beziehungen?
> - Was tun Sie konkret, um den stimmigen Abstand zu ermöglichen – z. B. sich Zeiten des Alleinseins einräumen, Einladungen aussprechen, Anfragen ablehnen können, um Hilfe bitten …
> - Was fällt Ihnen leichter: Nähe oder Distanz?

Professionalität und Ansprüche

»Alles was nicht nur informiert, sondern affektiert, kann auf einen Schatten hinweisen.« (mündliche Aussage von Habecker, 2014)

Das Wort »Professionalität« kann missverstanden werden in dem Sinne, dass man alles richtig machen und perfekt sein will. Immer wieder höre ich den Satz: »Als Professionelle sollten wir …«. Solche Ansprüche machen einen enormen Druck. Wenn wir uns als Menschen vollständig in unsere Berufung begeben, dann werden wir dort auch mit unseren Schwächen, Fehlern und unserem Scheitern konfrontiert. Eine professionelle Haltung impliziert nach meinem Verständnis keinen Perfektionismus, sondern vielmehr einen bewussten Umgang mit Kompetenz, Mandat und den eigenen Grenzen. Im Folgenden wird das Spannungsfeld zwischen professioneller Rolle und authentischem Sein betrachtet.

Alles, was durch unsere Sinne in unser inneres Erleben hineinströmt, ist zunächst mal bloße Information. Jeder Affekt, jede emotionale Reaktion, die diese Information in uns auslöst, hat etwas mit unserer Persönlichkeit zu tun. Unsere Schattenthemen sind emotionale Themen, die wir in der Vergangenheit noch nicht gelöst haben und die durch Auslöser im Hier und Jetzt aktiviert werden. Die emotionalen Muster, die in uns ausgelöst werden, können z. B. Rettungsimpulse oder auch Abwehr in Form von Ärger umfassen.

Der Hinweis, dass alles, was uns nicht nur informiert, sondern affektiert, etwas mit uns selbst zu tun hat, ist umso wertvoller, da wir mit ihm wieder bei uns selbst landen, auf unserem »eigenen Teller«. Er ist wie ein Stoppzeichen, um unsere Aufmerksamkeit nicht auf das Gegenüber zu richten und zu analysieren, was mit ihm nicht stimmt, sondern uns uns selbst in einfühlsamer Weise zuzuwenden und unsere Gefühle und Bedürfnisse bewusst wahrzunehmen.

Viele dieser Impulse, seien sie darauf aus, jemanden zu retten oder etwas abzuwehren, geschehen unbewusst. Es sind Handlungen oder Formen der Kommunikation, die mit dem Treibstoff des Vergangenen wie automatisiert aus uns kommen.

Nachdem ich mich schon eine Weile mit der GfK beschäftigt hatte, erlebte ich eine Situation, in der ich mich aus der Instanz des inneren Zeugen dabei beobachten konnte, wie ich eine Konfliktsituation eskalieren ließ. Ich konnte aus der Dynamik noch nicht aussteigen, aber ein erstes Bewusstsein für meine Verantwortung an einer destruktiven Auseinandersetzung kam ans Licht.

In dem wir uns uns selbst zuwenden, können uns auch Gedanken in unserem Inneren auffallen, die uns bewerten, verurteilen oder antreiben. In der gleichen Weise, wie wir anderen zuhören, können wir uns selbst zuhören. Dabei lernen wir Anteile kennen, die als innere Richter*in, Kritiker*in oder Antreiber*in bezeichnet werden können. Sind wir uns ihrer nicht bewusst, haben wir eine kritische Stimme in uns, die wir gar nicht so recht bemerken. Dann beeinflusst diese maßgeblich die Wahrnehmung unserer selbst und unserer Umwelt.

Auch die Urteile der anderen bekommen dann Gewicht, wenn sie mit unserer*unserem inneren Kritiker*in in Resonanz gehen und so die eigene Selbstverurteilung bestärken. Doch Bewertung und Verurteilung schafft auch in uns selbst Abtrennung: Wir können so unsere Gefühle und Bedürfnisse nicht mehr wahrnehmen, weil sie von der Lautstärke der selbstverurteilenden Gedanken übertönt werden.

Eine Strategie, um abwertende Urteile zu vermeiden, könnte darin bestehen zu versuchen, so zu sein, wie ich glaube, dass die anderen mich haben wollen.

Das ist aber nicht möglich. Mir passiert immer mal wieder etwas, das nicht hätte passieren sollen, was sich als unangemessen oder falsch herausstellt. Dann begegne ich meiner Scham und meinem inneren Kritiker mit seinen urteilenden Gedanken: »Hab' ich doch gleich gewusst, dass ...!« oder »Was fällt dir ein?« Die Begegnung mit der Scham und dem Kritiker lösen in mir Angst und Abwehr aus.

Die Funktion der Scham liegt darin, uns davor zu beschützen, uns auf eine Weise zu verhalten, die andere ablehnen. So hält meine Angst vor der Scham mich davon ab, etwas Neues zu tun, bei dem ich mir nicht sicher sein kann, dass es gelingt. Läuft dann doch etwas schief, ist meine reflexhafte Reaktion, dass ich mich rechtfertige, Ausreden erfinde oder jemand anderem die Verantwortung zuschiebe, um das Erleben der Scham abzuwehren. Genau dies führt dann meistens zu trennenden Situationen.

Während meines Studiums machte ich eine wichtige Erfahrung zum Thema »Umgang mit Fehlern und Scheitern«. Damals passierte etwas anderes: Ich folgte nicht dem Impuls, die Scham abzuwehren, sondern blieb mit ihr im Kontakt.

Ich stellte zwei Kommilitoninnen eine Übung vor, welche ich bei einem Seminar kennengelernt hatte. Mit dieser Übung hatte ich eine großartige Erfahrung gemacht, und diese wollte ich nun weitergeben. Ich leitete die Übung an und sie ließen sich darauf ein. Es war eine Übung mit Körperkontakt und sie erforderte, mit der Aufmerksamkeit zum inneren Erleben zu gehen, also etwas, was eher nicht alltäglich ist.

Wir waren in ihrer WG, und sie setzten sich auf ein Bett. Durch die Übung entstand zwischen den beiden so viel Nähe, dass sie sich nicht mehr sicher fühlten. Die beiden reagierten auf die durch die Intimität entstandene Spannung, indem sie begannen, zu lachen und sich über die Übung lustig zu machen. Als ich dies bemerkte, war es schon zu spät und mir war es sehr unangenehm. Da mir die Übung und die Erfahrung, die ich gemacht hatte, so unheimlich viel bedeuteten, verstärkte die Reaktion der beiden meine Scham. Es war schrecklich, und ich konnte merken, wie in mir der Impuls aufstieg, dagegen ankämpfen zu wollen und die beiden zu verurteilen. Gleichzeitig ging in mir ein anderer Raum auf, wie ein dunkler tiefer Abgrund. Etwas in mir entschied sich für den Abgrund und damit für die Scham. Ich versank in ihr und blieb mit dem schrecklichen Gefühl und dem Wunsch, im Boden versinken zu wollen, sitzen. Mir wurde heiß, und die Zeit schien still zu stehen. Dann kamen mir Tränen. Als die beiden dies bemerkten, wurden sie still. Aus mir brachen Worte, die beschrieben, wie unangenehm es mir gerade ist, und wie sehr ich es bedaure, die Übung hier gezeigt zu haben, da dies wohl der falsche Moment bzw. Ort war, um transportieren zu können, was die Übung mir bedeutete. Ich sagte auch, dass ich Angst hätte, dass sie mich jetzt für einen Spinner hielten. Jetzt hatten wir alle Tränen in den Augen und eine der beiden meinte darauf, »Danke – jetzt wird es gerade menschlich«. Statt zu trennen, hat das Annehmen der Scham eine tiefere Verbindung ermöglicht.

In meiner heutigen Tätigkeit als Seminarleiter stelle ich mich mit meinen Botschaften, welche mir große Herzensanliegen sind, vor Menschen und gehe damit jedes Mal aufs Neue das Risiko ein, zu scheitern. Wenn ich diese nicht erreiche oder auf totale Ablehnung stoße, bedient das meine größte Angst. Und es gibt jedes Jahr ein bis zwei Momente, wo diese Angst bedient wird.

Die Möglichkeit des Scheiterns hält mich wach, lässt mich aufmerksam sein, sowie ernsthaft und mit einer gewissen Demut an meine Arbeit herangehen.

Außerdem lernt ein Teil in mir, immer mehr mit diesem Scheitern umzugehen und mich im Nachhinein nicht mehr so lang und intensiv zu geißeln, sondern liebevoller mit mir zu sein. Dabei unterstützt mich folgende Übung mit dem*der inneren Kritiker*in.

Übung

Der*Die innere Kritiker*in
Erinnern Sie eine Situation, mit deren Verlauf Sie unzufrieden sind und in der Sie im Nachhinein urteilende Gedanken über sich selbst haben. Diese Gedanken beginnen vielleicht mit »Hätte ich nur …« oder »Wie konnte ich …«.

- Skizzieren Sie die Situation, indem Sie aufschreiben, was passiert ist.
- Was sind die Urteile des*der inneren Kritiker*in?
- Geben Sie dieser Stimme Mitgefühl: Finden Sie heraus, für welche Bedürfnisse sie eintritt. Notieren Sie sich diese!
- Wie fühlen Sie sich jetzt?
- Erforschen Sie nun, was Sie veranlasst hat, in der Situation genau so zu handeln, wie Sie es getan haben. Geben Sie auch diesem Anteil Mitgefühl, indem Sie sich fragen:
- Was war Ihre ursprüngliche Motivation, genau so zu handeln?
- Was wollten Sie erreichen?
- Welches Bedürfnis wollten Sie sich damit erfüllen?
- Notieren sie auch dies!
- Wie fühlen Sie sich jetzt?
- Gehen Sie einen nächsten Schritt, indem Sie sich fragen, mit welchen Strategien Sie den Bedürfnissen des Kritikers*der Kritikerin und dem Anteil, der spontan gehandelt hat, gerecht werden.

Werden der*die Kritiker*in und der Teil, der uns so hat handeln lassen, gehört, entsteht ein Raum, in dem wir aus dem Selbsturteil heraus und ins Bedauern kommen können. Im Mitgefühl für uns selbst erkennen wir, für welche Bedürfnisse und Werte sich die beiden Anteile einsetzen. Aufmerksamkeit und Mitgefühl ermöglichen einen respekt- und liebevollen Umgang auch mit unseren Fehlern und Schwächen.

Dadurch, dass ich auf die Bedürfnisse des Kritikers achte, wird dieser immer milder mit mir, und ich werde mit mir selbst immer liebevoller. So gibt es öfter Momente, in denen ich mir eine Erlaubnis zum Scheitern geben kann. Es ist, als ob mein*e Kritiker*in sagt:»Probiere es aus, und wenn es nicht funktioniert, werden wir herausfinden, woran es lag und es beim nächsten Mal besser machen.« In diesen Momenten bin ich selbstsicher und kann mein Bestes geben – nicht aus Angst vor dem Scheitern, sondern aus Lust am Ausprobieren.

Immer dann, wenn wir uns zeigen, in Beziehung mit Menschen gehen, etwas Neues ausprobieren oder etwas wagen, besteht die Möglichkeit, dass wir zurückgewiesen werden, in eine Situation kommen, die uns peinlich ist oder über die wir uns im Nachhinein ärgern. Dafür braucht es auch die Bereitschaft, mal nicht gut auszusehen, sich zu blamieren und zu seinen Fehlern zu stehen, also verletzlich zu sein und auf Kontrolle zu verzichten.

Während ich diese Zeilen zum Thema *Scheitern* schreibe, taucht die Frage in mir auf, inwieweit dieser Abschnitt für Sie hilfreich ist oder ob er am Ende, wie so viele andere Textentwürfe, gar nicht verwendet werden kann. Doch diesen Text zu schreiben, ist nötig, um neue Gedanken und Bilder zu entwickeln. Nur wenn der Gedanke aufgeschrieben ist, werde ich herausfinden, ob er das Buch bereichert oder nicht. Ich schreibe also mit dem Risiko, dass dies hier direkt im Papierkorb landet oder im schlimmsten Fall starke Ablehnung bei Ihnen als Leser*in hervorruft: »Alles, was es wert ist, getan zu werden, ist es auch wert unvollkommen getan zu werden.« (wird Rosenberg zugesprochen).

Wir sind in unserer professionellen Rolle als Menschen vor anderen sichtbar. Auch die Anteile unserer Persönlichkeit, die wir am liebsten verbergen möchten, wirken durch uns. In unserer Authentizität werden wir als Mensch für unser Gegenüber wahrnehmbar und berührbar. Es kann sich eine konstruktive und heilsame Beziehung entwickeln. Auch für uns selbst sorgen wir damit auf die beste Weise.

Die Erlaubnis, Fehler machen zu dürfen, sowie unserer Verletzlichkeit und unserer Schwäche zu begegnen, macht uns frei und sicher. Damit geben wir dem, wovor wir am meisten Angst haben und was wir am liebsten vermeiden würden, die Erlaubnis, da zu sein. Das erspart uns den Druck, irgendwie sein zu müssen oder uns etwas vorzumachen. Je mehr wir zu uns selbst stehen, desto weniger müssen wir uns anstrengen, weil es nicht mehr darum geht, etwas darzustellen, was wir nicht sind. Wir sind dann einfach da, und es entsteht eine Atmosphäre des Annehmens und Vertrauens.

In der Teamarbeit ist mir diese Atmosphäre wichtig. Ich trage zu dieser Atmosphäre bei, indem ich zu meinen eigenen Fehlern, Zweifeln und Schwächen stehe. Ich zeige mich auch damit und gebe den Anspruch, ein perfektes Vorbild sein zu müssen, auf. Dies gilt ebenso für die Rolle der Teamleitung. Wir sind Vorbilder, wie auch immer wir uns verhalten. Sobald wir einen bestimmten Eindruck vermitteln wollen, der uns nicht entspricht, ist das Bild, das wir vermitteln, das eines Menschen, der gern ein anderer wäre. Ich finde es sinnvoller, zu Authentizität zu ermutigen, denn »Wenn man einem Kind Moral predigt, lernt es Moral predigen […].« (Miller, 1983, S. 119).

Während der Zeit, in der ich mit meiner Kollegin ein Kinder- und Familienzentrum leitete, war es uns ein hohes Anliegen, eine vertrauensvolle Teamkultur zu entwickeln, in der sich alle auch mit ihren Schwächen, Ängsten und Stärken zeigen konnten. Dazu trug unsere Bereitschaft bei, unsere Ängste und Zweifel miteinander und mit dem Team zu teilen. Vor den regelmäßigen Teamberatungen, in denen wir Organisatorisches klärten, gab es Runden, in denen wir uns über die Dinge austauschten, welche uns auf menschlicher Ebene bewegten und Einfluss auf unsere Arbeit hatten. Es hatte sich gezeigt, dass die organisatorischen Fragen viel schneller gelöst werden konnten, sobald auf der zwischenmenschlichen Ebene alles geklärt war. Diese Runden konnten bei Bedarf auch spontan einberufen werden. So wurden unsere Mitarbeiter*innen damit vertraut, sich auch verletzlich zu zeigen und über Gefühle zu reden.

In einer dieser Runden traute sich unsere Praktikantin uns mitzuteilen, dass sie fast ein Kind geschlagen hätte. Sie war sich sicher, dass sie es sich in ihren bisherigen Praktikumsstellen nicht hätte trauen können, dies anzusprechen.

Ich war selbst schon einmal an einen Punkt gekommen, an dem ich so fassungslos und wütend war, dass ich um ein Haar handgreiflich geworden wäre. Damals hatte ich mich ebenfalls meiner Anleiterin offenbart. Doch statt Mitgefühl, Verständnis und Unterstützung zu geben, erklärte mir diese, dass so etwas unter keinen Umständen akzeptabel wäre. Sie schien wütend darüber zu sein, dass ich sie durch meine Offenbarung zur Mittäterin machte. Von diesem Zeitpunkt an überlegte ich mir gut, was ich mit ihr teilte und was nicht.

In der Runde mit der Praktikantin musste nichts versteckt werden, wodurch die Situation aufgearbeitet werden konnte. Die Praktikantin war erschrocken über sich selbst und fragte sich, ob sie für diesen Job wirklich geeignet sei. Sie hätte diese Intensität der Wut nie für möglich gehalten und schämte sich gleichzeitig sehr, da sie Gewalt zutiefst verabscheute.

Dadurch, dass sie sich sicher sein konnte, nicht verurteilt zu werden, konnte sie sich zeigen und wir konnten sie unterstützen, herauszufinden, was genau der Auslöser für ihre heftige Reaktion war. Gemeinsam überlegten wir Strategien, die ihr helfen konnten, in einer ähnlichen Situation ruhig zu bleiben. Mir als Leitung gab dies die Sicherheit, dass die Kolleg*innen sich an mich wenden, wenn sie nicht mehr weiterwissen, in Schwierigkeiten geraten oder wenn Dinge passieren, welche so nicht sein sollten.

Stigmatisierungen vermeiden und einen Umgang mit eigenen Urteilen finden

Ein weiterer Anspruch an Professionalität in der sozialen Arbeit ist, dass wir Stigmatisierungen vermeiden und Menschen immer wieder eine neue Chance geben. Es ist im Sinne der GfK auf Urteile zu verzichten und sich immer wieder unvoreingenommen für die Menschen zu öffnen. Wird daraus ein Anspruch abgeleitet, kann genau dies die gewünschte Offenheit verhindern.

Mir sind immer wieder Menschen begegnet, die behaupteten, sie hätten keine Urteile und würden anderen auch nichts nachtragen. Am schwierigsten empfand ich die Einstellung zweier Pädagoginnen, welche in einem Workshop die Situation mit einem Jungen bearbeiteten. Dieser war sehr aggressiv geworden und verließ die Situation mit einem Heulkrampf. Es wurde offensichtlich, dass die Art, wie sie ihm begegnet waren, sehr zur Eskalation beigetragen hatte. Gleichzeitig äußerten sie immer noch negative Urteile über diesen Jungen. Auf meine Frage, ob sie bereit wären, mit den Urteilen zu arbeiten und ein Klärungsgespräch vorzubereiten, um die Vertrauensbasis mit dem Jungen wiederherzustellen, wehrten sie beide Vorschläge ab. Sie waren der Meinung, dass in ihrer Einrichtung der Grundsatz gelte, dass sie keinem etwas nachtragen. Dies schloss für sie weitere Gespräche über die Situation aus. Diese Haltung erstaunte mich sehr, denn ich hatte den Eindruck, dass sie die Urteile und Emotionen in Bezug auf die Situation durchaus noch in sich trugen und dass diese die Arbeit mit dem Jungen belasteten.

Wir sind mit der Tatsache konfrontiert, dass wir nicht frei von Urteilen und Bewertungen sind.

Die GfK stellt mit der Beobachtung eine neue Möglichkeit dar, unsere innere Wirklichkeit und das äußere Geschehen wahrzunehmen. Dazu braucht es Ehrlichkeit mit uns selbst. Dies beinhaltet die Erlaubnis, Urteile haben zu dürfen, ohne uns dafür zu verurteilen. Erst wenn wir in der Lage sind, unsere eigenen Urteile über andere und auf sie gerichtete Zuschreibungen anzuerkennen, können wir mit ihnen arbeiten und die dahinterliegenden Bedürfnisse aufschlüsseln.

Halten wir das, was wir denken, ohne Reflexion für »die Wahrheit«, können sich Urteile und Bewertungen zu Stigmatisierungen verdichten. Es entstehen dann unveränderliche Zuschreibungen, auf einen Menschen bezogen. Dadurch werden sowohl seine Komplexität als auch seine Entwicklungsfähigkeit nicht mehr gesehen. In sozialen Berufen können Stigmatisierungen sowohl Kolleg*innen, wie auch die angesprochenen Menschen betreffen.

Eine Floskel im Feld sozialer Berufe lautet: »Die innere Einstellung schlägt immer durch!« Unser inneres Erleben, die Einstellungen, Gedanken und Gefühle bezogen auf ein Gegenüber werden von uns meist unbewusst transportiert, aber von diesem wahrgenommen. Erst wenn die innere Einstellung dem äußeren Ausdruck entspricht, wird Letzterer als stimmig und authentisch vom Gegenüber erlebt.

Um im professionellen Feld einen Umgang mit den auftretenden Urteilen zu finden, haben sich in unserer Praxis folgende Schritte bewährt:

Der erste Schritt besteht darin, uns einzugestehen, dass auch wir (Vor-) Urteile und Bewertungen in uns haben, die die Beziehung zu den angesprochenen Menschen beeinflussen. Mit dieser Bewusstheit können wir dem Anteil, der in uns urteilt, zuhören und wahrnehmen, welche Gefühle in uns auftauchen, um die Bedürfnisse dahinter zu erkennen.

Es ist hilfreich, wenn in einem Team oder einer Einrichtung ein bewusster Umgang mit diesen menschlichen Reaktionen gegeben ist. Wertschätzung und Akzeptanz zu idealisieren, kann jedoch dazu führen, dass eine authentische Begegnung zwischen Kolleg*innen nicht möglich ist.

Der zweite Schritt ist die Auseinandersetzung mit dem Urteil: In dem eben schon beschriebenen Kinder- und Familienzentrum, in dem ich als Sozialpädagoge tätig war, gingen wir folgendermaßen vor: Wir nutzten die schon beschriebenen Runden für emotionale Themen. Ein Aspekt der Runden war, akuten Situationen, in der jemand Ärger oder starke Urteile hatte, Aufmerksamkeit zu geben. Hier konnten Ärger, Unmut oder Frustration, die mit Urteilen über andere einhergingen, ausgesprochen werden. Allen war klar, es geht hier nicht um ein »Ablästern« oder Beschweren über andere, sondern um einen authentischen Selbstausdruck. Die Zuhörenden wussten: Es geht nicht um den anderen, hier erzählt jemand von sich, von seiner bzw. ihrer Not, die im alltäglichen Umgang mit Menschen entsteht.

In der Runde gab es für das Team verschiedene Möglichkeiten, die Person, die gerade ihren Frust und ihre Verurteilungen ausgedrückt hat, zu unterstützen:

Variante 1: Nachdem der Frust ausgedrückt war, stellte ein Teammitglied eine der folgenden Fragen: »Was hat das mit dir zu tun?«, »Was löst das in dir aus?«, »Kennst du dieses Verhalten auch von dir oder hast du schon einmal so etwas erlebt?« Durch diese Fragen wird die Person im Außen, die Auslöser für den Frust war, weniger relevant. Der Fokus richtet sich wieder auf die eigenen Gefühle und Bedürfnisse.

Variante 2: Eine Einfühlung mit den Schritten der GfK.

Variante 3: Eine andere Interpretation neben die eigene stellen.

Andreas hatte wiederholt etwas aus der Küche gestohlen. Des Weiteren interpretierte ich viele der Handlungen dieses Jungen aus meiner Einrichtung dahingehend, dass er sich unfair gegenüber anderen verhielt. In meinen Ärgergedanken war ich unglaublich genervt von diesem Jungen und hätte ihn gern in irgendeiner Weise bestraft, damit er einsieht, dass er sich so nicht benehmen darf.

Ein Kollege hörte sich meine Sicht an und fragte dann, ob ich hören wolle, was er mit ihm erlebt hat. Als ich meine Bereitschaft erklärte, erzählte er: Andreas habe sich für ein Mädchen eingesetzt, dass von anderen für etwas beschuldigt und daraufhin ausgegrenzt wurde. Dieses Mädchen hatte keinen guten Stand in der Gruppe und mit seinem Einsatz für dieses Mädchen hatte Andreas seinen eigenen Status riskiert. Der Kollege erinnerte mich auch noch an weitere positive Eigenschaften, neben dessen Gerechtigkeitssinn. Andreas war z. B. beim Fußball ein Teamplayer, einer der mitdenkt und auch im richtigen Moment den Ball abgibt.

In dieser dritten Variante verliert die eigene Interpretation den Absolutheitsanspruch. Die Fähigkeiten und Stärken im Gegenüber zu erkennen, schafft die Ebene von Wertschätzung und Akzeptanz, mit der eine Klärung der herausfordernden Situation gelingen kann.

Wenn es nicht gelang, für den betroffenen Kollegen eine Entspannung zu erreichen, gab es eine vierte Variante.

Variante 4: Wir überlegten uns Strategien, wie alle Beteiligten geschützt werden konnten, indem z. B. der direkte Kontakt vorerst vermieden wurde oder ein anderes Teammitglied dabei war, um intervenieren zu können, sollte es wieder zu herausfordernden Situationen kommen.

Durch die regelmäßigen Runden fiel es uns immer leichter, Urteile aufzuweichen, den Blick auf den Menschen frei zu machen und Stigmatisierungen vorzubeugen. Mein Eindruck ist, dass diese innere Arbeit im Team mindestens dieselbe Bedeutung hat wie die sicht- und messbaren Angebote und Aktionen. In diesen authentischen Räumen ist es allen Beteiligten möglich, ihre starren Selbstkonzepte loszulassen und sich selbst ganz neu zu erleben.

Wo eine solche Teamkultur nicht vorhanden ist, haben wir immer noch die Möglichkeit der Selbsteinfühlung.

Übung

- Welches Urteil haben Sie über einen anderen Menschen?
- Beispiel: »Dieser Mensch ist nicht vertrauenswürdig.«
- Welche Dinge haben Sie erlebt, die dieses Urteil bestätigen?
- Was genau haben Sie beobachtet?
- Was sind Ihre Interpretationen?

Zusammenfassung

- Professionelles Handeln entsteht durch die Bereitschaft zu Scheitern und das Anerkennen unserer Verletzlichkeit.
- Wir können uns nicht vollständig hinter einer professionellen Maske verstecken.
- Für einen authentischen Ausdruck brauchen wir die Bereitschaft, uns mit dem, was die Arbeit in uns auslöst, auseinanderzusetzen.
- Professionelles Handeln entsteht durch die Transformation der ausgelösten Urteile und Emotionen in Mitgefühl.
- Professionell meint nicht fehlerfrei.
- Jeder Mensch trägt Urteile und Bewertungen über sich selbst und andere in sich.
- Diese werden in der Beziehung spürbar: »Die innere Einstellung schlägt immer durch.«
- Im Feld kollegialer Beratung oder durch Selbstreflexion können Urteile bewusst und die Bedürfnisse dahinter erkannt werden.
- Urteile sind Geschichten über Vergangenes. Mitgefühl ermöglicht Offenheit für neue Geschichten.

Selbstverantwortung in sozialen Berufen

Die Gewaltfreie Kommunikation stellt Selbstverantwortung in den Mittelpunkt. Für das eigene Handeln verantwortlich zu sein, mag für die meisten Menschen selbstverständlich sein. Die GfK bezieht den Bereich der Selbstverantwortung auch auf unser inneres Erleben. Mit der GfK entwickeln wir ein Verständnis, wann wir volle Verantwortung für uns übernehmen und in welchen Situationen wir sie abgeben.

Was Selbstverantwortung verhindert

Auch wenn die GfK davon ausgeht, dass wir immer selbstverantwortlich sind, gibt es Denk- und Handlungsweisen, die Selbstverantwortung verhindern. Unsere Sozialisation findet in Beziehungen und einem gesellschaftlichen Rahmen statt, die die Haltung, volle Verantwortung für uns zu übernehmen, verkümmern lassen. Im Folgenden drei beispielhafte Aspekte:

Kinder werden dazu aufgefordert, nach dem Spielen das Zimmer aufzuräumen, ein kaputtgegangenes Spielzeug selbst zu reparieren oder verschüttetes Wasser aufzuwischen. All diese Tätigkeiten sind durchaus sinnvoll. Häufig jedoch verrichten wir als Erwachsene diese kleinen, wiederkehrenden Aufgaben des Alltags mit Unlust, Genervtheit oder in Eile. Kinder übernehmen diese Haltung. Verantwortung zu übernehmen, erscheint mit dieser Einstellung wie eine Strafe, als sei jemand schuld und müsse Wiedergutmachung leisten. Ein »Ich war das aber nicht!« erscheint hier als die sinnvolle Strategie, um eine lustlos ausgeführte Tätigkeit zu vermeiden.

Wir vergessen, welche Bedürfnisse uns diese alltäglichen Handlungen erfüllen. Das Feiern und die Freude darüber, wofür Verantwortung übernommen wird, kommen ebenfalls viel zu kurz: ein aufgeräumter Raum, in dem wir uns wohlfühlen, eine schöne Atmosphäre, die zu neuen Aktivitäten einlädt, oder die neue Fertigkeit, die mit dem Reparieren einer Sache erlernt wurde.

Auch die gesellschaftlichen Verhältnisse, in denen wir leben, ermutigen nicht dazu, Verantwortung zu übernehmen. Verantwortung erscheint als schwere Last, die mit viel Druck und Erwartung einhergeht. Die Übernahme von politischer, sozialer oder ökonomischer Verantwortung, geht einher mit Gedanken zu versagen oder überwältigt zu werden. Es erscheint leichter, die Verantwortung denen zu überlassen, die in einer gegebenen Hierarchie die höheren Positionen einnehmen: der Verwaltung, der Regierung, den Unternehmensvorständen, der Justiz. Hinzu kommt, dass in diesen wichtigen Bereichen unserer Gesellschaft, die »Expert*innen« häufig unter sich bleiben und eine wirkliche Beteiligung von Betroffenen, Mitarbeiter*innen und interessierten Bürger*innen nicht stattfindet.

Es gibt aber auch gegenläufige Entwicklungen. Menschen kommen zusammen und bauen selbstverantwortlich bedürfnisorientierte Alternativen auf, die alle Bereiche gesellschaftlichen Lebens umfassen: Wohnen, Ernährung, Gesundheitsversorgung, Kinderbetreuung, Bildung, Arbeitswelt, Mitbestimmung, Geld und Ökonomie. Diese Initiativen gestalten ein konstruktives und zukunftsfähiges gesellschaftliches Miteinander.

Ein dritter Aspekt, der verhindert, dass wir die volle Verantwortung für unser Leben übernehmen, ist die in uns tief verankerte Gewohnheit, Schuldige zu suchen, wenn Dinge nicht so eintreten, wie wir uns das wünschen. Das Konzept der Schuld trägt nicht zu einem konstruktiven Handeln bei, da es den Blick in die Vergangenheit richtet. Dinge, die in der Vergangenheit geschehen sind, können nicht mehr verändert werden, auch wenn noch so viele Schuldige gesucht und gefunden werden. Das heißt aber nicht, die Auswirkungen zu ignorieren, die die vergangenen Ereignisse vielleicht haben. Präsenz und Mitgefühl ermöglichen es uns, den Blick darauf zu richten, was hier und jetzt gebraucht wird, um aus dieser Erkenntnis verantwortungsvoll zu handeln.

Verantwortung für die eigenen Gefühle

Alle Menschen erfahren in ihrem Leben Verluste, Abschiede, Enttäuschungen und individuelles Scheitern. Wie sie jedoch mit diesen Erfahrungen umgehen, ist unterschiedlich. Im Mitgefühl für uns selbst können wir auch in schmerzlichen Situationen Verantwortung übernehmen und geben nicht anderen die Schuld an unserer Lage.

Im Kapitel *Einführung in die Gewaltfreie Kommunikation* wurde darauf eingegangen, den Auslöser für ein Gefühl von dessen Ursache zu unterscheiden, um so Verantwortung für unser Bedürfnis übernehmen zu können. Ein Gefühl taucht nicht auf, »weil du« (Auslöser) etwas tust oder unterlässt, sondern »weil ich« etwas brauche. Wenn ich etwas brauche, ist dies ein Hinweis darauf, dass meine Bedürfnisse gerade nicht erfüllt sind (Ursache).

Doch die Haltung, nach Schuldigen zu suchen, »wegen denen« es ein Problem oder einen Konflikt gibt, ist eine tief verwurzelte gesellschaftliche Realität. Sie ist dadurch auch in uns so tief verwurzelt und schleicht sich immer wieder ein, auch wenn wir beschlossen haben, die Verantwortung für uns voll zu übernehmen. In unserer alltäglichen Sprache wird das daran deutlich, wenn wir etwas scheinbar in einer Ich-Botschaft von uns mitteilen und uns dabei auf unsere Gefühle beziehen, z. B.: »Ich fühle mich angegriffen, betrogen, hintergangen, benutzt, unterdrückt, übergangen, bevormundet, vernachlässigt, manipuliert oder unter Druck gesetzt.« Oder: »Ich fühle mich (nicht) beachtet, (nicht) ernst genommen, (nicht) gehört.«

Damit benennen wir keine Gefühle, sondern Gedanken, die unsere Wahrnehmung interpretieren und einen Vorwurf enthalten. Diese Interpretationen richten sich an ein Gegenüber, das beschuldigt wird. Dieses trägt dann die Verantwortung dafür, dass wir uns so fühlen. Wir sind in der Opferrolle. Wir können dann jammern, anklagen, uns beschweren, schlecht über andere reden und nach Menschen suchen, die uns das bestätigen; ändern wird sich dadurch nichts.

Gelingt es uns jedoch, mit den durch diese Interpretation ausgelösten Gefühlen in Kontakt zu kommen, können wir wieder Verantwortung für unser inneres Erleben übernehmen.

Auch mit Sätzen, die wie folgende beginnen, werden Gedanken zum Ausdruck gebracht: »Ich fühle mich wie …«; »Ich habe das Gefühl, dass …«.

Wir verwenden in unserer Sprache gewohnheitsmäßig diese als Gefühle getarnten Interpretationen. Häufig werden sie sogar als sehr intensiv und emotional erlebt, weil sie auch mit Gefühlen in Verbindung stehen. Doch werden die Gefühle durch diese Art der Äußerung nicht sichtbar.

Deshalb geht es hier nicht darum, uns solche Gedanken zu verbieten, sondern sie zu erkennen und wahrzunehmen. Sie zeigen an, dass bei uns Bedürfnisse nicht erfüllt sind. Doch wird durch die Interpretation »Ich fühle mich ausgenutzt!« noch nicht klar, welches unerfüllte Bedürfnis dahinter liegt. Damit bleibt weiterhin offen, was genau Abhilfe schaffen könnte. Deshalb ist es sinnvoll, das Gefühl hinter den Gedanken zu identifizieren und z. B. zu fragen: »Wie fühle ich mich, wenn ich denke, dass ich ausgenutzt werde?« Folgendes Beispiel illustriert die Suche nach den dahinter verborgenen Gefühlen und Bedürfnissen:

Wenn ich meinen Kolleg*innen den Vorwurf mache, »Ich fühle mich ausgenutzt!«, wissen diese, dass es mir nicht gut geht. Sie wissen aber nicht, warum. Sollten sie versuchen, sich zu entschuldigen oder zu verteidigen, würde dies die Situation nicht entschärfen. Ich denke immer noch, dass ich nicht verstanden werde.

Auch wenn sie bemüht sind, auf mich einzugehen, und dazu beitragen wollen, dass es mir wieder gut geht, ist durch meine Äußerung noch nicht klar, was ich brauche.

Ich kann mich also fragen, wofür die Interpretation »Ich fühle mich ausgenutzt!« steht und welche Gefühle dadurch ausgelöst sind: Wenn die Kolleg*innen gemeinsam aber ohne mich zum Essen gehen und Raucherpausen machen – und die Kopierarbeiten sowie das Ausräumen der Spülmaschine dadurch immer an mir hängen bleiben, habe ich den Eindruck, die Kolleg*innen machen sich einen schönen Tag auf meine Kosten.

Wie fühlt sich das an, wenn dieser Gedanke in mir auftaucht? Ich ärgere mich. Es macht mich wütend – Was erzählt die Wut? Es ist total ungerecht. Mir ist wichtig, dass sich alle gleichermaßen einbringen.

Es geht demnach um Bedürfnisse wie Ausgleich, Balance und Gerechtigkeit.

Die Bitte könnte zum Beispiel lauten: »Bitte räumt den Geschirrspüler aus, bevor ihr in die Raucherpause geht und lasst uns eine Lösung finden für liegengebliebene Kopierarbeiten«.

Oder: »Ich kann nicht mehr. Ich bin total überfordert und fühle mich erschöpft und ausgebrannt. Ich brauche auch mal eine Pause«.

Hier geht es um Bedürfnisse wie Ruhe und Unterstützung. Folgende Bitte könnte eine Lösung darstellen: »Bitte gebt mir Bescheid, wenn ihr eine Raucherpause einlegt, dann kann ich mir in der Zeit die Beine vertreten und ein bisschen entspannen«.

Oder: Ich bin traurig. Ich habe es schwer, mit ihnen in Kontakt zu kommen, und wünsche mir, auch dabei zu sein und dazuzugehören.

In diesem Fall liegen Bedürfnisse nach Zugehörigkeit und Verbindung hinter der Äußerung, und ich könnte mich mit folgender Bitte an meine Kolleg*innen wenden: »Ich rauche zwar nicht, aber ich mag die gesellige Stimmung in den Raucherpausen, könnt ihr mir bitte Bescheid geben, wenn ihr rauchen geht?«.

Übung

Erinnern Sie sich an eine Situation, in der Gedanken auftauchten, die scheinbar Gefühle benennen. Z. B.: Ich fühle mich nicht gesehen, hintergangen, nicht ernstgenommen, …
- Welche weiteren Gedanken kommen Ihnen zu der Situation?
- Wie fühlt es sich an, diese Gedanken in Ihnen zu bewegen? Verbinden Sie sich mit dem Gefühl!
- Für welches Bedürfnis spricht dieses Gefühl?
- Welche Strategien gibt es, dieses Bedürfnis zu erfüllen?

Dieses Wissen, dass die Ursache für Gefühle in den Bedürfnissen liegen, ermöglicht uns, wenn wir Gefühle bei anderen Menschen auslösen, im Mitgefühl zu bleiben. Wir müssen uns dann nicht entschuldigen oder verteidigen, um den Vorwurf abzuwehren. Wir wissen, es geht um die Bedürfnisse des Gegenübers. Damit können wir in Verbindung gehen und in Verbindung bleiben, auch wenn wir Auslöser für Frust oder Trauer sind.

Selbstverantwortung in den Institutionen sozialer Berufe

Unsere Selbstverantwortung gilt auch für unsere Beziehungen und Handlungen innerhalb von Institutionen, Verwaltungsstrukturen und Trägern.

In den Strukturen unserer Arbeitswelt gibt es Hierarchien, Vorgaben, an die wir uns halten müssen, und Entscheidungen, an denen wir nicht beteiligt sind. Im Sinne von Kompetenzhierarchien geben diese Strukturen Klarheit und Sicherheit darüber, wer in welcher Position zu welcher Zeit eine konkrete Aufgabe übernimmt. Sie schaffen Orientierung und Ordnung in komplexen Systemen.

Zugleich ist nicht zu leugnen, dass es innerhalb dieser Strukturen ein Statusgefälle gibt und Macht ausgeübt wird. Im Sinne der Bedürfnisorientierung der GfK stellt sich immer wieder neu die Frage: Dienen die Strukturen dem Menschen oder dient der Mensch den Strukturen? Die GfK sieht die Menschlichkeit im Mittelpunkt aller Handlungen. Bei aller Unterschiedlichkeit der Menschen in Bezug auf Position, Aufgabe oder Entlohnung sind sie in ihrer Würde gleich. Diese Gleichwürdigkeit kann entstehen, wenn für die Bedürfnisse aller Beteiligten gesorgt ist.

Sind die Machtverhältnisse in Institutionen nicht transparent, dürfen sie nicht in Frage gestellt werden und werden sie auch nicht reflektiert, ergibt sich für die individuelle Selbstverantwortung ein Spannungsfeld. Zum einen laden hierarchische Strukturen dazu ein, Verantwortung an die nächst höhere Ebene abzugeben. Zum anderen kann es auch vorkommen, dass von uns gefordert wird, uns anzupassen und unterzuordnen. Andere üben dann Einfluss auf uns aus.

Aber auch in dieser Situation ist unsere Selbstverantwortung gefragt, um festzustellen, ob für unsere Bedürfnisse gesorgt ist und ob die Konsequenzen dessen, was von uns gefordert wird, unseren Werten entsprechen. Die Verantwortung zu prüfen, unter welchen Bedingungen wir bereit sind, unsere Arbeitskraft zu verkaufen, und ob wir Entscheidungen mittragen oder zur Disposition stellen, liegt immer bei uns selbst. Wir sind für unser Ja und Nein voll verantwortlich.

Leugnen wir in diesem Bereich die Verantwortung, bedienen wir uns eines lebensentfremdenden Kommunikationsmusters, das sich wie folgt ausdrücken kann: »Das musste ich tun«, »Befehl von oben«, »So sind die Gesetze.« (Rosenberg, 2016, S. 33). »Lebensentfremdend« bedeutet in diesem Zusammenhang, dass nicht nur die Menschen, mit denen wir arbeiten, unter den Konsequenzen dieser Aussagen leiden, sondern auch wir selbst, da das Handeln unseren Werten und unserem authentischen Ausdruck nicht gerecht wird.

Es hat etwas Bequemes, Verantwortung abzugeben, und es ist eine Möglichkeit, uns dafür zu entscheiden. Doch auch diese Entscheidung hat Konsequenzen. Wir werden mit diesen konfrontiert und können dann feststellen, ob unsere Entscheidung unseren Bedürfnissen gerecht wird. Es stellt sich für uns auch im beruflichen Bereich immer wieder die Frage, ob wir das Leben führen, das unserem Wesen wirklich entspricht, und ob unsere Lebendigkeit Ausdruck findet.

Die Rolle, in der wir unsere berufliche Tätigkeit ausüben, trägt verschiedene Erwartungen an uns heran und verlangt unser Einverständnis zu vorgegebenen Regeln. Selbstverantwortlich handelnd, sind wir uns über diese Rolle im Klaren und treffen eine Entscheidung, in welcher Weise wir sie ausüben. Wir wissen, welche Erwartungen wir erfüllen wollen und können. Und wir sind in der Lage zu prüfen, ob vorgefundene Regeln unseren Werten entsprechen und ob sie dem Miteinander von verschiedenen Menschen dienen.

Übung

Ich muss …
Der Gedanke, etwas tun zu müssen, nimmt Verantwortung von uns und gibt sie einer anderen Instanz. Wenn wir erkennen, welche Bedürfnisse uns eine Handlung erfüllt, können wir prüfen, ob diese Handlung die geeignete Strategie darstellt. Es macht einen Unterschied, ob wir gezwungen sind, etwas zu tun, oder ob wir wissen, wofür wir etwas tun.

Schreiben Sie 10 Sätze auf, die mit »Ich muss ...« beginnen und von denen Sie tatsächlich annehmen, Sie müssen so handeln, z. B.:
»Ich muss früh aufstehen.«
»Ich muss Geld verdienen.«
»Ich muss das Auto zum TÜV bringen.«
»Ich muss immer nett zu anderen sein.«
»Ich muss einkaufen.«

Überlegen Sie dann, welche Bedürfnisse Sie sich durch diese Handlung erfüllen, z. B.: »Ich stehe früh auf, um in Ruhe zu duschen, was für mich ein Genuss ist, und noch Zeit für mich zu haben, bevor die Kinder aufwachen.«

Sollten Sie feststellen, dass Ihnen zu einem Satz der mit »Ich muss ...« beginnt, keine Bedürfnisse einfallen, welche diese Handlung erfüllt, ist es vielleicht an der Zeit, diese Handlung zu verabschieden.

Verantwortlich *vor* dem Gegenüber oder *für* das Gegenüber?

In der Arbeit mit Menschen kann es vorkommen, dass an uns als Professionelle Verantwortung abgegeben wird, weil wir in bestimmten Bereichen mehr Wissen oder mehr Erfahrung haben. Wir begegnen Menschen, die gerade ratlos, ohnmächtig oder sogar gedemütigt sind. Sind wir für diese Menschen verantwortlich?

Das Menschenbild der GfK sieht jeden Menschen von Geburt an als ein selbstverantwortliches Wesen. Ein Wesen, das für seine Bedürfnisse sorgt und das mit seinen Mitmenschen interagiert, wenn es deren Nähe oder Unterstützung braucht.

Das Konzept »für jemanden verantwortlich zu sein«, stellt die Selbstverantwortung des Menschen in Frage, für den Verantwortung übernommen wird. Es entsteht eine Haltung des »Ich weiß besser, was für dich gut ist«. Durch dieses Gefälle in der Beziehung wird die andere Person entmündigt, selbst für sich entscheiden zu können, selbst zu erfahren, was ihr guttut und wo ihre Grenzen liegen. Sie verliert das Vertrauen in ihr »Ich weiß, was gut für mich ist« und damit den Kontakt zu ihren Bedürfnissen.

Diejenige Person, die denkt, verantwortlich für die andere zu sein, wird mit den Konsequenzen der Verantwortungsübernahme konfrontiert: Anstrengung, Konflikte und Kontrolle. Niemand möchte sich selbstverantwortliche Entscheidungen und Handlungen nehmen lassen. Wir haben ein Bedürfnis nach Selbstbestimmung. Daher ist das Durchsetzen der Entscheidungen, die wir in Verantwortung *für* jemanden treffen, oft mit Auseinandersetzungen und Konflikten verbunden. Es kann vorkommen, dass das Gegenüber in den Widerstand geht und sich für seine Selbstbestimmung einsetzt.

Genauso kann es vorkommen, dass Menschen aus Bequemlichkeit ihre Selbstverantwortung abgeben. Das geschieht dann scheinbar freiwillig. Gerade hier besteht die Herausforderung, uns daran zu erinnern, dass wir nur für uns selbst und nicht für den anderen verantwortlich sind. In unserer Haltung dem anderen gegenüber ändert sich nichts: Auch dieser Mensch bleibt für sich selbst verantwortlich.

Ein weiteres Problem, das sich aus einem »verantwortlich für« ergibt, ist eine innere Distanz, die zwischen uns und dem anderen entsteht. Indem wir Dinge nur für den anderen, aber nicht für uns selbst tun, sind wir abgetrennt von unserer eigenen Motivation. Wir tun Dinge aus Pflichtbewusstsein, aber nicht aus Liebe. Ein Handeln aus »Verantwortung für« wird zu einem mechanischen Handeln.

Es ist ein Unterschied, ob wir z. B. Kinder in einem Ferienlager darüber belehren, dass sie nicht auf Bäume klettern dürfen und es ihnen verbieten oder ob wir sie in ihren Erfahrungen begleiten, alles für ihre Sicherheit tun und das Risiko eingehen, dass ein Kind vom Baum fällt und sich verletzt. Im ersten Fall haben wir unsere Pflicht getan und das können wir, sollte es dennoch zu einer Verletzung kommen, auch beweisen. Doch übernehmen wir im zweiten Fall nicht in einem viel umfassenderen Sinn Verantwortung?

Es ist ein Irrtum anzunehmen, dass wir zu rücksichtslosen, selbstsüchtigen Egoist*innen werden, wenn wir es ablehnen, Verantwortung für jemanden zu übernehmen. Die Idee von Verantwortung verschwindet nicht aus der Welt. Im Gegenteil, die Verantwortung ist viel stärker aus einer intrinsischen Motivation heraus, wenn sie aus der Quelle tiefer Verbundenheit mit unseren Werten und Bedürfnissen entsteht. Und wie im Kapitel über das *Bitten* beschrieben, profitieren wir von unserem kooperativen Verhalten.

»Verantwortlich für«: Ich bin verantwortlich für meine pflegebedürftigen Eltern. Ich muss das tun, sie sind ja völlig hilflos, und sonst kümmert sich ja keiner. Das ist eine schwere Bürde für mich. Ich tue das, weil es sich so gehört, man hat sich um seine alten Eltern zu kümmern. Es soll niemand von mir denken, ich sei verantwortungslos.

»Verantwortlich vor«: Ich kümmere mich um meine pflegebedürftigen Eltern. Dafür nehme ich mir morgens und abends jeweils eine Stunde Zeit. Ich habe mich auch um eine gute Tagespflege gekümmert. Ich nehme mir diese Zeit, da ich weiß, dass meine Eltern in naher Zukunft sterben werden. Ich bin dankbar für das, was sie mir als Kind gegeben haben. Unser Kontakt hat sich in der letzten Zeit noch einmal vertieft. Es macht mir Freude, für meine Eltern da zu sein. Und ich mache mir Gedanken, wie ich im Alter leben möchte und wer dann für mich da ist.

Da wir vor uns selbst die volle Verantwortung übernehmen, können wir diese auch vor anderen vertreten. Wir stehen mit unserer ganzen Integrität und vielleicht auch mit unseren Zweifeln für das, was wir getan haben oder von anderen wollen. Auch unsere Grenzen und unser »Nein« können wir viel eher wahrnehmen und vertreten, wenn wir nicht aus dem Pflichtbewusstsein des »verantwortlich für« handeln.

In sozialen Berufen üben wir verantwortungsvolle Tätigkeiten aus. Die Menschen, mit denen wir arbeiten, bekommen unmittelbar zu spüren, wie wir diese Tätigkeiten ausführen. Außerdem werden von verschiedensten Seiten Erwartungen an uns herangetragen. Selbstverantwortung für uns zu übernehmen, heißt eine Erwartung zu erfassen und dem Gegenüber mitzuteilen, ob wir diese erfüllen können und wollen. Für unsere Entscheidung sind wir vor uns, unseren Bedürfnissen und Werten, verantwortlich, und wir können sie vor anderen vertreten.

Mit unseren Entscheidungen können wir bei anderen starke Gefühle auslösen. Handeln wir selbstverantwortlich, wissen wir, dass wir für uns sorgen, und können akzeptieren, dass unser Verhalten heftige Gegenreaktionen oder Beschuldigungen auslöst. Wenn wir uns erinnern, nicht verantwortlich für den anderen und seine Gefühle zu sein, können wir prüfen, ob wir bereit sind, Mitgefühl zu geben und seinen Schmerz anzuerkennen. Wir sind niemals schuld an den Gefühlen anderer, wir sind jedoch vor uns selbst verantwortlich, in welcher Weise wir Beziehungen gestalten.

Dass jeder Mensch für sich selbst verantwortlich ist, bedeutet nicht, dass wir alles allein schaffen können. Die volle Verantwortung für unser Leben zu übernehmen, heißt nicht, dass wir harte Einzelkämpfer*innen werden sollen, die niemanden brauchen. Wir sind von Geburt an auf andere angewiesen und brauchen einander in unseren sozialen Bedürfnissen. Wir sind auch verletzliche Wesen. Unsere Körper und unsere Seelen sind empfindsam. Verantwortung zu übernehmen, heißt auch, uns in dieser Verletzlichkeit zu zeigen, im Kontakt mit anderen Menschen wahrzunehmen, was wir uns von ihnen wünschen und Bitten zu äußern.

Als Menschen in sozialen Berufen sind wir für die Menschen, mit denen wir arbeiten, häufig eine Quelle der Inspiration. Übernehmen wir die volle Verantwortung für uns selbst, sind wir selbstbewusst und integer. Bleiben wir dabei für unser Gegenüber berührbar und sichtbar mit unseren Stärken und Schwächen, ermöglichen wir eine authentische Beziehung, in der auch der andere mit seiner Selbstverantwortung in Kontakt kommt. Es entsteht die Erfahrung, dass es sich lohnt, die Verantwortung für all unser Handeln und inneres Erleben zu übernehmen.

Zusammenfassung

- Mit dem Ausdrücken von »Pseudogefühlen« wird keine Verantwortung für die eigenen Gefühle übernommen, sondern es werden Vorwürfe geäußert.
- In hierarchischen Strukturen besteht die Gefahr, Verantwortung abzugeben.
- »Verantwortung für« jemanden zu übernehmen, entmündigt diesen Menschen.
- Verantwortlich vor uns selbst und anderen zu sein, bringt uns mit unseren Bedürfnissen in Kontakt.
- Wir sind verletzliche Wesen und auf andere angewiesen.

Gewaltfreier Umgang mit Regeln und Grenzen

Als Professionelle im sozialen Bereich sind wir in der Rolle für die Einhaltung von Regeln zu sorgen. Regeln geben dem Miteinander der Menschen eine bestimmte Ordnung. In komplexen Systemen definieren sie einen Anspruch an das Verhalten von Menschen mit dem Zweck, Bedürfnisse zu erfüllen. Dies kann das Alkoholverbot in einem Obdachlosenheim sein, die Hausordnung in der Schule oder die Aufsichtspflicht. Doch wann wird eine Grenzsetzung oder das Durchsetzen einer Regel zur Bestrafung, die nicht mehr der Haltung der GfK entspricht?

Grenzen und Regeln

Wir alle haben Grenzen. Diese sind von Mensch zu Mensch verschieden. Es gibt Grenzen, die sehr starr und stark von unseren persönlichen Werten und Erfahrungen geprägt sind, zum Beispiel »Ich möchte nicht angelogen werden« oder »Ich möchte, dass keine körperliche Gewalt ausgeübt wird«. Andere Grenzen variieren, zum Beispiel kann uns heute die Musik der Nachbarn zu laut erscheinen, die uns sonst nicht stört.

Wenn Menschen zusammenkommen, passiert es schnell, dass Grenzen verletzt werden. Trotz Achtsamkeit und Umsicht werden wir es kaum vermeiden können, die Grenzen anderer zu überschreiten. Wir helfen, Konflikte zu vermeiden, wenn es uns gelingt, unsere Grenzen wahrzunehmen und sie klar und rechtzeitig unseren Mitmenschen mitzuteilen.

Über das Kommunizieren der persönlichen Grenzen hinaus klären Regeln das Zusammenleben. Sie können einen gewünschten Umgang erklären (z. B. anklopfen, bevor eine Tür geöffnet wird), eine besondere Atmosphäre schaffen (z. B. eine Ruhezone), Voraussetzung für eine Lernsituation sein (z. B. Sicherheitsregeln in der Erlebnispädagogik) oder das Miteinander-Leben betreffen (z. B. die Frage, wer wie oft den Papierkorb leert). Dazu müssen Regeln klar sein, sodass sich ihr Sinn im Idealfall für alle erschließt.

Sobald eine Gruppe von Menschen zusammenkommt, schafft sie sich Regeln. Sogar dann, wenn es eine Gruppe ist, die Regeln konsequent ablehnt. Dort wird die Ablehnung von Regeln zur Regel. Oft treten diese in Form von Codes, Selbstverständlichkeiten und Ansprüchen auf und sind als Regeln nicht offensichtlich. Im professionellen Kontext macht es jedoch Sinn, sich seine eigenen Ansprüche und die Regeln, die im Team gelten oder für die Menschen, mit denen wir arbeiten, bewusst zu machen.

> **Übung**
>
> Fragen zur Selbstklärung:
> - Welche Ansprüche habe ich an meine Kolleg*innen und mein Team?
> - Z. B.: Pünktlichkeit, Ehrlichkeit, Loyalität, …
> - Welche Regeln gibt es bei uns im Team?
> - Z. B.: Vertretungsregeln, Regeln zum Abmelden, Anwesenheitspflicht bei Teamsitzungen, Geburtstagskuchen mitbringen, …
> - Welche Ansprüche habe ich an Menschen, mit denen ich arbeite?
> - Z. B.: Achtung meiner Privatsphäre, …
> - Welche Regeln gibt es für die Menschen, mit denen ich arbeite?
> - Z. B.: Trocken bleiben (Abstinenz), …
> - Welche Regeln gelten für mich?
> - Z. B.: Aufsichtspflicht, …

Regelungen zu finden, die den Menschen dienen und das Zusammenleben erleichtern, ist herausfordernd. Das Leben und die sich daraus ergebenden Situationen sind so vielfältig, dass starre Regeln dem kaum gerecht werden können. Im Menschenbild der GfK hat der Umgang mit Regeln etwas Prozesshaftes. Es braucht ein stetes Reflektieren. Werden Regeln beliebig, erfüllen sie keine Bedürfnisse. Werden sie zu rigide gehandhabt und nur um ihrer selbst willen durchgesetzt, kommt es zu Ungerechtigkeiten, Leid und Widerstand. Regeln haben den Zweck, das Miteinander zu erleichtern und Bedürfnisse zu erfüllen oder uns zu schützen. Tun sie dies nicht, müssen sie der aktuellen Situation angepasst werden oder es braucht die Courage der Professionellen, angemessene Ausnahmen zu ermöglichen. Das Wohl der Menschen und das eigene Gewissen sind unsere Richtschnur beim Umsetzen von Regeln.

Zum Beispiel gibt es in meinen Seminaren die Regel, dass die Handys ausgemacht werden, damit sie nicht stören. Wenn nun ein Teilnehmer ein krankes Kind zu Hause und ihm versprochen hat, erreichbar zu sein, werde ich hier eine Ausnahme machen.

Auch wenn es klare Regeln gibt, nimmt mich dies nicht aus der Verantwortung. Wie schon im Kapitel *Selbstverantwortung in sozialen Berufen* beschrieben, bleibt mein Gewissen immer meine höchste Instanz, mit der ich mich vor mir selbst und anderen für meine Entscheidungen zu verantworten habe. Somit bewegen wir uns in einem Spannungsfeld, wenn wir als Professionelle die Verantwortung für die Einhaltung von Regeln übernehmen. Durch klares Eintreten für eine Regel geben wir Orientierung und Sicherheit und gleichzeitig prüfen wir, ob die Regel in dieser Situation sinnvoll ist und zur Bedürfniserfüllung beiträgt.

Absage an das Konzept des Strafens

Wir sind alle in einer Kultur des Lobens und Strafens groß geworden. Diese ist in unserem Justizsystem noch fest verankert. Die Schattenseiten des Lobens als Beeinflussungsmittel von Menschen habe ich im Kapitel *Danken und Feiern* dargestellt. Doch wie können wir auf gewaltfreie Art für die Einhaltung von Regeln sorgen, ohne zu strafen?

Eine Bestrafung kann das Zufügen von Unannehmlichkeiten sein oder der Entzug von Annehmlichkeiten. Die Logik der Strafe geht davon aus, dass Menschen das gewünschte Verhalten zeigen, da sie Unannehmlichkeiten vermeiden und das Angenehme suchen (vgl. dazu Schoch, 2006).

Die Strafe ist das wohl bekannteste Machtinstrument, um eigene Interessen gegen andere durchzusetzen. »Wenn du das nicht tust, dann ...!«. Vor 100 Jahren gab es noch den Rohrstock. Heute ist es vielleicht das Streichen des Taschengeldes für Kinder. Strafen können auch viel subtiler sein: das Nichtbeachten eines Menschen, der emotionale Rückzug aus einer nahen Beziehung oder die gezielte Herbeiführung einer unangenehmen Situation. All das kann dem Gegenüber deutlich machen, wie es sich in Zukunft verhalten sollte, und was besser zu unterlassen ist.

Untersuchungen haben gezeigt, dass unser Gehirn zwischen seelischem Schmerz in Form von Zurückweisung und Ausgrenzung und körperlichem Schmerz nicht unterscheidet. Es wird die selbe Gehirnregion aktiviert (Schulze, 2010).

Strafen ist eine Form der Machtausübung, die ein hierarchisches Gefälle braucht. Die strafende Instanz muss machtvoller sein. Dies, und was geschieht, wenn das Hierarchiegefälle nicht gegeben ist, soll im Folgenden am Beispiel der Institution Schule verdeutlicht werden.

In Schulen haben die Disziplinarmaßnahmen (wie dort Strafen umschrieben werden) in den letzten drei Jahrzehnten sehr an Wirksamkeit verloren. Vor dreißig Jahren konnten sich die Lehrer*innen darauf verlassen, dass Eltern Eintragungen ins Hausaufgabenheft, schlechte Noten oder Schulverweise mit weiteren Sanktionen zu Hause bestraften. Dies verängstigte viele Schüler*innen so sehr, dass sie motiviert waren, sich an die ihnen aufgezwungenen Regeln zu halten. Sowohl im Bezug auf das soziale Verhalten als auch für die Lernmotivation hatte diese Atmosphäre der Angst, in der Schüler*innen den Großteil ihres Tages verbrachten, langfristig destruktive Folgen. Sie führte zur Erschütterung ihres Vertrauens in die eigenen Impulse sowie den eigenen Wert und beeinträchtigte die Freude am Lernen.

Mittlerweile hat sich im Selbstverständnis der Eltern einiges geändert. Sie sind eher zu Anwält*innen ihrer Kinder geworden. So kann es vorkommen, dass Eltern bei schlechten Noten oder Eintragungen im Hausaufgabenheft das Gespräch mit der Lehrkraft suchen und mit ihr über zeitgemäße Pädagogik diskutieren, statt sie bei der Durchsetzung von Sanktionen zu unterstützen. Für die Lehrer*innen bedeutet das, dass ihr Strafsystem nicht mehr funktioniert.

Ohne wirksame Disziplinarmaßnahmen scheint die Schulordnung wie ein zahnloser Tiger. Viele Lehrer*innen sind durch die aktuelle Situation sehr herausgefordert, da es so viel Energie kostet, eine konstruktive Arbeitsatmosphäre zu schaffen und das Unterrichten manchmal kaum noch möglich ist.

Auch für die Schüler*innen ist diese Situation nicht unbedingt von Vorteil. Wo der Sicherheit und Klarheit gebende Rahmen von Regeln wegfällt und zugleich eine gewisse Anonymität herrscht, entsteht eine Willkür, die über viele Bedürfnisse der Beteiligten hinweggeht.

Es bedarf neuer Strategien für die Einhaltung von Regeln. Aus Sicht der GfK ist dies eine Chance. Wo Strafkataloge an Wirksamkeit und statische Hierarchien an Bedeutung verlieren, entsteht Raum für Beziehung auf Augenhöhe: Beziehungen, in denen wir die Unterschiedlichkeit im Erleben der Welt anerkennen, Beziehungen, in denen wir die Bedürfnisse und Gefühle hinter den Handlungen wahrnehmen. In solchen Beziehungen sind die Menschen gleichwürdig, ohne dass dabei die Unterschiedlichkeit in ihren Rollen, Kompetenzen und Vorerfahrungen negiert würde.

Damit sich solche neuen Beziehungen entfalten können, ist es wichtig, alte Denk- und Verhaltensmuster zu erkennen, wie zum Beispiel unseren Impuls, andere bestrafen zu wollen. Das Konzept von Strafe ist durch unsere Erziehung und gesellschaftliche Strukturen so tief in uns verankert, dass es in unserem Denken und Handeln vorkommt, auch wenn wir es eigentlich ablehnen. Sich kritisch gegenüber dem Konzept des Strafens zu positionieren, ist ein wichtiger Anfang, doch reicht es nicht aus. Auch hier braucht es eine achtsame Präsenz für das, was in uns geschieht.

Wie es zum Impuls des Strafens kommt

Wenn Menschen gegen unsere Werte verstoßen oder auf eine andere Art unsere Grenzen überschreiten, verändert sich unser Gemütszustand. Wir verlieren unsere Gelassenheit, Adrenalin durchströmt den Körper, Muskeln spannen sich an. Dieser aufgewühlte Zustand wird durch Ärgergedanken, die Urteile und Bewertungen über die andere Person enthalten, weiter befeuert. Das sind Gedanken darüber, dass das Gegenüber anders sein sollte und dass es eine Strafe verdient hat, damit es das Unrecht seiner Handlung einsieht. Auf der einen Seite steht eine strafende Instanz, die im Recht ist und zum Wohle aller, ja – auch zum Wohle des Täters*der Täterin, ihres Amtes waltet. Auf der anderen Seite die schuldige Person, die eine gerechte Strafe verdient und reuevoll und einsichtig sein soll.

Die Überzeugung, dass das Gegenüber sich falsch verhalten hat, ermächtigt und berechtigt mich in meiner Wahrnehmung zum gerechten Bestrafen. Kann ich auf der »Täterseite« einen Vorsatz nachweisen, verstärkt dies meist meine Überzeugung, dass in diesem Fall eine Strafe angemessen ist.

Sobald wir feststellen, dass wir wollen, dass die anderen es »einsehen«, dass sie unsere Deutung der Realität anerkennen, erhöhen wir uns und überschreiten die Grenze ihrer Souveränität. Wenn wir ihnen ihre Gefühle absprechen und der Meinung sind, ihre Bedürfnisse seien nicht gerechtfertigt, greifen wir in ihre Welt ein. Wenn wir mit Drohungen agieren und denken, jemand hätte die gerechte Strafe verdient, befinden wir uns im Konzept des Strafens. Sobald wir Strafen einsetzen, sind wir nicht mehr gewaltfrei.

In dem wir strafen, fallen wir aus unserer natürlichen Autorität. Wir haben keinen Zugang zum inneren Erleben unserer Gefühle und Bedürfnisse und zu einem authentischen Ausdruck. Dies wird oft mit autoritären Mitteln wie Drohen oder dem Beweisen unserer moralischen Überlegenheit kompensiert. Das beeinträchtigt die Beziehungsqualität und beschädigt die Vertrauensbasis.

Eine lebendige Beziehung ist für beide ein sicherer Raum, in dem sie sich so zeigen können, wie sie sind, und ihre Bedürfnisse anerkannt werden. In so einem Raum können wir durchaus Grenzen setzen und »Stopp« sagen, ohne dass dies als Strafe erlebt wird.

Die drei Jahre alte Anna möchte kurz vor dem Abendbrot ein Eis haben. Ich kann ihre Aussage wiederholen: »Du möchtest jetzt ein Eis essen«. Dadurch wird für sie klar, dass ich ihren Wunsch inhaltlich verstanden habe. Sie muss ihn nicht noch öfter wiederholen oder lauter werden, was uns beiden unnötige Anstrengung erspart. Ich weiß, dass Eis um diese Uhrzeit keine Option ist, da ich will, dass sie das Abendbrot isst und wegen der aufputschenden Wirkung kurz vor dem Schlafengehen keinen Zucker mehr zu sich nimmt. Ich sage: »Nein, Anna, jetzt gibt es kein Eis. Es gibt gleich Abendbrot und danach geht es ins Bett«. Gleichzeitig kann ich den Impuls, ein Eis essen zu wollen, und das dahinterliegende Bedürfnis nach Genuss anerkennen. Doch bleibe ich klar, dass das Bedürfnis nicht jetzt, wie von Anna gewünscht, durch die Strategie Eis erfüllt wird. Löst das Nein bei ihr eine starke Enttäuschung aus und fängt sie an, sich zu beschweren, kann ich auch dafür Verständnis haben. Auch ich kenne es, dass es im ersten Moment nicht leicht ist, mit der Ablehnung eines Wunsches umzugehen. Ich kann für den Unmut, den mein Nein bei ihr auslöst, mitfühlend und präsent bleiben. Wir sind die ganze Zeit in Kontakt und unsere Verbindung ist von Vertrauen und gegenseitigem Respekt geprägt. Wir erkennen die Souveränität des anderen permanent an.

Im Modus des Strafens geht genau diese Ebene verloren. Wenn Anna mich kurz vor dem Abendbrot nach einem Eis fragt, tauchen in mir Gedanken auf, z. B.: »Das ist jetzt aber frech, die weiß doch ganz genau, dass es so etwas nicht gibt, und versucht es trotzdem. Ich habe ihr doch schon tausend Mal erklärt, wie ungesund das ist«. Vielleicht sage ich dann: »Was fällt dir ein, um diese Zeit nach Eis zu fragen, natürlich gibt es jetzt keins. Jetzt ist Schluss mit dieser ewigen Näscherei, jetzt gibt's was Gesundes«. Damit überschreite ich Annas Grenze. Ich betrete ihr souveränes Gebiet. Ich bewerte ihre Strategie und ihre Bedürfnisse. Wenn ich die Strategie verurteile, ohne das dahinterliegende Bedürfnis anzuerkennen, kann es passieren, dass Anna denkt, dass es falsch ist, solche Bedürfnisse zu haben. Diese Botschaft kann als »Du bist falsch« verstanden werden.

Das Bedürfnis nach Genuss ist in Anna lebendig. Es ist nicht richtig oder falsch. Es ist da, wie ein Gast, der bei Anna zu Besuch ist. Sie versucht sich mit ihren Möglichkeiten um ihn zu kümmern. Nun wird sie dafür gerügt. Was bei Anna ankommt ist, dass sie solche Bedürfnisse nicht haben sollte, wenigstens nicht abends vor dem Abendbrot. Hier entsteht Trennung. Die Verbindung auf Augenhöhe ist gekappt. Ich bin hier oben im Land der richtigen Wahrheit und Anna da unten im Land der falschen.

Wenn wir Grenzen setzen oder für die Einhaltung von Regeln eintreten, gilt es sehr genau darauf zu achten, was in uns passiert. Es geht darum, die Gedanken wahrzunehmen, die uns aus dem Kontakt auf Augenhöhe katapultieren. Sind wir präsent für diese Gedanken, können wir ihren Wahrheitsgehalt und ihre Gültigkeit prüfen und die unerfüllten Bedürfnisse hinter unseren Urteilen erkunden. Da diese Urteile blitzschnell da sind und unsere Stimmung färben, braucht es Training und vielleicht eine einfühlsame Unterstützung, um den Ärger verdampfen zu lassen.

In der konkreten Situation kann uns folgendes Bild eine Brücke sein, um souverän zu agieren: In dem Moment, indem wir emotional reagieren und ärgerliche Gedanken auftauchen, regredieren wir auf unseren eigenen verletzlichen und kindlichen Anteil. Reagieren wir aus diesem heraus, ist in der spannungsvollen Situation kein Erwachsener mehr anwesend. Gerade auch in Situationen mit meinen Kindern hat der lautlos zu mir gesprochene Satz »Ich bin der Große, du bist die Kleine!« geholfen, mich zu orientieren und meine Position wieder voll ausfüllen zu können. Der Satz signalisiert meinem affektierten kindlichen Anteil, dass er ruhig bleiben kann, weil »Ich«, der erwachsene Teil meines Selbst, mich um ihn und die Situation kümmere. Gleichzeitig gilt dies auch für die Beziehung zu meiner Tochter.

Viele Menschen sind verunsichert, wenn sie in spannungsgeladenen Situationen aufgefordert sind, Grenzen zu setzen und mit dem Unmut des Gegenübers umzugehen. Die eigene Anspannung, die Angst oder Wut wahrzunehmen und anzuerkennen, bringt uns ins Mitgefühl für uns selbst, statt in der Lähmung oder dem cholerischen Ausbruch gefangen zu sein.

Grenzsetzung auf Augenhöhe

Grenzsetzung im Sinne der GfK erkennt die Souveränität des Gegenübers an. Die Definitionsmacht eines jeden Einzelnen über sein Erleben wird nicht in Frage gestellt. Die Wahrnehmung, die Gefühle und Bedürfnisse der anderen werden akzeptiert. Statt ein »Du solltest …!« gibt es ein klares »Stopp« und ein »Ich brauche …« oder »Dies ist die Regel, die ich für sinnvoll halte und für die ich stehe!«

Grenzsetzung auf Augenhöhe

Der Unterschied, zwischen einer Grenzsetzung und einer Strafe hat vor allem etwas mit unserer inneren Haltung gegenüber den anderen zu tun.

Kommt es zu einer Intervention, bei der wir als Professionelle eine Grenze setzen und mit dem Gegenüber auf Augenhöhe bleiben, können die beobachtbaren Worte und Handlungen die gleichen sein wie in einer Intervention, die die Souveränität des Gegenübers in Frage stellt.

Im Jugendclub von Neudorf gilt ein striktes Rauchverbot auf dem gesamten Gelände. Der dort arbeitende Sozialarbeiter kommt aus dem Gebäude und sieht an der Tischtennisplatte zwei Jugendliche rauchen. Er geht zu ihnen und fordert sie auf, die Zigaretten auszumachen. Als sie sich weigern, bietet er als Alternative an, das Gelände zu verlassen. Nachdem sie weiterhin seiner Aufforderung die Zigaretten auszumachen, nicht nachkommen, fordert er sie wiederum auf zu gehen und bleibt mit Nachdruck dabei, bis sie tatsächlich das Gelände verlassen.

Die Ebene der Grenzsetzung

»Macht die Zigaretten aus!«

Die Beziehungsebene

»Du bist falsch, du hast eine Strafe verdient!« oder »Ich erkenne deine Bedürfnisse an. Und hier ist meine Grenze!«

Abb. 4: Grenzen setzen

In diesem Beispiel ist allein anhand der Worte und Handlungen keine Unterscheidung möglich, ob der Sozialarbeiter den Jugendlichen auf Augenhöhe begegnet und die Regel durchsetzt oder ob er sie bestrafen will. Inwieweit seine Worte und Handlungen den Charakter einer Bestrafung bekommen, hängt vor allem davon ab, was auf der Beziehungsebene geschieht.

Das folgende Beispiel zeigt, dass die innere Haltung, mit der wir Grenzen setzen, entscheidend ist:

Während eines Workshops leitete ich Rollenspiele an, um zu zeigen, wie sich alltägliche Konfliktsituationen auflösen, wenn wir ihnen mit der Haltung der Gewaltfreien Kommunikation begegnen.
In dem Fall hatten sich zwei Mädchen gestritten und waren dabei handgreiflich geworden. Eine Schulsozialarbeiterin vermittelte. Nach dem Rollenspiel erklärte sie ihre Herangehensweise: »Ich setze mich mit den Kindern bei einem Gespräch immer hin, damit wir auf Augenhöhe sind.«

Die äußere Augenhöhe ist sehr hilfreich, um in Kontakt zu kommen und eine gleichwürdige Beziehung zu ermöglichen. Bei unterschiedlicher Körpergröße kann Sitzen hilfreich sein, da es uns körperlich auf Augenhöhe bringt. Dies kann als angenehm erlebt werden, doch ist es nicht allein ausschlaggebend. Es geht vielmehr um eine innere Augenhöhe.

Oft sind sich Menschen nicht einmal im Klaren darüber, dass sie aus dem Modus der gleichwertigen Beziehung in den der dominatorischen Beziehung gewechselt sind. Dieser geht mit folgenden Gedanken einher: »Ich bin davon überzeugt, dass ich mehr Erfahrung habe und meine Deutung der Welt damit richtiger ist, und ich demzufolge besser weiß, was für dich gut ist.«

»Du sollst mich nicht wie ein Kind behandeln!« Dieser Satz, unter Erwachsenen gebraucht, meint, dass wir ernstgenommen, nicht bevormundet und respektvoll behandelt werden wollen. Gleichzeitig impliziert er, dass wir genau das mit Kindern machen. Gerade Kindern und Jugendlichen gegenüber gibt es bisher noch kaum ein Problembewusstsein dafür, dass wir uns über sie stellen.

In dem Rollenspiel trennte die Schulsozialpädagogin die Kinder und schickte Maike, das Mädchen, das geschlagen hatte, zu einer Bank, wo es warten sollte. Nachdem sie mit dem anderen Mädchen gesprochen hatte, setzte sie sich auch auf die Bank und sagte unter anderem folgende Sätze zu Maike:
»Komm erst mal runter! Deine Freundin hat auch das Recht, mit anderen zu spielen, du kannst sie nicht für dich allein beanspruchen! Wir hauen hier keine anderen Kinder und schmeißen nicht mit Sand. Siehst du ein, dass das nicht geht?«

Im Rollenspiel zeigte sich deutlich, wie sehr diese Sätze und die Haltung, mit der sie ausgesprochen wurden, dazu führten, dass die Stellvertreterin für das Mädchen den Eindruck bekam, sie werde nicht verstanden und werde zu Unrecht ausgeschimpft. Sie verspürte den Impuls, sich zu schützen und in den Rückzug zu gehen.

Obwohl die Sozialpädagogin körperlich auf Augenhöhe mit dem Mädchen war, wurde ihre Intervention als Strafe erlebt und die Beziehung beeinträchtigt.

Die innere Augenhöhe war nicht gegeben, was sich in den oben zitierten Sätzen ausdrückte.

Wenn wir einem aufgebrachten Menschen sagen, er soll runterkommen, werden wir genau das kaum erreichen. Den meisten Menschen geht es nicht gut, wenn sie aufgebracht sind. Die Ansage »komm runter« kann implizieren, dass ihre Wut nicht gerechtfertigt und nicht erwünscht ist. Das erhöht schnell den inneren Druck.

Indem die Sozialpädagogin dann noch erklärt, dass Maike kein Recht habe, andere Menschen für sich zu beanspruchen, verschärft sie den Druck. Dieser sehr vernünftigen Aussage würden in einem ruhigen Moment sicherlich alle Beteiligten zustimmen. In der emotional aufgeladenen Situation wird sie aber dem Erleben von Maike nicht gerecht. Bei ihr kommt die Botschaft an, dass ihre Bedürfnisse nach Kontakt und gemeinsamem Spiel falsch seien. Zudem negiert diese Aussage auch den Schmerz, den die Zurückweisung der Freundin bei ihr ausgelöst hat.

Mit der letzten Aussage »Wir hauen hier keine anderen Kinder und schmeißen nicht mit Sand. Siehst du ein, dass das nicht geht?« versucht die Sozialpädagogin eine klare Grenze zu setzen und für die Einhaltung der gegebenen Regeln einzutreten.

Indem sie aber von Maike fordert, einzusehen, dass ihr Verhalten falsch war, gibt es ein Machtgefälle, in dem die Sozialpädagogin definiert, was richtig und falsch ist. Ein Verstehen, warum Maike die Regel übertreten hat, die für sie sicher auch richtig ist, findet nicht statt.

Eine mitfühlende Reaktion wendet sich den Gefühlen und Bedürfnissen zu. Auch die Wut darf sich zeigen. Die Sozialpädagogin könnte folgende Gedanken haben, die ihre innere Augenhöhe verdeutlichen: »Es ist mir wichtig, dass sich hier alle sicher fühlen können, die Schulordnung eingehalten wird und es nicht zu Handgreiflichkeiten kommt. Und ich gehe davon aus, dass die Mädchen ihren guten Grund hatten, so zu handeln, wie sie es eben taten. Zudem nehme ich an, dass es beiden gerade nicht besonders gut geht und sie in ihrer Not und Verzweiflung keine bessere Strategie gefunden haben. Ich werde nach dem Bedürfnis suchen und fragen, was sie brauchen.« In einem zweiten Durchlauf des Rollenspiels entstand folgender Dialog:

SOZIALPÄDAGOGIN: »Magst du erzählen, was genau passiert ist?«
MAIKE: »Sie hatte versprochen, dass wir zusammen spielen und dann geht sie zu Hanna, und wenn Hanna da ist, darf ich nie mitspielen.«
SOZIALPÄDAGOGIN: »Du hattest ihr Versprechen, und dann ist sie doch mit Hanna losgezogen.«
MAIKE: »Ja, obwohl sie es versprochen hatte.«
SOZIALPÄDAGOGIN: »Und dir ist wichtig, dass Versprechen gehalten werden?«
MAIKE: »Ja, und sie weiß ganz genau, wie gemein Hanna immer zu mir ist.«
SOZIALPÄDAGOGIN: »Wünschst du dir, dass Yasmin zu dir hält?«
MAIKE: »Ja, wir sind doch beste Freundinnen.«
SOZIALPÄDAGOGIN: »Ich verstehe … (ein paar Momente der Stille) … Brauchst du noch was?«
MAIKE: »Ich will erst mal meine Ruhe haben und alleine sein.«
SOZIALPÄDAGOGIN: »Ok. Wenn du was brauchst, kannst du gern zu mir kommen. Und wenn du möchtest, können wir auch noch mal gemeinsam mit Yasmin reden.«
MAIKE: »Mmh.«
SOZIALPÄDAGOGIN: »Maike, mir ist wichtig, dass du mich holst, wenn du etwas ungerecht und gemein findest oder in Streit gerätst. Dann kann ich euch helfen, die Situation zu klären. Kannst du dir das vorstellen?«
MAIKE: »Ja, ich denke schon.«

Können wir auf eine Grenzverletzung einfühlsam reagieren, bleiben wir als Menschen in Kontakt und können tiefer verstehen, was gerade passiert ist.

Einfühlsam heißt nicht unbedingt ruhig und freundlich. Werden Menschen beleidigt oder verletzt, ist es angemessen, bestimmt und konsequent aufzutreten. Wichtig ist zu unterscheiden, ob unsere Intervention sich auf das Verhalten bezieht oder ob wir den Menschen verurteilen. Ist Letzteres der Fall, sind wir nicht mehr auf Augenhöhe. Gut gemeinte Gesprächstechniken können unsere Urteile zwar verschleiern, doch bleiben diese wirksam. Es kommt nicht so sehr darauf an, was wir sagen und wie wir es sagen, sondern ob wir in unserem Gegenüber einen Menschen sehen können. Einen Menschen in Not, der gerade keine bessere Strategie hat, um für sein Bedürfnis zu sorgen.

Leitungsverständnis mit Augenhöhe

Nehmen wir die Leitungsrolle ein, vertrauen sich uns Menschen an. Damit sie etwas lernen können, eine Erfahrung machen oder einen persönlichen Entwicklungsschritt gehen können, geben sie uns das Mandat, sie anzuleiten, Anweisungen zu geben und einen sicheren Raum zu gestalten. Beziehungen aus der Leitungsrolle heraus zu gestalten heißt, den anderen zu signalisieren, dass uns auch ihre Bedürfnisse wichtig sind. In Bezug auf Regeln haben wir damit ein Wächteramt inne. Dieses Amt braucht Transparenz. Kommt es dann zu Situationen, in denen Regeln verletzt werden, geht es uns etwas an. Wir sind vor der Gruppe gefordert, für die Regeln einzustehen. Damit geben wir Sicherheit und Orientierung, welche Regeln unter unserer Leitung gelten.

Viele von uns hatten eher negative Vorbilder, wenn es um Leitungsrollen geht. Diese agierten oft unkritisch mit Lob und Strafe und züchtigten zum Teil noch mit körperlicher Gewalt. Daher gibt es bei einigen Fachkräften Vorbehalte, die Leitungsrolle ganz auszufüllen. Sie wollen diese oft selbst erfahrene Gewalt nicht weitergeben. Aktuell leben wir in einer Zeit des Aufbruchs. Einen Leitungsstil, der gewaltfrei, authentisch, akzeptierend und einfühlsam ist und dabei Klarheit, Orientierung und Schutz gewährleistet, entwickeln wir gerade erst. Es gibt noch viel Verwirrung und einen Zustand des Ausprobierens und Lernens.

Der Gegenpol zum autoritären Intervenieren ist, dem Konflikt oder einer Entscheidung auszuweichen, sich nicht zu positionieren und die eigenen Grenzen hintanzustellen. Mit beiden Strategien büßen wir unsere Autorität ein. Doch die brauchen wir, um in einer konflikthaften Situation gewaltfrei handeln zu können. Unser Gegenüber bemerkt, ob wir präsent und in unserer natürlichen Autorität verankert sind, bereit, uns einem Konflikt zu stellen. Davon hängt ab, wie gut es uns gelingt, auf Augenhöhe in einer gleichwürdigen Verbindung zu bleiben und gleichzeitig klar und integer für unsere Grenzen einzustehen. In der Arbeit mit Kindern und Jugendlichen, aber auch in anderen Bereichen sozialer Arbeit kann es zu Situationen kommen, in denen wir als Fachkräfte getestet werden. Scheuen wir die Auseinandersetzung, steigen wir auch in diesem Fall aus der Beziehung auf Augenhöhe aus. So verlieren wir an Glaubwürdigkeit, wenn wir nicht bereit sind, für unsere Grenzen oder die Einhaltung von Regeln einzustehen.

Persönliches Beispiel: Im Kontakt mit meinen Töchtern konnte ich, als sie noch jünger waren, beobachten, wie sich ein Gewitter zusammenbraute und sie geradewegs auf eine Auseinandersetzung zusteuerten. Gleichzeitig konnte ich bei mir bemerken, wie ich durch Nachgeben und Entgegenkommen versuchte, dem Krach auszuweichen. Dieser wurde jedoch immer nur kurzfristig verschoben – der Konflikt kam. Während ich versuchte, es ihnen recht zu machen, war ich nicht präsent für mich und meine Grenze. So konnte ich letztlich auch nicht mit Gelassenheit und Klarheit reagieren; es gab Streit, Tränen – und die Verbindung war für einige Stunden dahin. Seit ich gelernt habe, mich nicht mehr von meinen Ängsten vor den Auseinandersetzungen lähmen zu lassen, haben wir viel weniger Auseinandersetzungen.

Das Dilemma der autoritären wie der antiautoritären Erziehung war und ist der Erziehungsanspruch. Die Idee, dass die Erzieher*innen die richtigere Interpretation der Welt haben und die Zöglinge dort hin-erziehen müssen. Deshalb dachten die Erzieher*innen über Regeln nach, die für die Zöglinge aus ihrer Sicht sinnvoll waren und dem Erziehungsziel dienten. Eine Unzahl an Ratgebern der letzten Jahrzehnte zeugt davon. Die einen waren überzeugt, dass Kinder Grenzen brauchen und die anderen eben nicht. Doch beide machen sich Gedanken über Kinder, statt bei sich zu bleiben.

Die Künstlerin Martha Laux hat eine Postkarte geschaffen, auf der sie den Spruch »Kinder brauchen Grenzen« veränderte, indem sie das Wort Kinder durchstrich. Darüber schrieb sie »ich«, sodass der neue Satz »Ich brauche Grenzen!« lautete. Er beschreibt die gewaltfreie Haltung, die als Antwort dienen kann auf die Frage, wie Leitung auf Augenhöhe ermöglicht wird. Sobald wir uns auf uns besinnen und unsere Gefühle, Gedanken, Werte und Bedürfnisse in den Fokus nehmen, haben wir einen Referenzrahmen, den wir klar überschauen können. Wir laufen nicht Gefahr, uns in Spekulationen zu verlieren, was für unser Gegenüber gut und richtig ist. Wir bleiben also auf unserem »Teller«, übernehmen Selbstverantwortung und finden dafür einen Ausdruck. Dann hat unser Gegenüber eine authentische Grenze, die seine Souveränität achtet. Indem wir bereit sind, uns für unsere Grenzen und die geltenden Regeln einzusetzen und dies dem Gegenüber zumuten, beweisen wir Integrität und stärken die Vertrauensbasis.

»Wenn Kinder und Jugendliche an den Grenzen rütteln, tun sie es nicht, um sie einzureißen, sondern um zu schauen, ob sie halten, denn Halt, den brauchen sie.« (Quelle unbekannt)

Zudem steckt in der Bereitschaft zur Auseinandersetzung auch eine Form von Wertschätzung. Die Botschaft ist: Du bist mir nicht egal und du bist es mir wert, dass ich das Risiko des Konfliktes eingehe.

Übung

Fragen zur Selbstklärung, falls es Ihnen schwerfällt, Grenzen zu setzen:
- Welche Gedanken oder Werte hindern mich, die Einhaltung von Regeln durchzusetzen?
- Welche meiner Bedürfnisse sind dann nicht erfüllt?
- Wann gelingt es mir?
- Was ist genau meine Angst?

Im Arbeitskontext stehen wir vor der Herausforderung, dass uns Menschen begegnen, die in ihren Bedürfnissen fortlaufend frustriert wurden. Solchen Menschen fällt es sehr schwer, die Bedürfnisse anderer zu achten. Auch hier sind wir in der Rolle der Professionellen gefragt, Regeln umzusetzen und die Grenzen anderer zu schützen.

Zudem gibt es Regeln, deren Sinn für die Besucher*innen der Einrichtung nicht nachvollziehbar oder mit denen sie nicht einverstanden sind. Bleiben Versuche, den Sinn der Regel zu vermitteln und ein Einvernehmen zu erreichen, erfolglos, liegt es an uns, klarzumachen, dass wir für diese Regel einstehen und dafür auch bereit sind, in eine Konfrontation zu gehen. Es braucht von Seiten der Professionellen die Bereitschaft, diese Rolle anzunehmen.

Professionelle sind mit einer Vielzahl von Gesetzen (z. B. BKiSchG) und Regeln (z. B. Schulordnung) konfrontiert, für deren Einhaltung wir Sorge zu tragen haben. Daraus kann sich ein Spannungsfeld entwickeln.

Die Ursache für dieses Spannungsfeld ist nicht die Regel, sondern unsere innere Unklarheit, wie wir uns zu dieser Regel positionieren, wie wir für ihre Einhaltung einstehen und welche Konsequenzen ein Nichtbeachten der Regel hat. Im Sinne unseres Bedürfnisses nach Klarheit und Integrität sind wir gefordert, in eine persönliche Auseinandersetzung mit unserer Haltung zu den entsprechenden Gesetzen und Regeln zu gehen.

Diese Klarheit verhindert, dass wir Regeln nur halbherzig umsetzen, da wir sie innerlich ablehnen. Es ist sogar möglich, dass wir Regeln mit unserer natürlichen Autorität vertreten, obwohl wir mit ihnen nicht hundertprozentig einverstanden sind. Das ist z. B. dann der Fall, wenn uns ihr Sinn für andere Kolleg*innen oder Besucher*innen klar ist. Unsere Klarheit und Integrität in Bezug auf die Umsetzung der Regeln verhindert auch, dass wir mit ihnen willkürlich umgehen und z. B. aus einer Überforderung heraus Konsequenzen androhen.

Lehnen wir eine Regel ab, haben wir in manchen Fällen die Möglichkeit, sie in Frage zu stellen und neu zu verhandeln. Wir gehen dann gegenüber unserem Team oder Vorgesetzten in die Auseinandersetzung. Dabei können wir sowohl unsere eigenen Werte als auch die Standpunkte anderer vertreten, da wir in solchen Verhandlungen in einer viel privilegierteren Position sind als z. B. die Menschen, mit denen wir arbeiten.

Haben wir eine Haltung zu Regeln und Konsequenzen entwickelt, braucht es die Auseinandersetzung, wie wir mit Regelverstößen umgehen wollen: Was passiert, wenn Regeln nicht eingehalten werden? Sind Konsequenzen festgelegt und sind sie den Betroffenen klar, sorgt dies in der Konfliktsituation für Orientierung und erspart langwierige Diskussionen. Dadurch sinkt die Gefahr, dass die Konsequenz als ungerecht und willkürlich wahrgenommen wird.

Der Kommunikations- und Konflikttrainer Rudi Rhode empfiehlt bei Regelverstößen, zuallererst mit freundlicher Bestimmtheit aufzutreten. Als Professionelle machen wir deutlich, dass uns der Regelverstoß aufgefallen ist und dass wir ihn nicht durchgehen lassen werden. Durch freundliches und bestimmtes Auftreten machen wir deutlich, dass wir auf das gute Miteinander vertrauen und die Sache ohne Diskussion und Gesichtsverlust aus der Welt geschafft werden kann. Nach Rhodes Erfahrungen können 80 % der Fälle mit freundlicher Bestimmtheit geklärt werden (Rhode/Meis, 2015, S. 126).

Steigt das Gegenüber in Diskussionen ein oder weigert sich weiter, die Regel einzuhalten, treten wir nun mit energischer Bestimmtheit auf. Der Körper- und Blickkontakt mit dem Gegenüber sowie unsere Präsenz machen deutlich, dass wir für die Einhaltung der Regeln stehen und bereit sind, diesen Konflikt durchzustehen. Um in dieser Phase den Konflikt nicht eskalieren zu lassen, ist es wichtig, die Aussagen auf die Handlung und den Regelverstoß zu beziehen und nicht das Gegenüber als Menschen zu verurteilen.

Wie im vorherigen Abschnitt über den Impuls zu strafen, gilt es auch in solchen Situationen uns unserer Urteile bewusst zu sein, uns mit unseren Bedürfnissen zu verbinden und auch die Bedürfnisse hinter der Strategie des anderen zu erkennen. Die Konfrontation dreht sich um den Regelverstoß, die Beziehung bleibt wertschätzend.

Erst wenn auch die energische Bestimmtheit den Konflikt nicht klärt, beginnen wir die Konsequenzen umzusetzen, die sich aus dem Regelverstoß ergeben. Wir lassen dabei dem Gegenüber die Wahl, unseren Anweisungen zu folgen und eine Konsequenz in Kauf zu nehmen oder sich für weitere Konsequenzen zu entscheiden.

Die Ebene der Beziehung steht immer im Vordergrund. Haben wir als Professionelle Konsequenzen umgesetzt, stellt sich die Frage, warum das Gegenüber nicht bereit oder in der Lage war, sich an die

Regel zu halten. Dies kann im Nachhinein in einem angemessenen Rahmen geklärt werden, um deutlich zu machen, dass es uns wichtig ist, auch den anderen zu verstehen.

Das KEB-Modell (*k*ontrolliert *e*skalierende *B*eharrlichkeit) nach Rhode enthält drei Stufen:
1. freundliche Bestimmtheit,
2. energische Bestimmtheit,
3. die Konsequenzebene.

Nach diesem Modell kommt es nur in den seltensten Fällen dazu, dass Professionelle auf die Ebene der Konsequenzen zugreifen müssen, wenn sie eine klare Haltung zu Regeln und Regelverstößen einnehmen (Rhode/Meis, 2015, S. 113ff).

Kommt es zu Regelverstößen oder störendem Verhalten, überprüfen wir, ob ein einfühlsames und klärendes Gespräch noch möglich ist. Ist ein bestimmter Grad an Eskalation überschritten, müssen wir in der Leitungsrolle für eine Konfrontation bereit sein.

Wenn ein Jugendlicher einen anderen beleidigt und provoziert, werden wir mit einer freundlich formulierten Bitte nicht mehr zu ihm durchdringen. In diesem Fall treten wir bestimmter und energischer auf, um unsere Werte und Bedürfnisse zu vertreten. Der Jugendliche kann so die Intervention wahrnehmen und erkennen, dass die Situation für uns ernst und bedeutungsvoll ist. Zudem bekommt auch der Beleidigte die klare Botschaft, dass wir unsere Leitungsrolle einnehmen und uns positionieren. Damit vermeiden wir, dass dieser Jugendliche sich selbst verteidigt und die Situation eskaliert.

Max hat in einer Freizeiteinrichtung die zweite Ermahnung wegen Beleidigungen gegen andere Kinder bekommen. Zudem erhielt er die Ankündigung, dass er die Einrichtung verlassen muss, wenn es noch einmal vorkommt. Nun ist die Situation eingetreten.
SOZIALARBEITER: »Max, das war die dritte Beleidigung, bitte geh jetzt!«
MAX: »Ich habe doch gar nichts gemacht, er hat angefangen!«
SOZIALARBEITER: »Max, die Regel ist: Keine Beleidigungen. Ich habe es dir vorhin angekündigt, jetzt gehst du!«
MAX: »Das ist doch voll ungerecht, immer ich!«

SOZIALARBEITER: »Max, bitte geh jetzt!«
Max lehnt sich zurück und verschränkt die Arme. »Nee, sehe ich gar nicht ein!«
SOZIALARBEITER: Geht zur Tür, öffnet diese und gibt den Weg frei, damit Max die Möglichkeit hat, den Raum zu verlassen und dabei sein Gesicht zu wahren. »Max, bitte verlass jetzt den Raum!«
Max sitzt da und starrt vor sich hin. Die Sekunden fühlen sich an wie Ewigkeiten.
SOZIALARBEITER: Bleibt ruhig und drückt durch seine Ruhe und Körperhaltung Entschlossenheit aus. Er gesteht Max sein Zaudern zu, bleibt bei sich, ist präsent mit seiner Aufregung. Statt Max zu verurteilen oder klein machen zu wollen, erkennt er seine Größe an und bleibt gleichzeitig klar bei seiner Entscheidung.
Max springt auf, schnappt seine Sachen und geht raus. »Ich finde das total ungerecht!«
SOZIALARBEITER: »Max, du kannst morgen gern wiederkommen, und dann können wir darüber reden.«

Solange wir frei von Urteilen sind, können wir sehr deutlich und vehement werden, ohne dass dies vom Gegenüber als demütigend oder gewaltvoll erlebt wird. Dafür braucht es eine innere Gelassenheit, die wir nur dann haben, wenn wir auf die Handlung reagieren, nicht aber auf den Menschen. Es braucht an dieser Stelle wieder die Unterscheidung zwischen Tat und dahinterliegender Motivation. Bestimmte Anker können uns innerlich Halt geben, um unsere Gelassenheit zu bewahren und bei uns selbst zu bleiben. Das sind unser Atem und unser Körper: Erst einmal tief durchatmen; wahrnehmen, was in uns selbst gerade geschieht; mit beiden Füßen auf dem Boden stehen.

Das Training, sich mit dem*der inneren Beobachter*in verbinden zu können, ermöglicht wahrzunehmen, was in uns geschieht.

Übung

- Gibt es eine persönliche Betroffenheit und wenn ja, wie drückt sie sich aus?
- Sind eigene Werte nicht erfüllt?

- Was sind die eigenen Ärger-Gedanken?
- Wie fühle ich mich gerade? Habe ich Angst? Bin ich wütend? Bin ich angespannt?
- Welche Bedürfnisse habe ich gerade? Was brauche ich?
- Gibt es Zuschauer*innen und habe ich dadurch Angst vor Gesichtsverlust?

Wir kommen in Kontakt mit unserer inneren Stabilität und Standfestigkeit, wenn wir üben, uns mit dem*der inneren Beobachter*in zu verbinden und alltägliche Situationen, die Ärger oder Frust in uns auslösen, regelmäßig reflektieren. Dann können wir uns auch in eskalierenden Situationen schnell mit dieser inneren Standfestigkeit verbinden und aus diesem Modus handeln, auch wenn uns keine Zeit für einen ausführlichen Selbstklärungsprozess bleibt.

Vorsicht mit Konsequenzen

Das Konzept, im pädagogischen Kontext mit Konsequenzen zu arbeiten, wird im Gegensatz zur Bestrafung positiv gesehen. Eltern und Pädagog*innen versuchen mit diesem Konzept Kindern und Jugendlichen zu zeigen, dass ihr Handeln Konsequenzen hat, für die sie selbst verantwortlich sind: Wenn sie nicht bereit sind, abzuwaschen, ist kein sauberes Geschirr mehr im Schrank; wenn sie bei Regen keine wetterfeste Kleidung anziehen, werden sie nass; wenn sie zu spät ins Bett gehen, bekommen sie nicht genug Schlaf und werden am kommenden Tag wahrscheinlich sehr müde sein.

Jede Handlung hat eine Auswirkung, das liegt in der Natur der Sache. Dass wir mit den Konsequenzen unserer Handlungen umgehen müssen, ist eine Tatsache, die dem Leben innewohnt und nicht erst künstlich durch Pädagog*innen oder Eltern hergestellt werden muss.

Genau so wird aber das Konzept »Konsequenz statt Strafen« häufig umgesetzt. Es werden künstliche Konsequenzen geschaffen. Wenn du dein Gemüse nicht aufisst, gibt es keinen Nachtisch. Oder wenn du deine Hausaufgaben nicht machst, gibt es auch kein Fernsehen.

Durch die Schaffung künstlicher Konsequenzen werden Strafen nur verschleiert. Das Fernsehen ist keine dem Leben innewohnende

Konsequenz, die sich aus den Hausaufgaben ergibt. Dies ist vielmehr Folgendes: Wenn ich keine Hausaufgaben mache, werde ich am nächsten Tag in der Schule keine dabeihaben und dies dem Lehrer erklären müssen.

Die künstlichen Konsequenzen erfüllen in vollem Umfang die bereits vorgestellte Definition einer Strafe mit allen negativen Begleiterscheinungen. Sie üben Druck aus, um ein gewünschtes Verhalten zu erreichen. Es zeigt sich hier, wie schnell wir aus einer Beziehung auf Augenhöhe herausfallen.

Eine Grenzsetzung im Sinne der GfK behält die Bedürfnisse der Beteiligten und die Beziehung im Blick. Stelle ich fest, dass mein Bedürfnis nach Ruhe nicht erfüllt ist und damit meine Grenze überschritten ist, hat mein Eintreten für Ruhe eine direkte Anbindung an mein inneres Erleben. Ähnlich wie beim Sozialarbeiter, der Max der Einrichtung verweist. Wenn es dort die Regel gibt, dass andere Besucher*innen nicht beleidigt werden und auch auf eine freundliche Ansprache nicht reagiert wird, ist die Konsequenz der Rausschmiss. Dieser begründet sich in den nicht mehr erfüllten Bedürfnissen nach Sicherheit und Frieden.

Zwei hilfreiche Fragen können sein: Welche Bedürfnisse soll die Konsequenz erfüllen? In welchem Zusammenhang steht sie zum Geschehen?

Zudem weist Kelly Bryson (2009) darauf hin, dass Pädagog*innen und Eltern, indem sie dem Kind die Wahl zwischen der ungewollten Handlung oder der unangenehmen Konsequenz aufzwingen, die Verantwortung für ihr Handeln abgeben. Sie bringen die Kinder und Jugendlichen so in eine ausweglose Situation.

»Allerdings wird dabei die Androhung einer Bestrafung verschleiert, indem sie als Entscheidung bezeichnet wird, die das Kind selbst trifft.« (Bryson, 2009, S. 20)

Nun hat das Kind nur noch die Möglichkeit, zwischen zwei ungewollten Optionen zu entscheiden. Wenn das Kind sich entscheidet, die Hausaufgaben nicht zu machen, hat es sich gleichzeitig für die Konsequenz entschieden, z. B. nicht fernsehen zu dürfen. Der Erwachsene setzt nur noch die vom Kind getroffene Entscheidung um. Während bei strafenden Erwachsenen diese als Auslöser für den Unmut des Kindes offensichtlich waren, ist nun das Kind selbst »schuld« und kann höchstens auf sich selbst wütend sein (Bryson, 2009).

Im pädagogischen Bereich gibt es immer wieder Situationen, in denen die Regeln in einem scheinbar demokratischen Prozess gemeinsam mit allen Beteiligten erarbeitet werden. Dabei wird nicht deutlich, dass die Erwachsenen von vornherein bestimmen, welche Regeln am Ende aufgestellt werden, und dass sie z. B. ihre verbale Überlegenheit nutzen, um ihre Regeln durchzusetzen. Am Ende solcher Prozesse wird dann behauptet: »Wir haben uns darauf geeinigt«. Kommt es in solchen Fällen zu einem Regelverstoß, ist dies gleich ein doppeltes Vergehen. Nicht nur die Handlung, die gegen die Regel verstößt, wird negativ bewertet. Es wird dem Kind unterstellt, nicht zu seinem Wort zu stehen: »Wir haben doch gemeinsam Regeln vereinbart und jetzt hältst du dich nicht daran.«

Stellen wir als Professionelle Regeln auf und brauchen wir Konsequenzen, um sie durchzusetzen, dann sollten wir dazu stehen, unsere Entscheidung transparent machen und die volle Verantwortung übernehmen.

Zusammenfassung

- Wichtig ist das Anerkennen der destruktiven Effekte von Strafe und somit eine Bereitschaft, auf körperliche, verbale und psychische Gewalt zu verzichten.
- Regeln und Grenzen sowie dazugehörige Konsequenzen sind rechtzeitig transparent zu machen und zu begründen.
- Da wir alle in der Welt groß geworden sind, in der Strafe als legitimes Mittel galt, haben die meisten von uns diese Form des Miteinander-Umgehens verinnerlicht. Mir das einzugestehen und mich damit bewusst auseinanderzusetzen, ist der erste Schritt, um gewaltfrei Grenzen zu setzen.
- Gewaltfrei Grenzen zu setzen, wird erleichtert, wenn ich die eigenen Grenzen kenne und die innere Erlaubnis habe, sie auch anderen gegenüber zu behaupten.
- Wenn ich aus der Autorität gefallen bin und mich autoritär oder antiautoritär verhalten habe, kann ich im Nachhinein immer wieder auf die Person zugehen und die Beziehung wiederherstellen.

Umgang mit Wut und Ärger

Wut ist ein starkes Gefühl und in der sozialen Arbeit begegnen uns immer wieder Menschen, die uns wütend entgegentreten. Hier braucht es Fingerspitzengefühl und Wachheit, um durch Mitgefühl zur Entspannung der Situation beizutragen. Voraussetzung dafür ist, dass wir einen Zugang zu unserer eigenen Wut und mit ihr einen konstruktiven Umgang gefunden haben.

Wut ist ein Gefühl, das wie alle Gefühle weder gut noch schlecht ist. Es deutet darauf hin, dass in diesem Moment Bedürfnisse nicht erfüllt sind. Werden wir wütend, läuft etwas nicht so, wie wir es gewohnt sind oder es uns vorgestellt haben.

Wir brauchen Wut, um unsere Grenzen zu setzen, ein klares »Ja« oder »Nein« mitzuteilen, unsere Lebenskraft zu spüren und uns für das, was uns wichtig ist, einzusetzen. Das heißt nicht unbedingt, dass wir dann unsere Interessen lautstark einfordern. Können wir uns in wütenden Momenten mit unseren Bedürfnissen verbinden, sind wir in der Lage, mit Klarheit und vielleicht auch Vehemenz dafür einzutreten, was wir brauchen, ohne dabei andere in ihrer Persönlichkeit zu verletzen.

Gerade, weil Wut ein Gefühl ist, mit dem Menschen ihre ureigenen persönlichen Interessen vertreten und sich für ihre Grenzen und Bedürfnisse einsetzen, wird sie in herkömmlichen dominatorischen und hierarchischen Beziehungen nur der machtvolleren Person zugestanden. Die unterlegenen Menschen, oftmals Frauen und Kinder, haben kein Recht, sich für ihre Interessen einzusetzen. Tun sie es doch und nutzen sie dafür die Kraft ihrer Wut, erfahren sie häufig massive Verurteilung, Beschämung oder gar körperliche Gewalt. Bei Kindern wurde Wut über lange Zeit als eine Form der Anmaßung und Respektlosigkeit empfunden, die es durch strenge Erziehung zu unterbinden galt. Das Kind hatte sich zu unterwerfen und gehorsam zu sein.

Wenn Wut und damit ein Gefühlsausdruck, der auf ein Bedürfnis hinweist, über längere Zeit unterdrückt wird, stellt sich Frustration ein. Und sind unsere Bedürfnisse frustriert, können wir auch die Bedürfnisse anderer nicht mehr mitfühlend wahrnehmen. Dadurch entsteht ein Nährboden für Konflikte und zerstörerische Auseinandersetzungen. Erst die eben beschriebenen Machtverhältnisse und die ablehnende Haltung der Wut gegenüber, haben dazu geführt, dass sie lediglich als destruktive Kraft wahrgenommen wird.

Im Sinne der GfK ist das Fühlen von Wut, genauso wie Freude, Trauer oder Angst, Teil unseres emotionalen Ausdrucks, um für unsere Bedürfnisse zu sorgen und gewaltfrei zu interagieren. Sie ist ein besonders kraftvolles Gefühl, das, wenn es tabuisiert wird, eine sehr zerstörerische Dynamik entfalten kann.

Diese zerstörerische Dynamik richtet sich bei manchen Menschen sehr stark nach außen, bei anderen wiederum eher nach innen. Erstere platzen regelmäßig vor Wut und verletzen dann ihre Mitmenschen durch Worte und manchmal auch körperlich. Menschen, die ihre Wut nach innen richten, sind wütend auf sich selbst, unzufrieden und ruhelos. Und dann gibt es Menschen, die scheinbar nie wütend sind. Sie sind ganz von dieser Kraft abgeschnitten. Alle diese Strategien, mit der Wut umzugehen, haben Auswirkungen: Es können sich somatische Symptome wie Schlaflosigkeit, Rückenschmerzen oder Magenbeschwerden entwickeln. Die vielfältigen Folgen auf der psychischen Ebene, Angst, Depression, Isolation, Misstrauen, Verachtung und Gewalt, um nur einige zu nennen, entstehen aus der Frustration unserer Bedürfnisse.

Wut als konstruktive Kraft zu nutzen und im beruflichen Feld einen professionellen Umgang mit der eigenen Wut und der des Gegenübers umzusetzen, ist für die meisten Menschen eine neue und ungewohnte Erfahrung. Im Folgenden wird auf dieses Lernfeld eingegangen.

Recht auf Wut

Menschen haben ein Recht auf Wut. Wenn wir Gefühle als Sprache der Bedürfnisse anerkennen, dürfen wir Wut nicht unberücksichtigt lassen. Gerade bei wütenden Menschen sind Bedürfnisse klar im Minus. Ein wichtiger Wert wurde verletzt, oder ein noch nicht verarbeitetes Problem wurde berührt. Wut kann verschiedene Auslöser haben. Und sie kann eine Chance sein, in Kontakt zu kommen, sich noch besser zu verstehen und kennenzulernen.

Wütende Menschen konfrontieren uns sehr kraftvoll mit ihrer Ablehnung und Frustration. Das kann uns erschrecken, Angst oder Abwehr in uns auslösen. Wir brauchen dann vielleicht selbst Einfühlung, worauf später noch eingegangen werden soll. Der*Die innere Beobachter*in verbindet uns mit der Qualität des Akzeptierens: Hier ist ein wütender Mensch, und in dessen Realität gibt es einen guten Grund, wütend zu sein.

Aus der Perspektive des wütenden Menschen ist die Welt schrecklich, vielleicht auch ungerecht oder bedrohlich. Ihn aufzufordern, sich zu beruhigen, ihm zu erklären, dass er falsch liegt und etwas einsehen soll, entspannt die Situation meistens nicht. Zu dem zugrundeliegenden frustrierten Bedürfnis kommt die Erfahrung, nicht verstanden zu werden.

Aus Sicht der Professionellen kann mit dem Ergründen der Wut und dem Verständnis für das dahinterliegende Bedürfnis, ein Raum für vertrauensvolle Beziehungen entstehen. Das folgende Beispiel zeigt, wie eine Sozialpädagogin mit einem Jungen aus dem Autismus-Spektrum über dessen Wut in Kontakt kommt:

Daniel (12) kam an einem Dienstag zum wöchentlichen Gruppensozialtraining in die Einrichtung. Er polterte schon im Treppenhaus, und im Dachgeschoss fing er an, mit einem Gymnastikball um sich zu schmeißen und Gegenstände durch die Gegend zu werfen. Zudem schimpfte er laut: »Alle sind blöde Arschlöcher und sollen sich aus meinem Leben verpissen.«

Die Praktikantin der Einrichtung ermahnte ihn, dass er das lassen und sich ruhig verhalten soll, weil die anderen im Haus störe. Daraufhin wurde Daniel noch wütender und lauter. Er beschimpfte die Praktikantin und sagte zu ihr, dass sie ihn in Ruhe lassen soll.

Ein anderer Mitarbeiter kam hinzu und wies Daniel darauf hin, dass sie im Einzelsozialtraining besprochen haben, wie er sich in der Einrichtung zu verhalten hat. Daniel sagte, dass es ihm egal sei, was sie besprochen haben und dass er jetzt am liebsten alles kurz und klein hauen möchte. Daniel steigerte sich noch mehr in seinen Ärger hinein und war sehr laut.

Die Sozialpädagogin, die das folgende Gespräch führte, beobachtete ihn kurz und ging einen Schritt auf ihn zu.

A: Hallo Daniel! Ooh, du scheinst ganz schön wütend zu sein ...

D: Ja, sehen Sie das denn nicht? Sind Sie blind? Wollen Sie mir jetzt auch sagen, dass ich ruhig sein soll? Das ist mir scheißegal.

A: Du bist grad ganz schön wütend und hast gar keinen Bock, dass dir jemand sagt, wie du dich zu verhalten hast.

D: Ja!!! Weil ihr alle keine Ahnung habt! Ihr geht mir alle auf die Nerven und versteht das nicht!

A: Keiner versteht dich so richtig ...

D: Niemand auf dieser Welt!

A: Hattest du heute einen schlechten Tag in der Schule? Ist da irgendwas passiert?

D: Ja, ein richtig beschissener Tag war es. Dieser Vollidiot (der Chemielehrer) hatte uns versprochen, dass wir in das Experimentemuseum gehen, und das ist ausgefallen.

A: Und du hattest da aber richtig Bock drauf?

D: Ja, hatte ich! Ich hatte mich seit drei Wochen darauf gefreut, endlich dahin gehen zu dürfen und dann fällt's einfach so aus. Ich bin dann da richtig ausgetickt in der Schule! Wenn die nicht meine Wünsche erfüllen! Das haben sie davon! Und die haben's einfach nicht verstanden! Die haben's nicht gecheckt, dass mich das richtig angekotzt hat, dass es ausgefallen ist. Da haben sie mich angebrüllt: Ich soll leise sein und mich mal wieder zusammenreißen und mich benehmen.

A: Großer Mist! Die haben's gar nicht gecheckt, dass du echt wütend warst darüber, dass der Besuch im Experimentemuseum ausgefallen ist. Du hättest da so richtig kotzen können, und die befehlen dir auch noch, du sollst dich benehmen.

D: Ja, und dann komme ich her, und hier passiert genau das Gleiche. Ich soll mich benehmen, ich darf niemanden stören, ich soll nichts kaputt machen, ich soll mich an Absprachen halten. Und die selbst? Einen Scheiß machen die!!!

A: Hmmm ... und eigentlich warst du ja noch wütend über diese

Geschichte in der Schule, als du hergekommen bist, und hier hat dich auch wieder niemand verstanden.
D: Ja ...
Daniel wurde im Laufe des Gesprächs immer weicher und ruhiger. Er konnte Verbindung zu seinen Gefühlen herstellen und ließ sich auf ein Gespräch mit der Sozialarbeiterin ein. Sie hatte den Eindruck, dass Daniel mit ihr die Erfahrung machte, dass ihm zugehört und dass er verstanden wird.

Die Gefühle hinter der Wut

Aggression leitet sich vom lateinischen *aggressio* ab und bedeutet: auf etwas zugehen. Wurden Menschen in früheren Zeiten durch etwas bedroht, mussten sie kämpfen, also auf die Bedrohung zugehen, sie vertreiben und sich verteidigen. Dazu brauchten sie die Kraft ihrer Wut. In solchen Zuständen reagiert auch der Körper, um mit der besonderen Situation umzugehen. Die Durchblutung steigert sich, Hormone werden ausgeschüttet und Muskeln spannen sich an. Wir zeigen Stressreaktionen und sind in der Lage, über uns hinauszuwachsen und Kräfte zu mobilisieren, die wir nicht für möglich gehalten haben. Heute gibt es für uns in Deutschland selten Situationen, in denen wir konkret in unserer körperlichen Unversehrtheit bedroht sind.

Jedoch begegnen uns Herausforderungen, die uns mit Gefühlen in Kontakt bringen, mit denen wir nicht umgehen können. Das können z.B. Ohnmacht, Verunsicherung, Trauer, Angst oder Scham sein. Wir interpretieren eine solche Situation als unbeherrschbar und gefährlich. Es werden ähnliche körperliche Zustände in uns ausgelöst, wie wenn wir bedroht werden: Wir sind angespannt, der Herzschlag beschleunigt sich, Cortisol und Adrenalin werden ausgeschüttet. Die für rationale Entscheidungen und Weitblick zuständigen Hirnareale setzen aus, wir denken im Freund-Feind-Schema, haben einen Tunnelblick und reagieren schnell. Es braucht dann in der Regel einen anderen Menschen, der unsere Wut mitfühlend begleitet, damit sie sich in ihrer ganzen Intensität zeigen darf und wir sie durchleben können. Dann zeigen sich die Gefühle, die hinter ihr verborgen liegen und die wir bisher nicht in der Lage waren anzunehmen und zu fühlen. Das wird in dem folgenden persönlichen Beispiel deutlich:

Vor einigen Jahren haben Sören und ich mit unseren Familien in einer kleinen Gemeinschaft auf dem Land gewohnt. Nachdem es im Alltag zu immer mehr schwierigen Situationen kam und wir uns immer weiter auseinanderlebten, kam Sören zu dem Schluss, dass er nicht mehr so nah mit mir und meiner Familie zusammenleben wollte. Um im Guten auseinanderzugehen, beschlossen wir, uns von einem Kollegen in dem Prozess begleiten zu lassen. Im ersten moderierten Gespräch sprach Sören aus, was ihn störte und was die Gründe für seinen Entschluss waren. Zudem besprachen wir noch mögliche Trennungsszenarien. Schon in der Sitzung merkte ich, dass ich immer unzufriedener und angespannter wurde.

Nach der Sitzung begannen in meinem Kopf die Ärgergedanken zu tanzen und zu brüllen. Sie empörten sich, wie ungerecht es sei, dass ich an allem schuld sein soll. Die Gedanken hatten mich schnell im Griff. Am Abend merkte ich, dass ich jede Begegnung mit Sören vermeiden musste. Ich wurde immer wütender und hatte Lust, ihn zu verletzen. In meiner Wahrnehmung war er schuld an meinem Elend. Ich war so verstrickt in diese Gedankenspirale, dass mir klar war, dass ich weitere Unterstützung brauchte.

Also rief ich den Kollegen erneut an, bat um ein zeitnahes Gespräch, und am nächsten Morgen saß ich wieder bei ihm auf der Couch. Er stellte sich mir gegenüber, gab mir den Raum, meine Ärgergedanken unzensiert auszusprechen und meine Wut ganz zu spüren. Die Intensität der Wut ließ meinen ganzen Körper beben. Ich fühlte mich, als ob ich gleichzeitig implodieren und explodieren würde. Dieses Erleben hatte etwas unglaublich Beängstigendes. Durch seine Präsenz gab mir der Kollege Vertrauen und half mir, die Wut in ihrer ganzen Intensität da sein zu lassen. Dadurch kam die Wut zur Ruhe und ich mit den Gefühlen dahinter in Kontakt. Mein Körper entspannte sich und ich begann zu weinen.

Die Tatsache, dass Sören nicht mehr mit mir wohnen wollte, machte mir Angst und mich unglaublich traurig.

Als junger Erwachsener war mein Leben sehr unstet gewesen. Ich war immer auf der Suche und selten bereit, mich tief einzulassen. Ich hatte unterschiedliche Projekte an verschiedenen Orten am Laufen und war viel unterwegs. Sören war in dieser Zeit meine stärkste Konstante. Wir haben zusammen studiert, Aus- und Fortbildungen besucht, sind Seminarleiter geworden und in therapeutischen Prozessen in die Tiefe gegangen. Zusammen haben wir viel erlebt, und er war mein bester und ältester Freund.

Dass er sich nicht mehr vorstellen konnte, mit mir zu leben, traf mich tief. Tiefer als ich im ersten Moment bereit war, mir einzugestehen. Und es machte mir Angst, weil er so etwas wie mein Zuhause geworden war. Ein Mensch, der mich verstand, der bereit war, wenn wir uns nicht verstanden, mit mir um dieses Verständnis zu ringen. Als ich das alles spüren konnte, wurde ich ganz weich, die Wut verflog und ich konnte weinen. Es war so erleichternd, zu spüren, wie lieb ich diesen Menschen habe und was er mir bedeutet. Ich spürte gleichzeitig meine Verletzlichkeit, meine Einsamkeit, meine Angst, meine Trauer und meine Liebe. Von da an konnte ich mich ganz anders auf den Prozess der Trennung einlassen. Denn ich wusste, was ich bewahren wollte. Heute wohnen wir 150 km auseinander und haben dieses Buch zusammen geschrieben.

Auch als Menschen in der heutigen Zeit können wir mit unserer Aggression auf jemanden zugehen. Wie unsere Vorfahren verteidigen wir unsere Bedürfnisse, wobei wir dazu nicht mehr in die körperliche Auseinandersetzung gehen müssen. Wir wollen etwas vom Gegenüber, wollen die Beziehung, wollen in Kontakt bleiben und drücken zugleich offen und klar aus, was wir brauchen.

Wie im Beispiel bedarf es manchmal geschützter Räume, in denen sich die Wut zeigen kann. Sie wurde lange tabuisiert, wir haben Angst vor ihrer Destruktivität und den Umgang mit ihr nicht gelernt. So ist es uns häufig noch nicht gegeben, unsere Wut konstruktiv einzusetzen, um z. B. unsere Grenzen zu wahren. Dann brauchen wir unbeteiligte Dritte, die uns in unseren Prozessen begleiten, die präsent sind für das, was sich zeigt, und die uns nicht für unsere Wut verurteilen. Diese Begleitung unterstützt uns, die Wut zuzulassen. Dabei kann es sehr hilfreich sein, die Wut auch körperlich zu erleben und all den Bewegungen, die sie in uns auslöst, Aufmerksamkeit und Raum zu geben. Eine Begleitung spiegelt außerdem unseren körperlichen und emotionalen Ausdruck, paraphrasiert unsere Gedanken und hilft uns so, den Gefühlen in unserem innersten Kern auf die Spur zu kommen.

Wut wird durch Ärgergedanken größer

Wie schon im vorhergehenden Beispiel deutlich wurde, befeuern Ärgergedanken unsere Wut. Es ist also vor allem unsere Interpretation der Situation, die unsere Wut auslöst. Es fällt uns dann schwer, die Situation so zu akzeptieren, wie sie ist – unsere Gedanken kreieren einen ganz besonderen Plot, der unseren Ärger rechtfertigt. Dazu noch ein persönliches Beispiel:

Als ich mit meiner Familie auf dem Land lebte, brachte ich die Kinder morgens in die nächste Kleinstadt zur Kita. Auf der Landstraße fuhr vor mir ein Wagen bei erlaubten 100 km/h mit 70 km/h. Durch den Gegenverkehr gab es keine Möglichkeit zu überholen. Zur langsamen Fahrt gezwungen, kam mein Zeitplan in Bedrängnis. Es tauchten ärgerliche Gedanken in mir auf, die sich weiter steigerten, als der Fahrer vor mir am Ortseingangsschild seine Geschwindigkeit statt auf die vorgegebenen 50 km/h auf 30 km/h drosselte. Mein Druck wuchs, und ich regte mich über den »Sonntagsfahrer« auf. Normal war für mich, dass die Autos auf der Landstraße 110 km/h fuhren, um dann ab dem Ortsschild vom Gas zu gehen und sich auf der langgezogenen Straße in den Ort eintrudeln zu lassen. Nun wurde durch die langsame Fahrt die Zeit immer knapper und meine Wut immer größer.

Doch dann fuhren wir an einem Blitzer am Straßenrand vorbei und der Wagen vor mir beschleunigte. Meine Wut schlug schlagartig in Dankbarkeit um, denn so blieb mir ein Verwarnungsgeld erspart.

Es reichte eine kleine Information, die meine erste Interpretation, der Fahrer hätte keinen besonderen Grund, so langsam zu fahren und verhalte sich rücksichtslos, veränderte. Selbst ohne den Blitzer am Straßenrand wäre ich für das Kreieren meiner Ärgergedanken verantwortlich.

Wenn wir von jemandem denken, er sei arrogant, unehrlich oder rücksichtslos, dann reagieren wir viel schneller mit Ärger auf Situationen, die uns bei anderen Menschen vielleicht noch nicht einmal aufgefallen wären. Es ist dann nicht nur die Handlung, die wir missbilligen, es ist die Person, die wir ablehnen und der wir nicht zugestehen, sich so zu verhalten. Um aus den Ärger produzierenden Gedanken auszusteigen und uns von der Wut nicht wegspülen zu lassen, ist es hilfreich, diese Gedanken zu identifizieren. Dazu dient die Ärgershow, die uns die Möglichkeit gibt, dem Ärger Luft zu machen.

Umgang mit der eigenen Wut

Wut ist eine notwendige Kraft, um unsere Grenzen zu setzen, »Stopp« oder »Nein« zu sagen. Dies ist unproblematisch, solange wir für unsere Bedürfnisse eintreten, das Gegenüber nicht verurteilen und auch seine Bedürfnisse sehen. Die Wut dient uns, indem sie uns mit dem in Verbindung bringt, was wir brauchen. Problematisch wird es, wenn urteilende Gedanken über andere die Wut befeuern oder wenn unsere Wut ein anderes Gefühl verdeckt, das wir nicht in der Lage sind zu fühlen.

Beim Umgang mit solchen Gefühlen, wie z.B. Angst, Trauer oder Hilflosigkeit, hat sich für viele von uns ein Muster etabliert, das folgendermaßen abläuft:

Taucht ein solches Gefühl auf, wird es blitzschnell als »unerwünscht« erkannt und gar nicht wahrgenommen. Unser Widerstand gegen das Gefühl drückt sich in einem Widerstand gegen die Situation aus – wir können nicht akzeptieren, was gerade ist. In dieser Situation entstehen verurteilende und negative Gedanken.

Eine einfühlsame Begleitung kann das Gefühl vielleicht schon erkennen. Ihre direkte Nachfrage, z.B. »Macht dich diese Situation hilflos und traurig?«, würden wir aber wahrscheinlich verneinen. Durch unsere Ärgergedanken haben wir noch gar keinen Zugang dazu. Die Spannung, die die Situation in uns auslöst, muss sich zuerst entladen. Wir brauchen zunächst Mitgefühl für die Ärgergedanken, z.B. durch die Nachfrage: »Bist du wütend, weil du denkst, jemand habe dich ungerecht behandelt und absichtlich übergangen?«. Wird diese Frage bejaht, können sich die Gedanken in einer Ärgershow zeigen.

Übung

Ärgershow
Die Ärgershow kann Ihnen sowohl bei der Einfühlung in sich selbst nützlich sein, als auch wenn Sie andere mitfühlend begleiten. Mit der Ärgershow eröffnen Sie einen Raum, in dem alle Gedanken unzensiert ausgedrückt werden dürfen. Dadurch, dass diese verbal auf einer »Bühne« ihren Platz bekommen, rücken sie ins »Rampenlicht« und können identifiziert werden. Kreisen die Gedanken nicht nur im Kopf, können Sie die dahinterliegenden Gefühle und Bedürfnisse entdecken.

1. Schaffen Sie einen Raum, in dem Sie sich geborgen fühlen.
2. Nehmen Sie den Ärger wahr und akzeptieren, dass er da ist.
3. Achten Sie darauf, welche Gedanken Ihnen durch den Kopf gehen und beginnen Sie, diese auszudrücken: »Ich ärgere mich, weil ...« oder »Ich bin so wütend über ...«.
4. Vielleicht tauchen auch Zensor*innen oder Richter*innen in Ihnen auf, die etwa sagen: »Was regst du dich so auf ...« oder »Du bist doch selber schuld ...«. Geben Sie auch diesen Stimmen Raum, aber achten Sie darauf, dass auch der Ärger wieder zu Wort kommt: »Und ich bin trotzdem wütend ...«.
5. Ein Teil von Ihnen bleibt Zeug*in und nimmt wahr, was sich durch den Ärger ausdrückt:
   - Welche Urteile drücken sich in Worten aus?
   - Was geschieht auf körperlicher Ebene (z. B. Anspannung, Druck, Erschöpfung)?
   - Welche weiteren Gefühle zeigen sich neben der Wut (z. B. Verzweiflung oder Angst)?
6. Geben sie auch all dem, was auf körperlicher Ebene geschieht, Aufmerksamkeit, und erlauben Sie sich, die Wut in ihrer ganzen Intensität zu spüren. Dies können Druck im Solarplexus, Enge, Anspannung und ähnliche Symptome sein. Diese wollen, wie das Gefühl selbst, einfach nur wahrgenommen werden und können sich dann auch verändern oder (auf)lösen.

> Begleiten Sie eine Person in ihrem Ärger, erkennen Sie durch das Wiedergeben der Gedanken und Gefühle die Wirklichkeit dieses Menschen an. Dadurch kann der Ärger zur Ruhe kommen.
> Wichtig ist, die Ärgershow nicht vor der Person zu inszenieren, gegen die sich der Ärger richtet. Diese wird nur schwer in der Lage sein, den Ärger mit Abstand und mitfühlend zu hören.

Erst wenn die in der Ärgershow ausgedrückten Gedanken anerkannt sind, können sich auch tieferliegende Gefühle und die Bedürfnisse dahinter zeigen. Dann kann der Einfühlungsprozess in den vier Schritten weitergehen.

Die Ärgershow in ihrem geschützten Rahmen ist auch ein hilfreiches Instrument für Menschen, deren Wut bisher verdeckt war. Solche Menschen reagieren z. B. mit Trauer oder Scham, wenn es eigentlich angebracht ist »Stopp« oder »Nein« zu sagen, auf den Tisch zu hauen und die Stimme für die eigenen Bedürfnisse zu erheben. Sie können mit Hilfe der Begleitung im Kontext der Ärgershow Kontakt zu ihrer Wut aufnehmen.

Häufig werden wir wütend, wenn etwas gegen unsere Werte verstößt. Darauf wurde im Kapitel *Eine wertschätzende Haltung einnehmen* eingegangen. Auch durch unsere Werte bekommt unsere Wut eine Bedeutung. Ist diese Bedeutung der Wut erkannt, kann sich die Anspannung in uns lösen. Wir werden dann »weich«, das heißt, wir können die dahinterliegenden Gefühle fühlen und unsere Bedürfnisse erkennen. So können wir die Kraft der Wut konstruktiv nutzen, um mit unseren Bedürfnissen in Kontakt zu kommen. Im vorhergehenden Beispiel des »Trennungsprozesses« zeigte sich, wie sich die Wut löste, als die Bedeutung der Werte von Freundschaft, Treue und Beständigkeit erkannt waren und die Liebe dahinter sichtbar wurde. Nachdem die Wut ganz da sein durfte und gefühlt war, zeigten sich auch die Gefühle der Angst, Einsamkeit und Trauer. Darauf stellte sich ein innerer Friede und eine Ruhe ein, die es ermöglichten, eine konstruktive Lösung für die Krise zu finden.

An dieser Stelle wird deutlich, warum Wut so sehr mit unserer Lebenskraft verbunden ist und warum es so wichtig ist, das, was hinter unserer Wut liegt, anzuerkennen und in Kontakt zu bringen.

Ärger an anderen auszulassen, ist ebenso gesundheitsschädlich, wie ihn in sich hineinzufressen. Unterdrücken wir jedoch unsere Wut, verlieren wir den Kontakt zu unseren Bedürfnissen, und auch das hat Auswirkungen auf unser Wohlbefinden.

Um die Wut konstruktiv zu nutzen, aus den gewohnten Konfliktmustern von Angriff oder Flucht auszusteigen und uns selbst Einfühlung zu geben, braucht es einen wichtigen Schritt: das »Stopp«.

In dem Moment, in dem wir erkennen, dass wir wütend sind und in einem Konflikt mit Ärger reagieren, unterbrechen wir die Situation, in dem wir die Auseinandersetzung stoppen. Wir können z. B. sagen: »Ich bemerke gerade, dass wir beide sehr aufgebracht sind. Ich denke, wir kommen so zu keinem gemeinsamen Ergebnis und ich möchte herausfinden, warum ich so ärgerlich reagiere. Können wir in zwei Stunden nochmal darüber reden?« Diese Pause nutzen wir, um uns selbst, evtl. mit Unterstützung anderer, Einfühlung zu geben. Ist dem Gegenüber an einem guten Miteinander gelegen, wird er dieses Angebot sicher gern annehmen. Es kann allerdings auch sein, dass der andere nicht so schnell auf den Ausdruck seiner Wut verzichten möchte. Ist dies der Fall, sind wir aufgefordert durchzuatmen, die Wut des Gegenübers zu akzeptieren und gleichzeitig weiter unseren Entschluss zu vertreten, den Konflikt zu einem späteren Zeitpunkt zu klären. In Worten könnten wir sagen: »Ok, du vertrittst weiter deinen Standpunkt und ich sehe, dass du sehr ärgerlich bist. Ich glaube nicht, dass wir im Moment zu einer Lösung kommen. Lass es uns später nochmal aufgreifen!«

Nachdem wir die Auseinandersetzung unterbrochen und ein Stopp gesetzt haben, haben wir Zeit mit Abstand auf die Situation zu schauen. Unseren Gedanken oder verletzten Werten können wir mit einer Ärgershow Einfühlung geben. Kommen wir dann ins Fühlen, können wir frei von den Urteilen des Ärgers kraftvolle klare Ansagen machen und entschieden für das eintreten, was wir brauchen.

Diese kraftvollen Ansagen können, wenn nötig, ebenso lautstark oder vehement geäußert werden, wie wir es aus wütenden Situationen kennen. Doch durch die Auflösung des Ärgers verändert sich die Qualität der Energie, mit der wir unserem Gegenüber begegnen. Statt gegen das Gegenüber zu kämpfen und es zu verurteilen oder

Umgang mit der eigenen Wut

zu beschimpfen, treten wir für uns ein. Wir sagen, was wir brauchen. Wie in der folgenden Grafik dargestellt, lassen wir den Vulkan unserer Wut ausbrechen. Doch statt der Worte »Wegen dir, du …!« machen wir deutlich, was wir brauchen, zum Beispiel durch den kraftvoll ausgesprochenen Satz »Ich brauche Ruhe!«

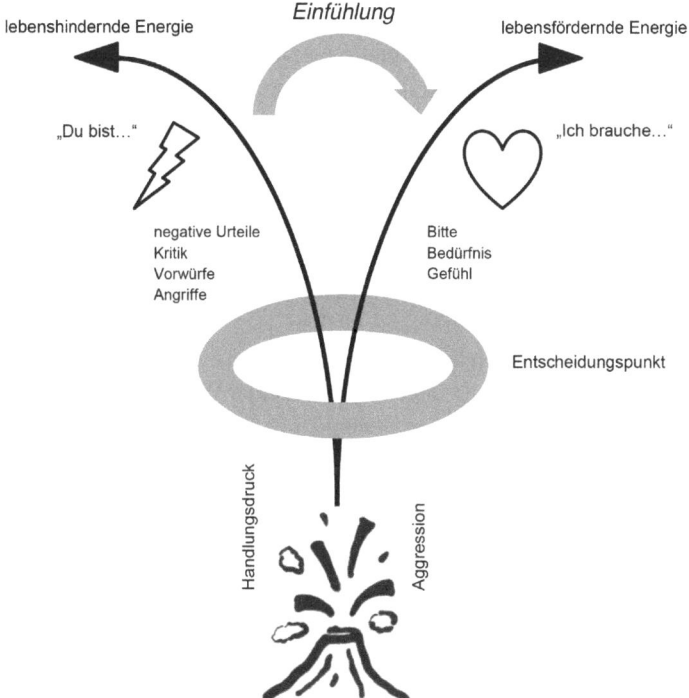

Abb. 5: Aggressionsmodell. Die Grafik wurde in ihrer ursprünglichen Version von Klaus-Dieter Gens (2017, S. 11,© forum gewaltfreie kommunikation berlin) entwickelt.

Auch hier reicht es nicht, nur die Worte richtig zu wählen. Die zentrale Frage ist, ob wir aus dem Ärger aussteigen konnten. Sind wir überzeugt, dass der andere sich falsch und rücksichtslos verhalten hat, als er seine Musik so laut aufgedreht hat, wird auch in einer gut formulierten Ich-Botschaft »Ich brauche Ruhe!« der Vorwurf mitschwingen und treffen.

Als meine Kinder noch klein waren, waren sie mir gute Gegenüber, um ein Gefühl dafür zu entwickeln, von welchem inneren Platz heraus ich zu ihnen spreche. Wenn ich beim Zubettgehen ungeduldig wurde und lospolterte »Boa eyh!« (im Sinne von: Jetzt reicht es mir!) fingen sie sofort an zu weinen, wenn dies aus der Ärgerenergie kam. Danach merkte ich schnell, dass ich ihnen innerlich den Vorwurf machte, hier auf Zeit zu spielen, um mich zu ärgern. Doch gab es immer öfter Situationen, in denen dieses »Boa eyh!«, mit demselben Klang und derselben Intensität gesprochen, einfach deutlich machte, dass ich am Ende meiner Geduld war und mehr Mitarbeit wünschte. Dann veränderte sich die Situation, ohne dass es Tränen gab und anstrengende Szenen folgten. In den Momenten konnte ich beobachten, dass ich zwar ungeduldig und eng geworden war, doch weder vor noch während meines kurzen Ausbruchs die Kinder in irgendeiner Weise verurteilte. Es fühlte sich an, als ob mein Herz in der ganzen Zeit offengeblieben war.

Durch das Wissen um diese Dynamik und die regelmäßige Reflexion der Situationen, in denen ich mit meiner Wut scheiterte, gab es immer öfter Situationen, in denen ich das »Stopp« gar nicht mehr brauchte. Heute kann ich beobachten, dass sich die Wut mitunter ganz charmant und humorvoll äußert, wenn es mir gelingt, sie mir zu erlauben. Sie muss also gar nicht zwangsläufig immer durch wildes Rumschreien und Toben zum Ausdruck kommen. Manchmal ist es ein einfaches und schlichtes »Nein!«.

Unsere Kommunikation wird gewaltfrei, wenn es uns gelingt, uns authentisch auszudrücken und uns mit unserer Wut zu zeigen.

Wenn sich Aggressionen gegen uns richten

> »Das Geheimnis von Aikido liegt nicht darin, wie du deine Füße bewegst, sondern wie du deinen Geist bewegst. Ich unterrichte euch nicht eine Kampfkunsttechnik, ich unterrichte euch Gewaltlosigkeit.«
> (Ueshiba Morihei, der Begründer der Kampfkunst Aikido, nach: Perry, 2008, S. 5).

Wenn wir den schwarzen Gürtel in Gewaltfreier Kommunikation hätten, könnte uns kein Mensch mehr verbal angreifen. Wir würden aus den Anklagen, Beschimpfungen und Beleidigungen nur die Not und Dringlichkeit heraushören, mit der dieser Mensch bittet, und uns umso mehr auf die dahinterliegenden gut versteckten Bedürfnisse konzentrieren. In allem, was ein Mensch sagt, steckt eine Bitte, gerade auch in den Äußerungen, die mit großer Vehemenz vorgebracht werden.

Eine Weile trainierte ich Aikido. Aikido ist ein anderer Weg, die Haltung, für die auch die GfK steht, ins Leben zu bringen. Aikido ist eine Kampfkunst, die absolut auf die Wiederherstellung und Bewahrung des Friedens ausgerichtet ist. Wenn der Trainer uns Verteidigungsgriffe zeigte, sagte er nicht: »Wenn dich jemand angreift, dann ...«. Als ob die Idee, dass Menschen vorsätzlich gegen andere vorgehen, für ihn gar nicht existierte. Stattdessen sagte er: »Da kommt also jemand mit Volldampf auf dich zu.«

Er empfahl uns, um eine Kollision zu vermeiden und mich und den anderen zu schützen, als erstes diesem aus dem Weg zu gehen. Da dieser mit so einer Dringlichkeit unterwegs ist, braucht er wahrscheinlich Hilfe. Also trete ich gleichzeitig auf ihn zu, strecke ihm die Hände entgegen, die der andere aller Voraussicht nach reflexhaft ergreifen wird. Und dann kam für mich das Wichtigste: Wir drehten uns, sodass wir in dieselbe Richtung sahen, um herauszubekommen, wohin die Person überhaupt will. Dies alles passiert in einer schnellen und flüssigen Bewegung, die sich Tai Sabaki nennt und wie ein Tanzschritt aussieht. Einen kleinen Schritt aus der Bahn des Gegenübers und auf ihn zu, Hände entgegenstrecken und dabei drehen. Aikido versucht die Kraft des Gegenübers aufzunehmen und beide zu schützen, indem es die angreifende Person durch Würfe in eine Position bringt, die der Person die Möglichkeit gibt, sich zu beruhigen.

Wenn uns nun ein Gegenüber verbal attackiert, z. B. mit den Worten »Du bist so ein egoistischer ...«, können wir in den Gegenangriff gehen. Wir könnten antworten: »Das ist ja wohl die Höhe, ich habe mir fast ein Bein ausgerissen für unser Projekt! So etwas muss ich mir nicht anhören.« Eine solche Reaktion würde wahrscheinlich eher zur Eskalation führen und den Konflikt weiter befeuern.

Stattdessen können wir einen verbalen Tai Sabaki machen. Da kommt also ein Mensch mit großem Druck auf uns zu und richtet seine Frustration gegen uns. Um eine Kollision zu vermeiden, gehen wir dem vermeintlichen Angriff aus dem Weg und erinnern uns, dass die Person gerade eine Bitte formuliert. Unser Gegenüber ist gerade in großer Not, und wichtige Bedürfnisse sind bei ihm nicht erfüllt. Wir können uns gleichzeitig erinnern, dass Bedürfnisse unabhängig von Personen sind und wir somit nicht für deren Erfüllung verantwortlich sind. Es reicht, wenn wir verstehen, was diesen Menschen bewegt!

Wenn wir dann die Aussage »Du bist so ein egoistischer …« hören, fragen wir uns, was bei unserem Gegenüber wohl gerade fehlt, worum es so dringend bittet. Bei Vorwürfen wie »Du bist total rücksichtslos« oder »Das ist absolut unfair!« brauchen wir den Vorwurf nur umzudrehen. Bei dem Vorwurf »Rücksichtslosigkeit« geht es wahrscheinlich um Rücksicht und bei »unfair« um Fairness und Gerechtigkeit. Doch bei egoistisch brauchen wir einen Zwischenschritt, denn egoistisch lässt sich nicht einfach umkehren. In diesem Fall fragen wir uns, was mit egoistisch wohl gemeint ist; vielleicht ein Mensch, der nur an sich denkt. Dies gibt uns Aufschluss, was sich unser Gegenüber wünscht. Es geht wahrscheinlich um Umsicht, Teamfähigkeit oder die Bereitschaft zu teilen.

Danach können wir nun fragen, z. B.: »[…] dir ist es wichtig, dass die Bedürfnisse von allen hier berücksichtigt werden?« (Karstädt, 2011)

Hierbei geht es nicht darum, ob wir diese Ansicht teilen. Das ist in diesem Moment irrelevant. Zuerst ist es wichtig, unser Gegenüber zu verstehen und ihm zu signalisieren, dass wir ihn verstanden haben. Wenn das beim Gegenüber ankommt, führt dies in der Regel zu einer Entspannung der Situation. Dann ist der Zeitpunkt gekommen, zu dem wir überlegen, was wir brauchen, was wir bereit sind bezüglich der Bitte zu tun und worum wir bitten wollen.

Eine andere häufige Form, Bitten zu verklausulieren, ist, das unerwünschte Verhalten zu beschreiben: »Nie meldest du dich, immer muss ich anrufen oder vorbeikommen.« In diesem Fall überlegen wir uns, was das gewünschte Verhalten ist und welche Bedürfnisse es wohl erfüllen würde. Hier ist das gewünschte Verhalten, dass wir uns öfter melden, dass auch wir anrufen oder vorbeikommen. Nun können wir uns fragen, welche Bedürfnisse dadurch erfüllt wären. Vielleicht gibt es hier ein Bedürfnis nach Kontakt und Verbindung, nach Wertschätzung oder nach Klarheit, wieso wir uns so selten melden. Die Frage könnte also lauten: »Würdest du gern wissen, was mir unsere Freundschaft bedeutet?«

> **Übung**
>
> Versuchen Sie die Bedürfnisse herauszuhören.
> - »Immer kommst du zu spät!« _____
> - »Du hörst nie zu!« _____
> - »Du bist so dumm!« _____
> - »Solche Probleme habe ich sonst mit keinem!« _____
> - »Du bist total arrogant!« _____
> - »Du musst immer das letzte Wort haben!« _____
> - »Du kommst nie auf den Punkt!« _____

Vorwürfe, Ärger und Anklagen sind Gedanken und Geschichten, mit denen sich Menschen identifizieren und einen Schuldigen im Außen kreieren. Der mitfühlende Kontakt mit dem anderen macht es möglich, die Geschichte außen vor zu lassen und mit dem in Kontakt zu gehen, worum es eigentlich geht. Wir können dann erkennen, dass es gar nicht um uns geht. Die Übersetzung des Vorwurfs unterstützt uns dabei, eine andere Sicht auf die Dinge einzunehmen und die Bedürfnisse und Bitten zu erkennen. Dadurch entstehen neue Möglichkeiten und Strategien.

Alles, was gesagt wird, ist eine Bitte – es gibt nur eine Ausnahme: Wenn es ein Danke ist!

Wenn zwei sich streiten …

Wo Menschen zusammenleben, gibt es Streit und Konflikte. Und Menschen haben recht unterschiedliche Arten, mit diesen Situationen umzugehen. Was sich für den einen wie eine eskalierende Situation anfühlt, ist für die andere eine engagierte, konstruktive Auseinandersetzung. Streitende Menschen können uns mit unseren Schattenthemen in Kontakt bringen, denen alte Erfahrungen zugrunde liegen. Daher braucht es von unserer Seite Achtsamkeit, wenn wir uns in einen Konflikt einmischen, um ihn zu schlichten, und Klarheit, mit welcher Motivation wir dies tun.

Wenn Menschen sich streiten, geht es um ihre Bedürfnisse. Sie handeln etwas aus und das ist ihr gutes Recht. Auf welche Weise sie dies tun, geht uns erst einmal nichts an. Gerade gegenüber Kindern mischen sich Erwachsene oft in Streitigkeiten ein, weil sie die Intensität der Gefühle und die Vehemenz, mit der Kinder für ihre Bedürfnisse eintreten, nicht aushalten können. Damit nehmen sie den Kindern die Möglichkeit, durch Erfahrungen zu lernen, wie es für sie am besten funktioniert und wie sie es selbst lösen können.

Natürlich liegt es bei uns, unsere Grenzen wahrzunehmen und als Eltern oder im beruflichen Kontext als schützende Macht aufzutreten, wenn z. B. Verletzungen drohen oder Beschimpfungen ausgesprochen werden. Die Situation zu unterbinden, heißt aber nicht, sie gelöst zu haben. Dafür müssen wir die Ursachen auf den Ebenen der Gefühle und Bedürfnisse ergründen.

Ist unsere Rolle nicht klar definiert, sollten wir uns von den Konfliktparteien das Mandat einholen, uns einmischen zu dürfen. Wir fragen z. B.: »Ist es ok, wenn ich mich als Vermittler einschalte?« Geben beide Parteien ihr OK, ist es an uns, die Äußerungen zu übersetzen und beiden Seiten zu zeigen, dass ihr Standpunkt verstanden wurde. Dabei sind wir allparteilich und achten auf Ausgewogenheit.

In der Vermittlung in emotional aufgeladenen Situationen ist es angeraten, nicht über Gefühle zu reden. Das kann zum einen schnell als Vorwurf verstanden werden. Zum anderen sind die Konfliktparteien so mit ihrem eigenen Standpunkt identifiziert, dass sie die andere Seite kaum mitfühlend wahrnehmen können. Daher gehen wir als Begleitung auf die Ebene der Bedürfnisse, um zu verdeutlichen, was jeweils gebraucht wird.

Im Kontakt mit unserem eigenen Gefühl der Wut zu sein, erleichtert es, dieses auch bei anderen akzeptieren zu können. In Situationen, in denen wir vermitteln, können wir dann gelassener mit den Streitparteien umgehen und ihre Bedürfnisse hinter den starken Emotionen erkennen.

Zusammenfassung

- Wut ist ein starkes Gefühl, das auf Bedürfnisse hinweist.
- Menschen haben ein Recht auf ihre Wut. Die Wut zu übergehen oder zu verbieten, verursacht Leid.
- Nicht, was im Außen geschieht, sondern unsere Interpretation dessen löst unseren Ärger und unsere Wut aus.
- Die Wut dient uns, indem wir statt gegen andere für uns eintreten.
- Hinter den Ärgergedanken sitzen tieferliegende Gefühle.
- Die Ärgershow ist eine Möglichkeit, Ärgergedanken ans Licht zu bringen und mit der Wut in Kontakt zu kommen.
- Hinter Vorwürfen stecken Bitten, die wir mit Hilfe der GfK übersetzen können.
- Wenn wir Streit schlichten wollen, sollten wir unsere Motivation klären und uns ein Mandat einholen.

Impulse für die soziale Arbeit

Fokus auf Gestalten

Menschen in sozialen Berufen unterstützen Menschen ohne Lobby und Ressourcen und übernehmen damit eine wichtige Funktion in dieser Gesellschaft. Aufgrund der Ungleichverteilung des Reichtums in der Welt sind viele Menschen vom Zugang zu lebenswichtigen Ressourcen ausgeschlossen. Laut einer von Oxfam in Auftrag gegebenen Studie aus dem Jahr 2017 besitzen die acht reichsten Milliardäre der Welt so viel wie die ärmere Hälfte der Weltbevölkerung (vgl. Hardoon, 2017). Auch in Deutschland, das zu den wohlhabenderen Ländern der Welt gezählt wird, gehören Armut und Diskriminierung verschiedener Bevölkerungsgruppen zur gesellschaftlichen Realität.

Eine an einer neoliberalen Wirtschaftslogik orientierte Politik fokussiert vor allem auf materielle Werte und definiert Wohlstand und erfolgreiche Sozialpolitik über Umsatzzahlen, Gewinne und niedrige Arbeitslosenstatistiken. Bleibt soziale Arbeit in dieser Logik verhaftet, kann sie nicht wirksam im Sinne der Menschenrechte tätig werden und für die Menschen, welche auf sie angewiesen sind, da sein. Vielmehr reibt sie sich getrieben vom Dogma der Ökonomisierung in Konkurrenz und Lohndumping auf, welches sich zunehmend negativ auf die Qualität der Arbeit auswirkt. Die Hilfebedürftigen und die Praktiker*innen zahlen den Preis. Dieser Logik folgend, wird eine »Zwei-Klassen-Sozialarbeit« (Lutz, 2008, S. 8) diskutiert, welche die Willigen und Fähigen adressiert und für den Rest auf eine Elendsverwaltung reduziert wird.

Letztlich ist die Ökonomisierung des Sozialen eine gesellschaftliche Realität, zu der die Professionellen eine Haltung finden müssen. Politisches Engagement, das Nutzen von Lücken und ein kreativer Umgang mit materiellen Ressourcen können den Arbeitsalltag unter den gegebenen Voraussetzungen erleichtern.

Wollen wir als Menschenrechtsprofession nachhaltig für die Menschen in der Gesellschaft eintreten, reicht es nicht aus, uns darauf zu beschränken, das System zu stabilisieren, in dem wir uns immer nur mit den Symptomen befassen und dadurch Schlimmeres verhindern. Die GfK zeigt den Professionellen im Sinne einer solchen Nachhaltigkeit einen Weg auf, konsequent aus der Logik des Ökonomischen auszusteigen und neben den materiellen auch die ideellen Werte – wie erfüllte zwischenmenschliche Beziehungen– mit einzubeziehen. Sie erinnert und befähigt uns, das Menschliche in allen Handlungen zu sehen.

Alle Menschen dieser Gesellschaft sind Teil dieses Systems – als Sozialpädagog*innen systemisch zu arbeiten, heißt deshalb, die gesamte Gesellschaft anzusprechen. Dies ermöglicht, nicht nur am Problem zu arbeiten und dadurch auf die Symptombekämpfung beschränkt zu bleiben.

Die Zubilligung von Menschenrechten ist stark davon abhängig, wie privilegiert die Position in der Gesellschaft ist, so sind beispielsweise Frauen, Lesben, Trans*- und Inter*-Menschen, People of Color und Menschen mit Behinderungen ungleich stärker von sozialer Benachteiligung betroffen. Soziale Berufe, die den Menschen im Zentrum sehen, sind somit aufgefordert, einem unmenschlichen System, welches soziale Missstände in Kauf nimmt, ein Selbstverständnis von Solidarität und gesellschaftlicher Verantwortung entgegenzustellen. Damit bleibt es Kernthema, Benachteiligte zu unterstützen, ihnen Schutz und Unterstützung zu geben und sich auch politisch für eine faire Gesellschaft zu positionieren.

Da soziale Arbeit bisher ihre Angebote auf die Teile der Gesellschaft reduziert, die benachteiligt und ausgeschlossen sind oder den Anforderungen der Leistungsgesellschaft nicht genügen, bekommt sie selbst einen Platz am Rand der Gesellschaft und wird vom Rest kaum wahr- und ernstgenommen. Damit sie eine ernstzunehmende und kraftvolle Position einnehmen kann, ist es förderlich, wenn sie auch die ganze Gesellschaft anspricht. So wäre es beispielsweise ein Ansatz für Soziale Arbeit, sich nicht nur auf Menschen im Hartz-IV-Bezug zu beschränken, denn nicht sie sind das »Problem«. Unsere Gesellschaft hat ein Verteilungsproblem und diese Menschen müssen die Konsequenzen des gesellschaftlichen Versagens erleiden (vgl. Hardoon, 2017).

Es braucht auch ein Ansprechen der privilegierten Bevölkerung. Denn zur Armut trägt auch die Verschwendung von Ressourcen durch den wohlhabenden Teil der Gesellschaft bei. Diese Verschwendung kann unter anderem als Handlung gedeutet werden, um die innere Leere zu kompensieren, welche durch die Unfähigkeit, nährende Beziehungen zu sich und anderen einzugehen, entsteht.

Diese innere Leere und die daraus entstehenden Kompensationshandlungen (Sucht, rücksichtsloses Verhalten den Mitmenschen und der Umwelt gegenüber, Gewalt, gesundheitsschädliche Angewohnheiten etc.) kennen wir alle, ebenso brauchen wir alle immer wieder Hilfe, haben Ausgrenzung erlebt und mit Süchten zu kämpfen. Von all diesen Themen bleibt kaum ein Mensch verschont, denn sie gehören zu den Herausforderungen des Lebens. Das Ablehnen der Gefühle, die mit diesen Herausforderungen einhergehen, führt durch den Verlust des Kontakts mit unseren Bedürfnissen zu Leid, welches wir durch unsere Handlungen an andere weitergeben. Die Haltung der GfK unterstützt die Entwicklung von Selbstliebe und Mitgefühl und mindert dadurch das Risiko, aus der inneren Leere heraus andere und uns selbst zu verletzen.

Menschen, welche im Mitgefühl sind, verhalten sich sozial, verantwortungsbewusst und geben mit Freude. Sie sind achtsam mit sich, ihrer Umgebung und der Natur. Antworten auf die drängenden Fragen dieser Zeit, welche das Überleben der Menschheit betreffen, kommen ohne den Bezug auf eine mitfühlende Menschlichkeit nicht aus. Hierfür bezieht auch soziale Arbeit klare Position. Dadurch ermöglicht sie einen Umgang mit Privilegien, Unterdrückung, Diskriminierung und Benachteiligung jenseits der Schuldfrage. Sie schafft somit die Voraussetzung für einen konstruktiven Diskurs, der zu Verständnis, Solidarität und Veränderung im Sinne einer Gesellschaft mit wahrhaftiger Chancengleichheit führt. Dazu ein Beispiel, wie diese Idee in der Alltagspraxis umgesetzt werden kann:

Gemeinsam mit einer Kollegin übernahm ich die Leitung eines Kinderladens. Unsere Angebote entwickelten wir nach dem Ansatz, Berührungspunkte für Menschen aus ganz unterschiedlichen gesellschaftlichen

Gruppen zu schaffen. Zu den bisherigen Besuchern gehörten vor allem Kinder aus Familien, welche besonders von sozialen Problemen betroffen waren. In dem inzwischen gentrifizierten Viertel störten diese Kinder das Bild der heilen Welt, und es kam immer wieder zu unschönen Szenen zwischen ihnen und den Kleinfamilien mit akademischem Hintergrund. Statt die Arbeit nur auf die Kinder zu fokussieren, entschlossen wir uns dazu, die Einrichtung und die Angebote so zu verändern, dass Räume der Begegnung für die alteingesessenen Kinder und die bürgerlichen Familien entstanden.

Eine Reihe von Kolleg*innen standen unserem Vorhaben sehr kritisch gegenüber, da sie Sorge hatten, dass wir die Menschen, welche vor allem auf Hilfe angewiesen waren, aus dem Blick verlieren und diese aus der Einrichtung verdrängt würden. Diese Kritik mussten wir, neben der Ungewissheit, ob unsere Idee auch in der Realität funktioniert, erst einmal aushalten. Denn auch für uns standen das Wohl und die Unterstützung der Kinder mit den viel geringeren Chancen (80 % wurden in Förderschulen beschult) weiter im Zentrum. Doch war die Selektion, welche schon im Schulkontext für sie keine Verbesserung brachte, für uns im Freizeitbereich keine angemessene Option mehr.

Die Befürchtungen bestätigten sich nicht. Die Kids hatten weiter ihren Platz in der Einrichtung, nahmen die Angebote in Anspruch – und mit der Zeit gab es immer mehr Räume der Begegnung, welche von allen gleichermaßen genutzt wurden. Es zeigte sich für uns deutlich, dass hier alle voneinander lernen konnten und es möglich war, in aller Unterschiedlichkeit ein friedvolles Miteinander zu gestalten.

Das Bild von den »Störenfrieden« und »Schmuddelkids« veränderte sich. Sie wurden auch mit ihren Stärken wahrgenommen, was positiven Einfluss auf ihr Selbstbild hatte.

Zudem erkannten die wirtschaftlich gut situierten Menschen den Wert von sozialer Arbeit, denn auch sie waren nicht frei von Herausforderungen im Zusammenleben, in der Beziehung zu ihren Kindern, in der Partnerschaft oder als Alleinerziehende. Auch diese konnten durch unsere fachliche Beratung und Begleitung unterstützt werden. Ziel war es, einen Ort zu kreieren, der nicht eine Gruppe zwingt, sich anzupassen oder zu integrieren, sondern die Menschen dazu ermutigt, sie selbst zu sein und ihren Werten entsprechend ihr Leben zu gestalten.

Wenn Soziale Arbeit auch die Teile der Gesellschaft anspricht, die aus einem traditionellen Verständnis heraus nicht explizit zur Zielgruppe gehören, dann fokussiert sie nicht nur reaktiv auf Probleme, sondern kann proaktiv und gestaltend tätig werden. Sie legt die Betonung auf das Soziale in der Sozialen Arbeit und setzt sich für funktionierende Verbindungen zwischen den Menschen, den verschiedenen Gesellschaftsschichten, Generationen, Subkulturen und anderen Gruppen ein. Sie unterstützt die Menschen, einen ihrer inneren Wahrheit entsprechenden Ausdruck zu finden und dies in einer sozialverträglichen Weise zu leben.

Die Profession der Sozialen Arbeit als gestaltende Akteurin kann ihre Kompetenzen auch einbringen, wenn es darum geht, Wissen aus den Bereichen Medizin, Politik, Psychologie, Pädagogik, Wirtschaft, Umweltschutz und vielen weiteren zu verknüpfen. Denn all diese Bereiche wollen einbezogen sein, um auf die komplexen Fragen unserer Zeit adäquate Antworten zu finden.

Konsequente Selbstfürsorge als Basis

Gestalten wir soziale Arbeit aus der Haltung der Gewaltfreien Kommunikation heraus, bedeutet dies, sich selbst ernst zu nehmen. Die Frage »Wie geht es mir gerade?« unterstützt mich, präsent zu sein. Die Frage »Was brauche ich?« lenkt die Aufmerksamkeit auf die eigenen Bedürfnisse und somit auf unseren inneren Kompass für einen authentischen Ausdruck in der Welt. Dies ist ein Weg der steten Selbstreflexion und der bewussten Selbstbegegnung.

Das kann auch als mühsam erlebt werden, da wir in der Innenschau auch Anteilen, welche uns unangenehm sind, begegnen. Wir brauchen Mitgefühl mit uns selbst, wenn wir uns auf den Weg machen, unsere Gefühle und Strategien kennenzulernen. Die GfK ist nicht als Anspruch zu verstehen, irgendwie sein zu müssen. Vielmehr geht es darum zu lernen, wieder in uns selbst zu vertrauen und dadurch immer mehr zu dem zu finden, was uns wirklich ausmacht – und ebenso das Sosein des Gegenübers anzuerkennen.

Im Laufe unseres Lebens in einer Leistungsgesellschaft haben wir Muster und Strukturen entwickelt, um uns optimal anzupassen und in ihr zu bestehen. Diese sind den meisten von uns so zur zweiten

Haut geworden, dass sie unser Denken und Handeln bestimmen, ohne dass wir uns dessen bewusst sind. Sich das bewusstzumachen, ist eine innere Arbeit, welche Mut und Zeit braucht und Kraft kostet. Und um gut arbeiten zu können, brauchen wir Pausen.

Deshalb meine Bitte an Sie: Wenn Sie sich motiviert fühlen und sich auf diesen Weg machen, seien sie liebevoll und nachsichtig mit sich. Ein Teil des Lernens besteht darin, zu beobachten, wie wir es trotz besseren Wissens nicht hinbekommen. Dies ist ein anstrengender, jedoch wichtiger Teil des Lernens. Strukturen, die in uns über mehrere Jahrzehnte gewachsen sind, legen wir nicht von heute auf morgen ab. Je mehr es uns gelingt, in Zusammenarbeit mit dem*der inneren Perfektionist*in und dem*der inneren Kritiker*in friedvoller und nachsichtiger mit uns selbst zu werden, umso nachsichtiger können wir auch mit anderen sein. Dies mindert den eigenen Stress und die Menschen, mit denen wir arbeiten, profitieren davon.

Eigene innere Ansprüche an unser Verhalten können uns dazu verleiten, so zu tun, als ob – zum Beispiel, so zu tun, als ob wir gelassen wären. Das gelingt jedoch nur bedingt. Mit dem tieferen Einverstandensein mit sich selbst wächst jedoch eine substanzielle Gelassenheit, die uns trägt. Damit daraus kein neuer Anspruch entsteht, ist es gut, sich Pausen und Zerstreuung zu erlauben. Es hilft, sein eigenes Tempo zu finden.

> Es geht in der GfK nicht um Selbstoptimierung, sondern um die Erlaubnis, wieder ganz so zu sein, wie und wer wir sind.

Diese Achtsamkeit wird belohnt mit mehr Lebendigkeit, intensiveren Begegnungen und Lebensfreude. Zudem führt uns dieser Weg direkt in die Selbstverantwortung und damit heraus aus dem ohnmächtigen Erleben von »Ich musste doch und kann nicht anders«. Es geht darum, dass wir als Professionelle bewusst unser Leben und Handeln gestalten und dafür die Verantwortung übernehmen.

Das beginnt mit einer rigorosen Selbstfürsorge. Immer wieder bin ich Menschen im sozialen Bereich begegnet, welche sich aufgerieben haben und bei schlechter Bezahlung, in einem anstrengenden Job mit scheinbar unlösbaren Problemen, bei denen es eben nicht möglich ist, einfach abzuschalten, weit über ihre Grenzen gegangen sind. Doch stecken viele in dem Denken fest, dass sie die Menschen, mit denen sie arbeiten, im Stich lassen, wenn sie auf ihre eigenen Grenzen achten und dadurch manche Arbeit liegenbleibt oder nicht ausgeführt werden kann. Durch dieses Denken wird aus der Hilfe zum Leben für die einen schnell eine Herausforderung in der zwei ums Überleben kämpfen, was dazu führen kann, dass sich die Zahl der Hilfebedürftigen verdoppelt.

Aus der Haltung der GfK heraus bekommt dieses Spannungsfeld noch eine wesentlich größere Bedeutung. Wenn soziale Arbeit die Einhaltung der Menschenrechte ermöglichen will, müssen diese auch für die Menschen gelten, die diese Arbeit tun. Die GfK sieht den Menschen als Wesen mit Bedürfnissen, das nach Selbstentfaltung und erfüllenden Beziehungen strebt und darin sein Glück findet. Glück ist etwas Individuelles, welches wir erleben, wenn unsere jeweiligen Bedürfnisse in einer angemessenen Weise erfüllt sind. In meiner Definition beinhaltet das Verständnis eines glücklichen Lebens auch Momente des Verlustes, der Trauer und der Niederlagen. Es ist getragen von Sinn, Würde, dem Wissen, gebraucht zu sein, etwas erreicht zu haben, und vor allem von erfüllenden Kontakten mit anderen Menschen. Diese *Fünf Dinge, die Sterbende am meisten bereuen*, zählt die Palliativpflegerin Bronnie Ware (2015) in ihrem gleichnamigen Buch auf:
1. Ich wünschte, ich hätte den Mut gehabt, mir selbst treu zu bleiben, statt so zu leben, wie andere es von mir erwarteten (S. 61).
2. Ich wünschte, ich hätte nicht so viel gearbeitet (S. 107).
3. Ich wünschte, ich hätte den Mut gehabt, meinen Gefühlen Ausdruck zu verleihen (S. 151).
4. Ich wünschte, ich hätte den Kontakt zu meinen Freunden gehalten (S. 197).
5. Ich wünschte, ich hätte mir mehr Freude gegönnt (S. 242).

Soziale Arbeit sollte sich nicht darauf beschränken, Menschen vor Leid zu bewahren oder sie vor einem unwürdigen Leben zu schützen. Die Einhaltung der Menschenrechte heißt für mich auch, dazu beizutragen, dass Menschen ein Leben führen können, in dem sie glücklich sind, sich frei entfalten und ihre Möglichkeiten voll ausschöpfen können. Voraussetzung dafür ist, sich dieses auch selbst zu erlauben. Eine Freundin erzählte mir von ihrer Erkenntnis: »Früher habe ich geglaubt, solange es noch Menschen auf der Welt schlecht geht, darf es mir nicht gut gehen. Jetzt weiß ich, solange es mir nicht gut geht, kann ich schlecht zum Wohl anderer beitragen.«

Für alle Praktiker*innen bleibt es die Aufgabe, einen Weg zu finden, in ihrem Wirkungsbereich gut für sich und damit auch für die anderen zu sorgen. Nach dem Verständnis der GfK ist ein bedeutsamer Teil der sozialen Arbeit die innere Arbeit, wie sie in diesem Buch vorgestellt wurde: das Bewusstwerden der eigenen Urteile und anderer trennender Impulse und deren Transformieren, um wieder auf gewaltfreie Art und Weise Beziehungen auf Augenhöhe führen zu können. Somit findet soziale Arbeit nicht nur im Kontakt mit anderen statt, sondern in den inneren Prozessen der Menschen, welche diese Arbeit gestalten.

Soziale Arbeit, mit der Haltung der GfK als Menschenrechtsprofession verstanden, erweitert ihre Ziele, ganz im Sinne einer Liedzeile der Künstlerin Martha Laux: »Das Recht auf Leben heißt, ein Recht auf ein Leben, dass man auch führen will.« Dadurch wird sie zur Glücksprofession.

Material

1. Deutschsprachige Definition sozialer Arbeit

Soziale Arbeit fördert als praxisorientierte [1] Profession und wissenschaftliche Disziplin gesellschaftliche Veränderungen, soziale Entwicklungen und den sozialen Zusammenhalt sowie die Stärkung der Autonomie und Selbstbestimmung [2] von Menschen. Die Prinzipien sozialer Gerechtigkeit, die Menschenrechte, die gemeinsame Verantwortung und die Achtung der Vielfalt [3] bilden die Grundlage der Sozialen Arbeit. Dabei stützt sie sich auf Theorien der Sozialen Arbeit [4], der Human- und Sozialwissenschaften und auf indigenes Wissen [5]. Soziale Arbeit befähigt und ermutigt Menschen so, dass sie die Herausforderungen des Lebens bewältigen und das Wohlergehen verbessern, dabei bindet sie Strukturen ein [6].

https://www.dbsh.de/profession/definition-der-sozialen-arbeit/deutsche-fassung.html. Dort finden Sie auch weitere Informationen zur Berufsethik und Haltung des DBSH.

2. Aus der Präambel des ICN-Ethikkodex für Pflegende

Pflegende haben vier grundlegende Verantwortungsbereiche:
Gesundheit zu fördern, Krankheit zu verhüten, Gesundheit wiederherzustellen, Leiden zu lindern. Es besteht ein universeller Bedarf an Pflege.

Untrennbar von Pflege ist die Achtung der Menschenrechte, einschließlich kultureller Rechte, des Rechts auf Leben und Entscheidungsfreiheit, auf Würde und auf respektvolle Behandlung. Pflege wird mit Respekt und ohne Wertung des Alters, der Hautfarbe, des Glaubens, der Kultur, einer Behinderung oder Krankheit, des Geschlechts, der sexuellen Orientierung, der Nationalität, der politischen Einstellung, der ethnischen Zugehörigkeit oder des sozialen Status ausgeübt.

Die Pflegende übt ihre berufliche Tätigkeit zum Wohle des Einzelnen, der Familie und der sozialen Gemeinschaft aus; sie koordiniert ihre Dienstleistungen mit denen anderer beteiligter Gruppen.

https://www.dbfk.de/media/docs/download/Allgemein/ICN-Ethikkodex-2012-deutsch.pdf

3. Das Menschenbild der Gewaltfreien Kommunikation

- **Jedes menschliche Handeln ist ein Versuch, sich Bedürfnisse zu erfüllen.**
  Diese Bedürfnisse dienen immer dem Leben. Somit ist die Grundmotivation hinter jeder Handlung, auch der gewaltvollen und destruktiven, positiv und konstruktiv.
- **Menschen sind soziale Wesen.**
  Sie sind somit an guten, sicheren, vertrauensvollen Verbindungen zu anderen Menschen interessiert. Sie haben ein Bedürfnis, zum Leben anderer beizutragen.
- **Hinter jedem gewaltvollen Handeln steckt ein Bedürfnis.**
  Gewaltvolles Handeln zeugt von einem Mangel an angemessenen Strategien und ist Ausdruck einer inneren Not sowie ein versteckter Hilfeschrei.
- **Menschen handeln immer für sich.**
  Sie versuchen ihre Bedürfnisse zu erfüllen. Sie handeln nicht gegen andere.
- **Menschen lernen und entwickeln sich ihr Leben lang.**
  Sie sind nicht auf Rollen, die sie einnehmen, oder bestimmte Verhaltensweisen festgelegt. Gerade aus gelingenden Beziehungen mit anderen heraus überwinden Menschen festgelegte Handlungsmuster und entwickeln neue Verhaltensweisen.
- **Menschen geben immer ihr Bestes.**
  Alles was sie tun, ist das Beste, was sie zu dem Zeitpunkt tun können.

4. Gefühlsliste

Gefühle sind für den Menschen lebensnotwendig. Sie zeigen uns, ob unsere Bedürfnisse im gegenwärtigen Moment erfüllt sind oder nicht. In diesem Sinne gibt es keine »guten« oder »schlechten«, »richtigen« oder »falschen« Gefühle.

Sie zeigen uns an, was wir brauchen:
- Haben wir Angst, – brauchen wir Sicherheit.
- Sind wir erschöpft, – brauchen wir Erholung.
- Sind wir hungrig, – brauchen wir Nahrung.

Immer wieder kann ich bei mir beobachten, dass ich weiß, dass ich traurig bin, und doch die Trauer nicht fühlen. Stattdessen fühle ich mich wie abgetrennt von mir selbst und schwer. Dies erlebe ich als sehr unangenehmen Zustand. In diesen Momenten hilft es mir, wenn mich ein Mensch einfühlsam begleitet und mir Gefühlsworte vorschlägt. Auch beim Begleiten anderer zeigt sich immer wieder, wie hilfreich dies ist. Wird das Gefühlswort benannt, welches dem aktuellen Zustand entspricht, geht dies in Resonanz. Als ob die Gefühle, welche uns nicht so vertraut sind, auf diese Weise eine Einladung erhalten und uns nun ganz durchströmen können. Sobald das Gefühl ganz da sein darf, löst sich die Schwere, und das Erleben des Getrenntseins von mir selbst geht sofort vorbei. Ich werde weich und fühle mich wieder wohlig und lebendig in mir.

Ein paar Vorschläge für Gefühlsworte:
- Wenn unsere Bedürfnisse erfüllt sind:

froh, (über-) glücklich, glückselig
ausgelassen, lustig, albern
wach, belebt, kraftvoll, vital, lebendig, stark, energievoll
ruhig, gelassen, behaglich, entspannt, erholt, ausgeruht,
versunken, vertieft, still, zärtlich, sanft
hoffnungsvoll, zuversichtlich, optimistisch
dankbar, erleichtert, befriedigt
überrascht, erstaunt, stolz
geborgen, sicher, involviert, friedlich/-voll
sorglos, unbekümmert
berührt, tief bewegt, erfüllt, mitfühlend, liebevoll

neugierig, interessiert, fasziniert, aufgeregt, gespannt,
bezaubert, hingerissen, offen, inspiriert, motiviert
- **Wenn unsere Bedürfnisse nicht erfüllt sind:**
nervös, beunruhigt, besorgt, unsicher
beklommen, wackelig, zittrig, ängstlich, panisch
abgeneigt, angewidert, angeekelt
ratlos, hilflos, ohnmächtig, verzweifelt
entmutigt, frustriert, hoffnungslos
entsetzt, schockiert
verstimmt, empört, sauer, wütend, zornig, hasserfüllt
angestrengt, genervt, müde, überlastet, überfordert, gestresst
erschöpft, ausgelaugt, kraftlos, ausgebrannt, erschlagen
verwirrt, durcheinander, unklar, desorientiert
unentschieden, zerrissen
gelangweilt, antriebslos, taub, leer, verschlossen
melancholisch, unglücklich, enttäuscht, bedrückt, bedauernd,
allein, einsam, verloren
jämmerlich, deprimiert, traurig

5. Bedürfnisliste

- Bedürfnisse dienen immer dem Leben.
- Bedürfnisse sind universell.
  - Jeder Mensch muss es kennen, sonst ist es kein Bedürfnis, sondern eine Strategie.
  - Rauchen z. B. muss nicht jeder Mensch. Es ist also eine Strategie für das Bedürfnis nach Entspannung etc.
- Bedürfnisse haben folgende Merkmale:
  - Sie müssen nicht hier und jetzt erfüllt werden.
  - Es gibt viele Strategien, sie zu erfüllen.
  - Ihre Erfüllung hängt nicht von bestimmten Personen und Handlungen ab.
  - Immer, wenn wir eine konkrete Handlung, eine bestimmte Person oder ein konkretes Bild im Sinn haben, sind wir schon bei Wünschen oder Strategien.
- Bedürfnisse haben wir immer für uns selbst.

Für die Suche nach Bedürfnissen gilt folgendes zu bedenken: Das Bedürfnis *Bewegung* kann auch die Strategie für das Bedürfnis nach Entspannung sein.

Bei der Unterscheidung zwischen Bedürfnissen und Strategien geht es nicht um richtig oder falsch. Da Bedürfnisse die Motivation hinter der Handlung sind, sind sie mehr als ein gedankliches Konzept. Wir können ein Bedürfnis mit allen Sinnen im ganzen Körper erfahren. Es kann hilfreich sein, eine Vielzahl von Begriffen zur Verfügung zu haben. Im Folgenden biete ich Ihnen dazu eine Auswahl an Bedürfnisworten an.

- Individualität
  Authentizität, Selbstbestimmung, Freiheit, Wirksamkeit, Sinn, Integrität, Ausgeglichenheit, Ruhe, stimmige Distanz, Entspannung, Einzigartigkeit
- Soziale Bedürfnisse
  Anerkennung, Austausch, Ehrlichkeit, Umsicht, Freude bereiten, Geborgenheit, Nähe, Liebe, Unterstützung, Verbundenheit, Zugehörigkeit, Verständnis, Akzeptanz, Vertrauen, Wertschätzung, Intimität, Gemeinschaft, Loyalität, Verlässlichkeit, Kontakt, Kommunikation, Mitgefühl
- Körperliche Bedürfnisse
  Nahrung, Wasser, Luft, Licht, Gesundheit, Schlaf, Erholung, Bewegung, Körperkontakt
- Spiel
  Freude, Lachen, Begeisterung, Humor, Entspannung, Abenteuer, Zerstreuung, Unterhaltung, Glück
- Sicherheit
  Struktur, Ordnung, Schutz, ökonomische Sicherheit, Orientierung
- Wachstum
  Entwicklung, aktiv sein, Engagement, Inspiration, Erfolg, Herausforderung, Kreativität, Offenheit, Lernen, Mut, Muße, Motivation, Verstehen, Selbstverwirklichung
- Verbundenheit
  Frieden, Liebe, Harmonie, Schönheit, Spiritualität

6. Die vier Schritte

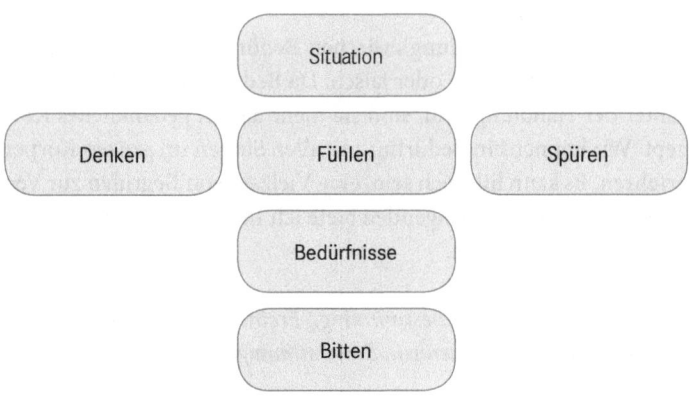

Abb. 6: Die vier Schritte (vgl. Abb. 2, S. 26)

Die vier Schritte sind wie vier Ebenen:
1. Ebene: die Beobachtung/Wahrnehmung – Was ist genau passiert? Wir erinnern uns daran, dass Wahrnehmung immer subjektiv ist und trennen die Bewertung von der Beobachtung. Nicht was wir wahrnehmen, hat Einfluss auf unsere Gefühle und Bedürfnisse, sondern unsere Interpretationen dessen. Diese Klarheit ist der erste Schritt in die Selbstermächtigung und Selbstverantwortung.
2. Ebene: Im Zentrum der zweiten Ebene stehen die Gefühle. Sie zeigen uns sehr direkt, welche Bedürfnisse gerade erfüllt sind und welche nicht. Auf dieser Ebene kann die Wahrnehmung von Gedanken und körperlichen Phänomenen uns unterstützen, noch tiefer mit den Gefühlen in Kontakt zu kommen.
3. Ebene: Die Bedürfnisse unterscheiden wir von den Strategien. Sie sind wie ein Zentrum, um das sich unsere Wahrnehmungen, unsere Gefühle und unsere Handlungen drehen. Bedürfnisse müssen nicht unbedingt sofort und auf eine bestimmte Weise erfüllt werden, doch sie wollen wahrgenommen werden. Wenn wir mit ihnen verbunden sind, findet eine Veränderung, ein Erleben von Ganzheit und Heilung statt.
4. Ebene: Die Bitten unterscheiden wir von den Forderungen. Sie werden positiv, konkret und handlungsorientiert formuliert.

7. Hilfe zum Begleiten mit den vier Schritten

Situation Beobachtung
Was ist genau passiert? Hier trennen wir die Bewertung von der Beobachtung. Wir reduzieren die Geschichte auf eine bearbeitbare Situation. Hilfsfrage: »Wo ist der Knackpunkt?«

Denken
Enthält wichtige Informationen und viele Interpretationen. Wenn wir das dahinterliegende Gefühl suchen, hilft die Frage: »Was fühlst du, wenn du dies denkst?«
Auch bei der Äußerung von Pseudogefühlen stellen wir die Frage: »Was fühlst du, wenn du den Eindruck hast, dass …?«

Fühlen
Gefühle haben wir nur im Jetzt! Was fühlst du jetzt? Angebote machen.

Spüren
Der Anker des Spürens bezieht die körperlichen Phänomene mit ein. Jedes Gefühl hat seine Entsprechung im Körper. Diese ist oft leichter wahrzunehmen als das Gefühl selbst.

Bedürfnisse
unterscheiden wir von den Strategien. Wir bleiben noch ganz abstrakt. »Was brauchst du jetzt, in Bezug auf die Situation?«

Bitten
Werden positiv, konkret und handlungsorientiert formuliert.

Abb. 7: Die vier Schritte konkret

8. Hilfen für das präsente Zuhören

– Innere Ausrichtung:
Ich bin jetzt ganz für dich da.
Ich weiß nicht, wo die Reise hingeht und lasse mich überraschen.
Nicht ich finde deine Lösung, sondern du – mir ist egal, welche Lösung du findest, ich helfe dir nur, eine zu finden.

- Das Gehörte zusammenfassen.
  Magst du hören, was ich verstanden habe?
  Ich habe verstanden, ...
  Ich möchte zusammenfassen, was bei mir angekommen ist.
  Ich würde gern prüfen, ob ich dich richtig verstanden habe.
- Die vier Schritte (Beobachtung, Gefühle, Bedürfnisse, Bitten) als Fahrplan/Richtschnur nehmen.
- Fokus auf Gefühlen und Bedürfnissen halten (vom Denken über andere zum eigenen Erleben).
- Fragend Angebote machen:
  Wenn du das hörst, macht dich das traurig?
- Bedürfnisse abfragen:
  Wenn du dich so fühlst, brauchst du dann ...?
- Wenn eigene Ideen hartnäckig präsent bleiben, fragen:
  Ich habe da einen Impuls, magst du den hören?

Eigene Gedanken, welche die Aufmerksamkeit vom Gegenüber abziehen, werden wahrgenommen und im Regal geparkt: eigene Geschichte zum Thema, trösten im Sinne von Bemitleiden, Lösungsvorschläge, Ratschläge, Analysen, ...

Erinnern Sie sich:
- Sie können nichts falsch machen.
- Auch abgelehnte Vorschläge verhelfen zu mehr Klarheit.
- Verstehen, bedeutet nicht zustimmen.
- Einfühlung gibt es nur auf Anfrage!

Literatur

Brown, B. (2012): Befreiung vom inneren Richter. Die Intelligenz der Seele erkennen. 8. Aufl. Bielefeld: Kamphausen

Bryson, K. (2009): Sei nicht nett, sei echt! Gleichgewicht zwischen Liebe für uns selbst & Mitgefühl. Handbuch für Gewaltfreie Kommunikation. 2. Aufl. Paderborn: Junfermann

Deutscher Berufsverband für Soziale Arbeit (Hg.) (2016): Deutschsprachige Definition Sozialer Arbeit. https://www.dbsh.de/profession/definition-der-sozialen-arbeit/deutsche-fassung.html. Letzter Zugriff: 20.06.2018

Deutscher Berufsverband für Soziale Arbeit (Hg.) (2014): Berufsethik des DBSH: Ethik und Werte. Forum Sozial 4 (4)

Fallner, H. (o. J.): Aus dem Konzeptsatz – Repertoire der Weiterbildungen Supervision, Coaching und Mastercoach. Unveröffentlichte Materialsammlung. Mit freundlicher Genehmigung des Autors

Gens. K./Gens, K.-D. (2017): Gewaltfreie Kommunikation nach Dr. Marshall Rosenberg. Einführung. 18. Aufl. http://gewaltfreiforum.de/artikel/einf.pdf. Letzter Zugriff: 31.07.2018

Habecker, M. (2014): Sommerretreat Integrale Lebenspraxis – Sein und Werden mit Michael Habecker und Rolf Lutterbeck, vom 24.–30. August 2014. http://integralesleben.org/de/il-home/dia-die-integrale-akademie/dia-home/programm-2014/sommerretreat-integrale-lebenspraxis-2014/. Letzter Zugriff: 28.07.2018

Hanson, R. (2014): Denken wie Buddha. Gelassenheit und innere Stärke durch Achtsamkeit. 3. Aufl. München: Irisiana

Hardoon, D. (2017): An Economy for the 99 %. It's time to build a human economy that benefits everyone, not just the privileged few. Oxford: Oxfam GB. https://www.oxfam.de/ueber-uns/aktuelles/2017-01-16-8-maenner-besitzen-so-viel-aermere-haelfte-weltbevoelkerung. Letzter Zugriff: 18.06.2018

Kolster, F. (2009): HoDT. In: Habermann, C./Kolster, F. (Hg): Ergotherapie im Arbeitsfeld Neurologie. 2. überarb. Aufl. Stuttgart/New York: Thieme

Laloux, F. (2015): Reinventing Organizations. Ein Leitfaden zur Gestaltung sinnstiftender Formen der Zusammenarbeit. München: Franz Wahlen

Lutz, R. (2008): Perspektiven der Sozialen Arbeit. Aus Politik und Zeitgeschichte, B12–13, 2008, S. 3–10

Miller, A. (1983): Am Anfang war Erziehung. Frankfurt a. M.: Suhrkamp

Perry, S. (Hg.) (2008): Erinnerungen an O-Sensei. Oy-Mittelberg: Joy

Rhode, R./Meis, M. S. (2015): Wenn Nervensägen an unseren Nerven sägen. So lösen Sie Konflikte mit Kindern und Jugendlichen sicher und selbstbewusst. 10. Aufl. München: Kösel

Rogers, C. R. (1973): Entwicklung der Persönlichkeit. Psychotherapie aus der Sicht eines Therapeuten. Stuttgart: Klett

Rosenberg, M. B. (2016): Gewaltfreie Kommunikation. Eine Sprache des Lebens. 12. Aufl. Paderborn: Junfermann

Rosenberg, M. B. (2012): Konflikte lösen durch Gewaltfreie Kommunikation. 15. Aufl. Freiburg im Breisgau: Herder

Schoch, B. (2006): Strafe und Bestrafung als Mittel der Erziehung? http://www.fachschulpaedagogik.de/articles/Strafe%20als%20Mittel%20der%20Erziehung.pdf. Letzter Zugriff: 30.05.2018

Schulze, A. (2010): Überlappungen zerebraler Verarbeitungsprozesse von Schmerz und negativen Emotionen: eine Metaanalyse aus 138 fMRT-Studien. München: Dissertation, Technische Universität München, http://nbn-resolving.de/urn/resolver.pl?urn:nbn:de:bvb:91-diss-20101015-823820-1-6. Letzter Zugriff: 20.04.2018

Staub-Bernasconi, S. (2006): Der Beitrag einer systemischen Ethik zur Bestimmung von Menschenwürde und Menschenrechten in der Sozialen Arbeit. In: Dungs, Su./Gerber, U./Schmidt, H./Zitt, R. (Hg.): Soziale Arbeit und Ethik im 21. Jahrhundert. Ein Handbuch. Leipzig: Evangelische Verlagsanstalt

Waal, F. de (2011): Das Prinzip Empathie: Was wir von der Natur für eine bessere Gesellschaft lernen können. München: Hanser

Ware, B. (2015): 5 Dinge, die Sterbende am meisten bereuen. Einsichten, die Ihr Leben verändern werden. 7. Aufl. München: Goldmann

Weckert, A. (2014): Marshall B. Rosenberg: Bausteine einer Biografie. Die Grenzen der klinischen Psychologie und der Weg zu einer besseren Welt. In: Kommunikation & Seminar: KS; Gewaltfreie Kommunikation, NLP, Business, Coaching, Mediation, Pädagogik, Gesundheit WAS IST DAS? 24 (4), S. 14–17

Audiomaterial

Meyer, C. (2006): 2. Schritt – Alles fühlen. Sieben Schritte zum Aufwachen. Trance-Meditation. Zeit – und – Raum. TC: 00:01:30–00:03:14

Videomaterial

Vers un monde altruiste? (Die Revolution der Selbstlosen). Gilman, S./de Lestrade, T. FR 2016, TC: 00:20:00–00:xx:xx.

YouTube Material

Karstädt, K. (2011, 14.01): 11 110720 GewaltfreiTV de Bedürfnissen auf die Spur kommen und ende [YouTube]. https://www.youtube.com/watch?v=8XbFTOhsF-U. TC: 00:04:43–00:04:46. Letzter Zugriff: 30.05.2018

The RSA (2013, 10. 12): Brené Brown on Empathy [YouTube]. https://www.youtube.com/watch?v=1Evwgu369Jw. TC: 00:00:33–00:00:38. Letzter Zugriff: 27.04.2018